Ruth Westheimer
Steven Kaplan

Ein Glück, dass es Großeltern gibt

Ruth Westheimer
Steven Kaplan

Ein Glück, dass es Großeltern gibt

Aus dem Amerikanischen von Astrid Becker

Ullstein

Die Originalausgabe erschien 1998 unter dem Titel
Grandparenthood bei Routledge, New York.
Die deutschsprachige Ausgabe weist an einigen Stellen
redaktionelle Änderungen gegenüber dem Original auf.
Ullstein ist ein Unternehmen der Verlagsgruppe Econ Ullstein List

Satz: ew print & medien service gmbh, Würzburg
Druck und Bindung: Grafischer Großbetrieb Friedrich Pustet, Regensburg
Printed in Germany
ISBN 3 550 07118 3

Dieses Buch widme ich meinen geliebten Eltern und Großeltern, die mich, ihr einziges Kind und Enkelkind, in einem Akt unbeschreiblicher Entsagung in die Sicherheit schickten, während sie in den Konzentrationslagern im Zweiten Weltkrieg untergingen.
Ihre Normen und Werte, die Lebensfreude und die positive Lebenseinstellung, die sie mir mit auf den Weg gaben, leben in mir und in der neuen Familie weiter, die ich geschaffen habe, um ihre Traditionen fortzuführen.
Voller Trauer widme ich dieses Buch auch meinem verstorbenen Ehemann Fred, der so stolz auf unsere Familie war: Miriam Westheimer und Joel Einleger; Joel Westheimer und Barbara Leckie sowie den wunderbarsten Enkelkindern der Welt, Ari, Leora und Michal.

R. W.

Im Gedenken an meine Großeltern, Simon und Tanya Horowitz und Abraham und Edith Kaplan. Und für Albert Owens, meine »Lieblingsgroßmutter«, in Liebe.

S. K.

Inhalt

Einleitung

> Es segne dich der Herr von Sion aus! Schaue Jerusalems Glück alle Tage deines Lebens!
> Mögest du die Kinder deiner Kinder sehen! Heil über Israel!
>
> *Psalm 128:6*

> Der Greise Ehrenkranz sind Kindeskinder, und der Söhne Ruhm sind ihre Väter.
>
> *Sprüche 17,6*

Dies ist ein Buch über Großeltern. Wenn Sie es in der Erwartung ausgesucht haben, hier Dr. Ruths Tipps für ältere Liebende zu finden, kann ich nur hoffen, dass Sie Ihre Quittung aufbewahrt haben. In mehreren meiner anderen Bücher finden sich Ratschläge für diejenigen, die keine Teenager mehr sind und auch nicht mehr zwanzig oder dreißig. Doch dieses Buch behandelt einen der wichtigsten Übergänge von einem Lebensabschnitt in den nächsten und die damit einhergehenden Herausforderungen.

Warum schreibe ich ein Buch über Großeltern?

In vielerlei Hinsicht habe ich mein ganzes Leben darauf gewartet, dieses Buch zu schreiben. Es ist das Ergebnis meiner Lebenserfahrung und meines Wissens und der Höhepunkt einer Reise, in deren Verlauf ich mehrere Kriege überlebt und auf drei Kontinenten gelebt habe. Auf dieser Reise habe ich alles erlebt: Ehe, Scheidung, Mutterschaft und vor kurzem Witwenschaft.

Meine Großeltern waren ein wesentlicher Teil meines Lebens während des ersten und glücklichsten Abschnitts meiner Kindheit. Bis ich sechzehn Jahre alt war, habe ich alle Ferien auf dem Bauernhof meiner Großeltern mütterlicherseits im deutschen Ort Wiesenfeld verbracht. Da ich ihr erstes Enkelkind war, haben mich Großmutter Pauline und Großvater Moses unweigerlich ziemlich verwöhnt. Selbst wenn ich mich schlecht benommen habe – so habe ich zum Beispiel im Alter von fünf oder sechs einmal alle Gänse aus ihrem Gehege gelassen –, wurde ich nie besonders hart bestraft. Ich wurde nicht nur von meinen Großeltern, sondern auch von den fünf jüngeren Geschwistern meiner Mutter abgöttisch geliebt. Es war immer wunderschön in Wiesenfeld.

Während der übrigen Zeit des Jahres lebte ich in einer kleinen Vierzimmerwohnung in Frankfurt zusammen mit der Mutter meines Vaters und mit meinen Eltern. Als Einzelkind stand ich ständig im Rampenlicht und bekam unendlich viel Aufmerksamkeit. Jeden Sonntag ging meine Großmutter Selma mit mir in den Park, wo wir ihre Schwester und andere Freundinnen und Freunde, die ihre eigenen Enkelkinder mitgebracht hatten, trafen. Ich glaube, dass ich die Gesprächigkeit, die mir in meiner beruflichen Laufbahn später so geholfen hat, von meiner Großmutter Selma geerbt habe. Sie hat mein Leben sehr bereichert. Die Sommerferien auf dem Bauernhof und die ausgedehnten Gespräche mit ihr haben mir gezeigt, wie wichtig erweiterte Familienstrukturen, vor allem Großeltern, für ein Kind sein können.

Das alles wurde mir durch Hitler, den Zweiten Weltkrieg und den Holocaust genommen. 1939 schickten mich meine Eltern und Großeltern in einem Akt unbeschreiblicher

Entsagung in die Sicherheit der Schweiz. Sie kamen alle um.

In den nächsten zwanzig Jahren wurde ich erwachsen, begann zu studieren und beschäftigte mich mit kindlicher Früherziehung, Psychologie und Familiensystemen. Ich lebte in der Schweiz, in Israel, in Frankreich und in den USA. Ich heiratete, ließ mich scheiden und heiratete wieder. Erst 1957, mit der Geburt meines ersten Kindes Miriam, lebte ich wieder in einer Familie mit zwei Generationen. 1961 heiratete ich meinen dritten Ehemann, Fred Westheimer, und wir waren sechsunddreißig Jahre lang glücklich verheiratet, bis zu seinem kürzlichen Tod. 1963 wurde unser Sohn Joel geboren.

Ich habe mehr als fünfzig Jahre in einer Familie gelebt, die aus einer oder zwei Generationen bestand. Erst 1990 veränderte sich das mit der Geburt meines ersten Enkelkindes Ari. Auch wenn ich es kaum erwarten konnte, Großmutter zu werden, erfüllte mich beim ersten Anblick Aris eine eigenartige Traurigkeit. Es war die Trauer darüber, dass meine Eltern nie die Chance bekommen hatten, ihre Enkelkinder zu sehen, ganz zu schweigen von diesem wunderschönen Urenkelkind. Erst später wurde mir deutlich, dass meine Eltern und Großeltern durch Ari in einem sehr realen Sinn wieder lebendig wurden. Ich meine das nicht nur in einem symbolischen Sinn. Ihre Gene, ihre robuste Konstitution, ihre Intelligenz und ihr Mitgefühl hatten sie buchstäblich auf ihn übertragen. Plötzlich kam mir auch der Gedanke, dass Hitler keinen Erfolg gehabt hatte. Die Geburt Aris war ein weiterer Beweis seiner Niederlage.

Ich liebe es, Großmutter zu sein. Seit seiner Geburt habe ich sehr viel Zeit mit Ari verbracht und ich habe von Anfang an das Gefühl gehabt, dass es am schönsten ist, wenn wir allein miteinander waren. Ich habe Miriam und ihren Ehemann Joel gleich wissen lassen, dass ich als Babysitterin zur Verfügung stand, aber nur wenn Ari wenigstens einen

Teil dieser Zeit wach und munter war. Wenn sie einfach nur jemanden brauchten, der zu Hause herumsaß, fernsah oder ein Buch las, während Ari schlief, dann mussten sie sich jemand anderen suchen! Als Ari noch ein kleines Baby war, bin ich mit ihm und seinen Eltern in den Schweizer Alpen wandern gegangen. Es machte mir unglaublich viel Spaß, seinen Kinderwagen zu schieben. Ich ging so schnell, dass die anderen zurückblieben und wir beide allein waren. Ich nahm ihn auch mit in die Walt-Disney-Welt – nur wir beide, er und ich.

1996 kam Aris Schwester Leora, mein zweites Enkelkind, zur Welt. Und während sie größer wurde, habe ich auch zu ihr eine ganz besondere und individuelle Beziehung aufgebaut. Leora ist ein wunderbares mutiges kleines Mädchen. Wenn ich sie besuchen komme und sie auf mich zurennt, schlägt mein Herz schneller vor Glück. Im Januar 1998 bekamen mein Sohn Joel und seine Frau Barbara ihr erstes Kind, meine zweite Enkeltochter, Michal. Welch ein Glück! Mein Leben wird immer erfüllter, weil ich Großmutter bin.

Jenseits meiner persönlichen Erfahrung geht mein Interesse am Thema der Großelternschaft auf meine langjährigen Familienstudien zurück. Lange bevor ich »Dr. Ruth« wurde, habe ich mich wissenschaftlich mit Familienstrukturen auseinander gesetzt. Meine Magisterarbeit habe ich über jüdische deutsche Kinder geschrieben, die wie ich zur Zeit des Holocaust in die Schweiz geschickt wurden.

Es war also eine Rückkehr zu meinen alten Interessen, als ich 1992 als leitende Producerin einen Dokumentarfilm für den PBS gedreht habe. »Surviving Salvation« (Die Rettung überleben) beschäftigt sich mit den Lebenswegen äthiopischer Flüchtlinge in Israel. Da auch ich einst Flüchtling war – und jemenitische Kinder unterrichtet habe, als sie in den fünfziger Jahren in Israel ankamen – und am eigenen Leib erfahren habe, wie sehr Migration Familienbande strapazieren kann, fühlte ich eine besondere Nähe zu diesen Menschen, trotz der großen kulturellen Unterschiede, die uns voneinander trennten. Zur selben Zeit, in der ich an dem Film arbeitete, habe ich – zusammen mit Steve Kaplan – das Buch »Surviving Salvation: The Ethiopian Jewish Family in Transition« (Die Rettung überleben: Die jüdische äthiopische Familie im Umbruch) geschrieben. Einer der wesentlichen Punkte, die sich dabei herauskristallisierten, war die geradezu dramatische Art, in der die Stellung der Großeltern und anderer älterer Menschen nach der Massenflucht nach Israel unterminiert worden war. Fast über Nacht wurden die bis dahin allseits respektierten älteren Menschen, deren Erfahrungsschatz und Weisheit eine hoch geschätzte Quelle der Gemeinschaft gewesen waren, Ruheständler, die von ihren Kindern und Enkelkindern – und von den Einwanderungsbehörden – mehr als Bürde denn als Rückhalt angesehen wurden. Anders als bei Moses hat diese »Generation aus der Wildnis« das gelobte Land nicht nur gesehen, sondern auch betreten. Und doch haben nur wenige von ihnen es tatsächlich zu ihrem Zuhause gemacht.

1996 habe ich mit meinem Freund und Ko-Autor Ben Yagoda an einem Buch gearbeitet, »The Value of Family: A Blueprint for the Twenty-First Century« (Der Wert der Familie: Ein Entwurf für das 21. Jahrhundert). Eines der überraschendsten Dinge, auf die wir im Rahmen unserer Arbeit stießen, war das Ausmaß, in dem »Familie« in Amerika mittlerweile »Kleinfamilie« bedeutet, das heißt eine Familie ohne Großeltern, Onkel, Tanten, Cousinen oder Cousins. Um nur ein Beispiel zu zitieren, »The Making of the Modern Family«, ein Buch, das 1975 erschien, ist den Großeltern des Autors gewidmet, doch im Text selbst finden sich nur eine Hand voll Hinweise auf Großeltern, alle davon im Zusammenhang mit der Diskussion traditioneller Familien vor der Moderne! Wegen all der Fragen, die wir in unserem Buch berücksichtigen wollten, konnten Ben und ich dem Thema Großeltern längst nicht so viel Platz einräumen, wie wir wollten. Da wurde mir klar, dass das die Aufgabe eines anderen Buches sein würde.

Wenn vor der sexuellen Revolution der sechziger Jahre nur wenig über Sex gesprochen und geschrieben wurde, so trifft das heute auf das Thema Großelternschaft zu. Vor allem, wenn man bedenkt, dass wir an der Schwelle einer Großelternrevolution stehen, ist das bemerkenswert. Während die Lebenserwartung steigt und die Generation des Babybooms langsam selbst zu Großeltern wird, ist die Anzahl der Großeltern dabei zu explodieren. Laut Dr. Arthur Kronhaber, Präsident der Foundation for Grandparents und einer der renommiertesten amerikanischen Experten zum Thema Großeltern, gab es 1990 mehr als 60 Millionen Großeltern in den USA. Anfang des 21. Jahrhunderts, so schreibt er, werden es über 90 Millionen sein! Fast jeder dritte Amerikaner ist dann Großmutter oder Großvater!

Angesichts dieser Tatsache habe ich mich letztes Jahr mit Pierre Lehu zusammengetan, der seit mehr als fünfzehn Jahren mein »Kommunikationsminister« ist, um »Dr. Ruth Talks About Grandparents« (Dr. Ruth spricht über Großeltern) zu schreiben. In diesem Buch haben wir versucht, Großeltern aus der Perspektive des Enkelkindes zu beschreiben, und wir haben »Ratschläge für Kids« gegeben, »das meiste aus einer ganz besonderen Beziehung« zu machen. Auch wenn es ein großes Vergnügen war, dieses erfolgreiche Buch zu schreiben, so hat es uns doch erst so richtig auf den Geschmack gebracht. Danach arbeitete ich an einem Dokumentarfilm »No Missing Link« (Kein fehlendes Glied) über die Rolle, die Großeltern in dem Umbruch der Traditionen in der ehemaligen Sowjetunion gespielt haben. Im Sommer 1997 reiste ich mit einer Filmcrew nach Moskau, St. Petersburg und Usbekistan, wo ich versuchen wollte, ihre Geschichten zu dokumentieren. Der Film wirft Licht auf die Art und Weise, in der Großeltern unterschiedlicher Religionen, Juden, Christen und Moslems, versucht haben, ihr religiöses Erbe am Leben zu erhalten – und dies zu einer Zeit, in der der Glaube und die Glaubensausübung vom kommunistischen Regime mehr als kritisch beäugt wurden.

Zur selben Zeit beschlossen Steve Kaplan und ich, uns wieder einmal zusammenzutun, um dieses Buch zu schreiben. Es gab eine Reihe von Gründen, warum ich Steve als meinen Ko-Autor für dieses Buch ausgesucht habe. Vor allem erinnerte ich mich an den Spaß und Erfolg, den wir mit unserem vorangegangenen gemeinsamen Projekt gehabt hatten. Es gab aber auch einen wichtigen inhaltlichen Grund. Ich wünschte mir einen Ko-Autor, der mit den Erfahrungen und dem Blickwinkel heutiger Eltern vertraut war, einen Vertreter der so genannten »Sandwich-Generation«, der die eigenen Kinder großzieht und zugleich eine Beziehung mit den Eltern aufrecht erhält – den Großeltern seiner Kinder.

Nur zu oft sind Bücher *für* Großeltern auch Bücher *von* Großeltern und werden ausschließlich aus der Perspektive der Großeltern geschrieben.

Der Autor eines solchen Ratgebers für Großeltern behandelt folgendes Problem: »Die Leute fragen mich auch: ›Wie werden Sie es anstellen, keine Ratschläge zu geben?‹ Gar nicht, ist meine Antwort. Von Großeltern wird erwartet, dass sie Ratschläge geben oder sich sogar einmischen. Die Sache ist die, die Eltern dahingehend zu beeinflussen, dass sie die richtigen Entscheidungen treffen, ohne dass sie überhaupt bemerken, dass sie beeinflusst worden sind. Dies ist die zweite Regel der Großelternschaft.«

Meiner Meinung nach wäre es ziemlich traurig, wenn sie als Großeltern solch ein schlechtes Verhältnis zu ihren erwachsenen Kindern hätten und deren Intelligenz und

Entscheidungsfindungsfähigkeiten so niedrig einschätzten, dass sie den Eindruck gewännen, sie manipulieren zu müssen. Sollten Sie eines meiner Bücher gelesen haben, dann wissen Sie, dass ich ganz und gar nicht der Ansicht bin, dass Menschen manipuliert werden sollten. Mir war klar: Ich würde keine derartigen Ratschläge geben und ich würde die großelterliche Perspektive einnehmen. Steve und die meisten seiner Freunde sind Eltern, keine Großeltern. Deswegen neigt er natürlich dazu, das Ganze aus dem Blickwinkel der mittleren Generation zu betrachten. Voraussetzung zum Schreiben war für mich die Berücksichtigung des Blickwinkels beider Generationen, damit unser Buch möglichst ausgewogen werden würde.

In diesem Buch finden Sie also dreierlei: Informationen, Rat und Quellen.

Informationen

Ich weiß aus Erfahrung – und das Schreiben zahlreicher Bücher hat mich darin bestärkt –, dass man ohne verlässliche Informationen keine fundierten und intelligenten Entscheidungen fällen kann. Dies gilt für das Leben als Großeltern nicht weniger als wenn man sich für eine Empfängnisverhütungsmethode entscheidet oder überlegt, auf welcher Universität man studieren sollte. Deswegen habe ich versucht, in annähernd jedem Kapitel dieses Buches eine zusammenfassende Beschreibung dessen, was man heute über den jeweiligen Aspekt des Großelternlebens weiß, einzubringen, sei es Geschenke machen, Adoption, Reise oder Disziplin. In einigen Kapiteln, vor allem in »Bis dass die Scheidung uns trenne« und »Auf ein Neues: Wenn aus Großeltern Eltern werden« konnte ich kaum mehr als die Oberflächen der sehr komplexen Sujets beleuchten, da sie beide einen ungemeinen psychologischen und rechtlichen Tiefgang haben. Den tapferen Anstrengungen einer Reihe von bahnbrechenden Wissenschaftlern zum Trotz wissen wir noch immer sehr wenig über Großelternschaft. Dieses Buch versucht, ein akkurates Bild von dem heutigen Wissensstand über Großelternschaft und den Platz der Großeltern in der Familie zu zeichnen.

Rat

Leider gibt es nicht nur eine Unmenge falscher Vorstellungen über Großeltern, sondern auch sehr viel Unwissenheit. Eine der häufigsten Fehleinschätzungen über Großelternschaft ist diejenige, dass sie etwas ganz Natürliches sei. Wenn Ihr erstes Enkelkind geboren wird, sollen Sie demnach plötzlich intuitiv wissen, was Sie in allen Situationen zu tun haben. Viele Jahre lang war dies auch die vorherrschende Vorstellung von Elternschaft. Eltern, vor allem Müttern, wurde unterstellt, dass sie wüssten, wie sie sich um ihre Kinder zu kümmern hätten. Im Höchstfall konnten sie aus Erfahrungen lernen, aus ihrer eigenen und der älterer und weiserer Frauen. 1946 wurde der Autor Dr. Benjamin Spock mit seinem inzwischen zum Klassiker avancierten Buch »Säuglings- und Kinderpflege« zu einer Art Trendsetter. Von seiner Beliebtheit zeugen die mehr als 40 Millionen verkauften Exemplare sowie die vielen Bücher, die seit dem Erscheinen im Kielwasser dieses Erfolgs zu schwimmen versucht haben. Heute gibt es so viele Bücher über das Thema Eltern auf dem Markt, es kann einem so vorkommen, als seien wir nun ins andere Extrem geraten und glaubten, dass nichts an der Elternschaft natürlich ist.

Im Gegensatz dazu wird das Thema Großeltern weitgehend vernachlässigt. Als Ari geboren wurde, war ich überrascht davon, auf wie viele Bücher seine Eltern Miriam und Joel zurückgreifen konnten, und wie wenig es für mich gab. Ratschläge und Informationen dieses Buches können diesem Mangel bis zu einem gewissen Grad abhelfen. Ich werde versuchen, mich den brennendsten Fragen, mit denen Großeltern konfrontiert werden, zu widmen und eine Leitlinie zu entwickeln, wie Sie als Großeltern Ihre Ziele erreichen können.

In einer Hinsicht sind Großeltern den Eltern gegenüber im Vorteil: Wir sind älter und hoffentlich auch weiser. Wir gehen mit all den Lektionen, die wir aus unzähligen anderen Beziehungen gelernt haben, in diesen neuen Lebensabschnitt.

Vor allem anderen bedeutet Großeltern zu sein: eine Beziehung oder eine Reihe von Beziehungen mit Ihren Enkelkindern, Kindern, Ihrem Partner und den Verwandten der anderen Seite zu haben. Großmutter oder -vater ist man nicht allein, sondern es ist etwas, dass Sie mit den Menschen um Sie herum teilen. Es gibt viele Aspekte, die das Großelterndasein zu etwas ganz Besonderem machen, und es gibt einige Aspekte, die es einzigartig machen und von jeder Ihrer anderen Beziehungen unterscheiden. Und doch hat es vieles mit Ihren anderen Beziehungen gemein. Wenn Sie Großeltern sind, liegt Ihr Schlüssel zum Erfolg wie in jeder anderen Beziehung in der Kommunikation, der Ehrlichkeit, dem Willen, den anderen zu unterstützen, in Ihrer Großzügigkeit des Geistes, Ihrer Offenheit und Geduld. Der Rest ist, wie die Rabbis lehren, Auslegung. Da ich in den letzten drei Jahren sehr gut damit gefahren bin, Ratschläge zu erteilen, werde ich Ihnen in diesem Buch eine ganze Reihe von lehrsamen Vorschlägen unterbreiten.

Quellen

Es ist unmöglich, in einem einzigen Buch alle Informationen über ein Thema zu präsentieren, vor allem nicht, wenn es so komplex und vielgestaltig ist wie das der Großelternschaft. Viele Themen, denen ich mich widme, den lebendigen Familientraditionen, Scheidung, Sorgerecht und der Frage des Schenkens könnten eigene Bücher füllen. Da ich aber ein Buch herausgeben wollte und keine mehrbändige Enzyklopädie, musste ich mich immer wieder durchringen, den vielen Themen dadurch gerecht zu werden, dass ich Hinweise gebe, wo weitere Informationen zu finden sind. Deswegen habe ich eine Auswahl hilfreicher Bücher zur weiteren Lektüre über Großelternschaft im Allgemeinen und über besondere Themen, die in diesem Buch behandelt werden, zusammengestellt. Dort finden sie auch andere nützliche Hinweise auf Organisationen, die Unterstützung und Rat in Angelegenheiten geben, die Großeltern angehen. Die Informationsschnellstraße birst fast vor interessanten Hinweisen, von denen Großeltern profitieren können. Auch wenn viele von ihnen dieses neue Medium vielleicht überwältigend finden, war ich doch der Ansicht, dass ich meinen Lesern eine Hilfestellung zum Einstieg in diese unendliche Informationsquelle anbieten sollte. Für diejenigen unter Ihnen mit minimalen Computerkenntnissen ist die Welt in die Reichweite Ihrer Fingerspitzen gerückt.

Ich habe diese Einleitung mit dem Hinweis begonnen, dass Sie kein Buch mit Tipps für ältere Liebende in den Händen halten. Darüber hinaus gibt es jedoch noch zwei andere Dinge, die Sie in diesem Buch ganz sicher nicht finden werden. Auch wenn ich versucht habe, viele Informationen zu (Groß-)Kindern mit einfließen zu lassen, so ist dies doch kein Buch über Elternschaft. Der wichtigste Rat, den ich Großeltern zum Thema Elternschaft geben kann ist: *Denken Sie immer daran, dass Sie nicht die Eltern sind.* Davon abgesehen sind die besten Bücher, die Sie über Elternschaft lesen können, diejenigen, die die Eltern Ihres Enkelkindes gerade lesen. Das wird Ihnen wertvolle Einsichten zu deren Entscheidungen und Philosophie der Kindererziehung vermitteln. Je besser Sie den Hintergrund ihrer Entscheidungen verstehen, desto leichter wird es für Sie sein, Ihren Platz in dem neuen erweiterten Familiensystem zu finden.

Dies ist auch kein Buch über das Älterwerden. Auch wenn viele der besten Artikel über Großeltern und Großelternschaft in gerontologischen Fachzeitschriften erscheinen, so ist Gerontologie doch ein weites Thema, von dem Großelternschaft nur einen Teil bildet. Wie ich darüber hinaus an mehreren Stellen dieses Buches besprechen werde, wird Großelternschaft zunehmend zu einem Phänomen des mittleren und nicht des hohen Alters. Viele Großeltern sind noch nicht alt. Tatsächlich ist die Verknüpfung zwischen Großeltern und hohem Alter eines der Stereotypen, von denen wir uns zu befreien haben. Hier ist es jedoch mein Ziel, nicht das Altwerden als solches zu besprechen, sondern vielmehr eine besondere Beziehung zu beleuchten, die nicht nur Menschen beschäftigt, die sechzig oder siebzig sind, sondern auch Fünfzig- oder Vierzigjährige oder sogar noch jüngere. Außerdem trifft es nicht zu, dass man automatisch Großeltern wird, wenn man älter wird. Es handelt sich um eine besondere Verknüpfung, die keine Generation allein hervorbringen kann.

Die Erfahrung der Großelternschaft ist dermaßen komplex, dass dieses Buch viele betroffenen Themen nur oberflächlich behandeln kann. Vielleicht wird dies zu einer neuen Karriere für mich? Man kann nie wissen. Was ich jedoch weiß ist, während wir das neue Jahrtausend begrüßen, gibt es sehr viele Hinweise darauf, dass das 21. Jahrhundert den Wendepunkt in der Geschichte der Großelternschaft markieren wird. Es wird nicht nur sehr viel mehr von uns Großeltern geben als je zuvor, sondern viele von uns werden zwei, drei oder sogar vier Jahrzehnte in den Genuss dieser ganz besonderen Rolle kommen.

Die Zukunft gehört uns. Lassen wir uns ganz darauf ein. Sie fängt heute an!

1
Es ist so weit: Sie werden Großeltern

»Großeltern sind unsere fortwährende Verbindung zur unmittelbaren Vergangenheit, zu den Ereignissen, Überzeugungen und Erfahrungen, die unser Leben und unsere Umgebung so nachhaltig geprägt haben. Ob es unsere eigenen Großeltern oder die anderer sind, die so manche Lücke schließen in unserer sich ständig wandelnden Gesellschaft, unsere ältere Generation ist für uns heute die Brücke zu unserem nationalen Erbe und unseren Traditionen.

Wir alle kennen Großeltern, ihre kurzlebige Moden und Trends überdauernden Werte und ihre Weisheit aus der Erfahrung von Schmerz und Freude. Da sie den Jungen Zuwendung und Anleitung geben können, ohne die tägliche Verantwortung für sie übernehmen zu müssen, sind oft sie es, die die Kluft zwischen den Generationen zu schließen vermögen.«

Präsident Jimmy Carter anläßlich des Grandparentsdays,
9. September 1979

Bereit oder nicht ...

Holen Sie tief Luft und bleiben Sie ruhig! So lautet wahrscheinlich einer der Ratschläge, die Ihre Tochter oder Schwiegertochter während der Geburt bekommt. Und es ist auch kein schlechter Rat für werdende Großeltern.

Auch wenn es viele Möglichkeiten der Geburtsvorbereitung für junge Eltern gibt, stecken entsprechende Kurse für

Großeltern noch in den Kinderschuhen, wenn sie überhaupt angeboten werden. Aber ob Sie nun vor Aufregung fast zu platzen drohen oder vielleicht sogar bestürzt sind, bewahren Sie einen kühlen Kopf und bereiten Sie sich lieber auf die nächste große Veränderung vor, die das Leben für Sie bereithält: Großeltern zu werden.

Kommt es Ihnen so vor, als seien Sie überrumpelt worden? Ganz recht. Sie haben sich wahrscheinlich irgendwann einmal bewusst entschieden, zu heiraten und Kinder zu bekommen, doch ob und wann Sie Großeltern werden, darauf können Sie keinen Einfluss nehmen. Das Ereignis kann lange bevor Sie damit rechnen eintreten oder erst wenn Sie schon jahrelang darauf gewartet haben. Die eigenen Kinder unter Druck zu setzen, damit sie endlich heiraten und Kinder bekommen, ist meist nicht besonders wirkungsvoll. Doch ich gehe einmal davon aus, dass Sie schon ein Enkelkind haben oder zumindest eines unterwegs ist, wenn Sie dieses Buch zur Hand genommen haben.

Großeltern zu werden löst wie alle anderen Umbrüche in unserem Leben eine Menge unterschiedlicher Reaktionen aus. Vielleicht sind Sie aufgeregt oder bestürzt, überrascht oder erleichtert. Doch wie auch immer Ihre erste Reaktion auf die bevorstehende Großelternschaft aussieht, Sie sollten sich auf eine ganz große Erfahrung vorbereiten.

Aber ich bin noch nicht so weit!

Als ich zum ersten Mal Großmutter wurde, war ich schon zweiundsechzig. Mein neuer Status begeisterte mich. Ich bin mir sicher, dass dies einer der Faktoren war, die schließlich dazu geführt haben, dass ich meine Haare nicht mehr färbe. Es macht mir nichts aus, wie eine Großmutter auszusehen. Doch ich weiß auch, dass nicht alle so angetan sind von der Aussicht, Großeltern zu werden.

»Ich bin noch zu jung, um Großmutter zu werden!« höre ich Sie rufen.

Eine meiner Lieblingsepisoden aus der »Cosby Show«, die in den achtziger Jahren im Fernsehen gezeigt wurde, rankt sich um die Geburt des ersten Enkelkindes. Mrs. Huxtable (gespielt von Phylicia Rashad), eine attraktive und erfolgreiche Anwältin, ist gerührt und begeistert, als ihre Tochter Mutter wird, aber sie will ganz und gar nicht als Großmutter wahrgenommen werden. Mehrere Folgen lang machen sich die anderen einen Spaß daraus, sie »Großmama« zu nennen. Doch sie ist sich mit den Eltern ihres Schwiegersohnes einig, dass sie für Großeltern zu jung sind. Zu der Zeit, in der die Folgen verfilmt wurden, war Frau Rashad gerade erst vierzig geworden. Zwar gibt es durchaus Großmütter, die erst vierzig sind, aber wahrscheinlich war Phylicia Rashad um einiges jünger als die Rolle, die sie zu spielen hatte, eine Frau nämlich, die voll im Berufsleben steht und deren Tochter schon das College absolviert hat. Ihr Missfallen, als Großmutter abgestempelt zu werden – »Ich sehe doch so viel jünger aus als meine Großmutter!« –, teilen viele Frauen.

Aus nahe liegenden Gründen tun sich Frauen oftmals schwerer als Männer, mit dem Image von Großeltern als alten Leuten zurechtzukommen. Doch das muss nicht immer so sein. So spielt zum Beispiel Steve Martin in dem Film »Der Vater der Braut« einen Mann, der sich sein Haar färbt, plötzlich wie besessen Sport treibt und sein Leben auf den Kopf stellt, als er erfährt, dass er Großvater wird. Das bevorstehende Ereignis kann auch bei Männern eine Krise auslösen und manch einem Mann das Gefühl geben, als lägen seine besseren Tage hinter ihm.

Sollten Sie sich durch Ihre bevorstehende Großelternschaft angespornt fühlen, sich in Form zu bringen, kann ich das nur befürworten. Moderate sportliche Betätigung nach ärztlicher Anweisung ist außerordentlich empfehlenswert. Ein Leben als Großmutter oder Großvater kann man nicht schlaff vom Sofa aus führen. Regelmäßige Bewegung – das geht auch aus den neuesten Studien hervor – hat in jedem Alter sein Gutes. Sie dürfen nur nicht auf die Illusion hereinfallen, Sie könnten die Uhr zurückdrehen. Entgegen der landläufigen Meinung sind die meisten Großeltern weder schwach noch alt: In Amerika sind 50 Prozent der Erwachsenen im mittleren Lebensalter – zwischen fünfundvierzig und neunundfünfzig Jahren – Großeltern; in Deutschland sieht es ähnlich aus, genaue Zahlen gibt es nicht.

Da man in derart unterschiedlichem Alter Großeltern werden kann – hier gibt es eine weit größere Bandbreite als bei der ersten Eheschließung oder der Geburt des ersten Kindes –, wird man sich im Rahmen dieser neuen Erfahrung unter Umständen mit Menschen konfrontiert sehen, die man zu einer anderen Generation als sich selbst rechnen würde. Doch davon sollte man sich nicht abschrecken lassen. Ich habe die Erfahrung gemacht, dass Großeltern instinktiv eine Verbindung untereinander spüren, wie alt sie auch sein mögen.

Wann ist also der richtige Zeitpunkt, Großeltern zu werden? Die einzig vernünftige Antwort darauf kann nur lauten: Wenn eines Ihrer Kinder ein Kind bekommt. Man kann ohnehin nichts dagegen tun, Großeltern zu werden, ganz gleich in welchem Lebensabschnitt man sich befindet.

Sollten Sie Schwierigkeiten damit haben, zu früh Großeltern geworden zu sein, so denken Sie bitte daran, dass das Ihre Probleme sind und nicht die Ihrer Kinder. (In Kapitel 10 komme ich auf Schwangerschaften im Teenageralter und auf unverheiratete Mütter zu sprechen.) Sie sollten nicht zulassen, dass Ihre diesbezüglichen Sorgen das Glück Ihrer Kinder trüben. Sprechen Sie lieber mit Freunden, die etwas Ähnliches erlebt haben, oder wenden Sie sich an Berater, Therapeuten, jemanden in Ihrer Gemeinde. Ihre Kinder dürfen sich nicht schuldig fühlen, weil sie Sie zu Großeltern gemacht haben.

Denken Sie daran: Sie sind die *Groß*eltern

groß: (Adj.), [...] (fig.) bedeutend, berühmt, hervorragend (Persönlichkeit)

Vergessen Sie in der Aufregung über Ihr neues Enkelkind nicht, dass Sie auch Eltern sind. Wahrscheinlich hat jeder Vater irgendwann einmal zu seiner Tochter gesagt: »Egal wie alt du bist, du bist und bleibst mein kleines Mädchen.« Leicht kommt es vor, dass man in seiner Begeisterung über seine Enkel die eigenen Kinder vergisst. Man ist von der neuen Erfahrung derart überwältigt, dass man gar nicht mehr an seine Elternrolle denkt.

Das kann sogar schon passieren, bevor das neue Enkelkind überhaupt geboren ist. Bei einer meiner Freundinnen fiel ihr Geburtstag in ihren neunten Schwangerschaftsmonat. Den ganzen Tag über bekam sie Anrufe von ihrer Familie. Alle wollten wissen, wie es ihr ging und ob sie nicht schon im Krankenhaus sei. Niemand beglückwünschte sie zu ihrem Geburtstag! Sie war sehr verärgert. »Das Baby ist noch nicht einmal da, und schon dreht sich alles nur noch darum!« empörte sie sich.

Eine andere Freundin meinte scherzhaft: »Ich kann mich noch gut an die Zeit erinnern, als meine Eltern *mir* guten Tag sagten und *mir* Fragen stellten, wenn ich sie besuchen kam. Seit sie Enkel haben, ist es fast so, als sei ich unsichtbar, wenn ich bei ihnen vor der Tür stehe.«

Dabei gibt Ihnen die Geburt eines Enkelkindes viele Möglichkeiten, Groß*eltern* zu sein. Wenn es ihr erstes Kind ist, sind Ihr Sohn oder Ihre Tochter wahrscheinlich aufgeregt und ängstlich zugleich. Alle stürzen sich auf das lang erwartete Baby. Bilden Sie die Ausnahme, indem Sie sich um die Eltern kümmern. Erkundigen Sie sich vor der Geburt, wie Sie in den Tagen unmittelbar nach der Niederkunft helfen können. Hören Sie ihnen zu, wenn sie die Geburt immer und immer wieder rekapitulieren. Beschenken Sie die stolzen Eltern, und nicht nur das Neugeborene.

Wenn es ihr zweites oder drittes Kind ist, können Sie bestimmt viel für die Eltern und die anderen Enkel tun. Sie könnten anbieten, häufiger auf die Kinder aufzupassen, damit die Eltern vor der Entbindung noch etwas Zeit für sich finden. Und sosehr die Eltern ihren anderen Kindern auch versichern werden, dass sie ein Geschwisterchen dazugewonnen und nicht ihre Eltern verloren haben, so schwer wird es den älteren Kindern zunächst fallen, das zu glauben – wenn alle so viel Aufhebens um das Neugeborene machen. Ihre ältere Enkeltochter wird es genießen, wenn die Großmama ihren Lieblingscomic mitbringt und ihn ihr im eigenen Zimmer vorliest. Oder Backen mit Großpapa – und dann ganz allein mit ihm in der Küche bei einem Glas Milch die Kekse aufessen!

Machen Sie sich bewusst, dass das Leben als Großeltern einem Marathonlauf gleicht und keinem Sprint. Längst nachdem die letzten Gratulanten verschwunden sind, werden Sie noch auf der Bildfläche sein. Wenn alle herumschwirren und ooh und aah machen, halten Sie sich zurück. Seien Sie nicht auch noch ein Gast, der etwas von den Eltern verlangt. Seien Sie diejenigen, mit denen die Eltern rechnen können.

Einen Namen wählen – für sich selbst, nicht für das Baby

In Ihrer Familie gibt es möglicherweise bestimmte Traditionen der Namensgebung. Vielleicht hätten Sie es gern, wenn Ihr Enkel nach einem Ihrer Eltern oder einem anderen geliebten Verwandten benannt werden würde. Angenommen Ihr Sohn heißt nach seinem Vater, so wünschen Sie sich vielleicht, dass der Nachwuchs diese Tradition fortsetzt. Wenn Sie gefragt werden, sollten Sie Ihre Wünsche auf jeden Fall äußern, doch selbst dann ist es Sache der Kinder, die Entscheidung zu fällen. Auf der anderen Seite bestimmen Sie den Namen, bei dem Ihre Enkel Sie rufen sollen.

Während Ihre Kinder die zahllosen Namensbücher wälzen, die derzeit auf dem Markt sind, können Sie sich Gedanken darüber machen, ob Sie Großmutter, Großmama, Oma oder Omi genannt werden wollen. Dies sind nur ein paar Möglichkeiten der deutschen Sprache. Wenn Sie aus einem anderen Land kommen, möchten Sie vielleicht, dass Ihr Name Ihre eigene ethnische Herkunft reflektiert. So heißt Großpapa zum Beispiel auf Türkisch *Dede*, auf Griechisch *Papou*, auf Italienisch *Nonno*, auf Swahili *Babu* und auf Spanisch *Abuelo*.

Carolyn J. Booth und Mindy B. Henderson haben vor kurzem ein entzückendes kleines Buch mit dem Titel »Grandmother by Another Name« herausgegeben, in dem sie Geschichten zusammengestellt haben, wie Großmütter zu ihren besonderen Namen gekommen sind.

Meine Enkel rufen mich *Omi*. Ich bat meine Tochter Miriam darum, weil ich meine eigene Großmutter so genannt habe während meiner Kindheit in Deutschland. Entsprechend hieß mein Ehemann Fred für sie *Opa*.

Als Steve aufwuchs, nannte er die Mutter seiner Mutter

Grandma und die Eltern väterlicherseits auf Yiddisch *Bubbe* und *Zayde*. Seine Kinder reden seine Mutter mit *Grandma* an, für die Eltern ihrer Mutter benutzen sie das Hebräische *Savta* und *Saba*.

Nutzen Sie die Zeit vor der Geburt, um Ihren neuen Namen auszuwählen – und machen Sie ihm lange Zeit alle Ehre.

Große Erwartungen

Zuhören lernen

Eine der ganz besonderen Zeitspannen in jeder Familie sind die Monate vor der Geburt eines Kindes und Enkelkindes. Für die erwartungsvollen Großeltern ist dies eine Zeit, in der sie ihren Erinnerungen und Träumen nachgehen, vor allem beim ersten Enkelkind. Ob Sie um die Ecke wohnen oder weit entfernt, die Monate vor der Geburt geben Ihnen eine hervorragende Gelegenheit, die Hoffnungen, Ängste, Pläne und Erwartungen Ihrer Kinder kennen zu lernen. Diese Zeit bietet sich auch an, viele der Fähigkeiten zu erlernen, die gute Großeltern auszeichnen, wie zum Beispiel auch mal den Mund zu halten, zuzuhören und zuversichtlich zu sein. Alle heiß geliebten Großeltern wissen nämlich, dass es einen guten Grund dafür gibt, warum wir mit zwei Ohren und nur einem Mund ausgestattet wurden: damit wir – mindestens – doppelt so viel zuhören wie reden.

In den Monaten, die zwischen der Bekanntgabe der Schwangerschaft und der Geburt Ihres Enkels liegen, ist es ganz wichtig, sich der Beziehung zu Ihren Kindern zu widmen. Seien Sie offen für die Kommunikation mit ihnen.

Finden Sie heraus, welche Bücher sie über Babypflege lesen und wie sie die Wohnung verändern wollen. Es ist eine gute Zeit, um solche Themen wie Besuche, Babysitting, Feste zu den Feiertagen und Geschenke anzuschneiden. Vielleicht haben Sie Lust, mit den werdenden Eltern einkaufen zu gehen und Babykleidung und -möbel oder das Geburtsgeschenk auszusuchen.

Obwohl die Geburt eines Enkelkindes Familien zusammenbringen kann, die nichts mehr miteinander zu tun haben wollten, sollte man sich nicht darauf verlassen. Die meisten Studien belegen, dass die Häufigkeit des Kontakts zwischen Großeltern und Enkeln von der Beziehung zu den erwachsenen Kindern, vor allem zu den Töchtern, abhängt. Nach Cherlin und Furstenbergs Untersuchung, »The New American Grandparent«, sahen »Großeltern, die angaben, ihre Beziehung zur Mutter des Enkelkindes sei ›sehr eng‹, ihre Enkel doppelt so häufig wie diejenigen, die angaben, ihre Beziehung sei ›eng‹ oder ›nicht sehr eng‹. ... *Großeltern, die sich einen häufigen Kontakt wünschen, müssen mit ihrer Tochter oder Schwiegertochter gut auskommen ...*«

Ich rate Ihnen nicht dazu, Ihr Verhältnis zu Ihren erwachsenen Kindern zu verbessern, damit Sie öfter mit Ihren Enkelkindern zusammen sein können. Ich rate dazu, weil es Ihre Kinder sind.

Es ist kaum zu vermeiden, dass die werdenden Großväter eine größere Anstrengung unternehmen müssen als ihre Ehefrauen, um von Anfang an mit einbezogen zu werden. Mütter und Töchter haben die gemeinsame Erfahrung der Schwangerschaft, über die sie sich unterhalten können. Doch Großväter teilen die Erfahrung des erwartungsvollen Vaters mit ihren Söhnen und Schwiegersöhnen und das ist eine gute Grundlage für eine Stärkung der Beziehung. Man sollte nie vergessen, dass auch der werdende Vater Sorgen und Nöte mit sich herumträgt.

Es bedarf nur einer kleinen Anstrengung, dann wird es fast jedem Großvater *in spe* gelingen, an der Aufregung teilzuhaben und seiner Verbundenheit Ausdruck zu verleihen. Ob er mit der werdenden Mutter das Babyzimmer streicht oder Zeitungsausschnitte schickt, die ein Paar in dieser Situation interessieren könnten – es gibt vieles, was er tun kann, um die Eltern wissen zu lassen, dass er in Gedanken bei ihnen ist.

So sinnvoll es ist, in dieser Zeit den Großteil Ihrer Aufmerksamkeit Ihrem Sohn oder Ihrer Tochter zu widmen, so wichtig ist es, am Aufbau einer guten Beziehung zu den anderen Großeltern zu arbeiten. Bedeutet die Geburt Ihres Enkels doch, dass Sie nun durch mehr als die Eheschließung Ihrer Kinder miteinander verbunden sind. Sie werden viele Jahre lang gemeinsam an den Freuden und Nöten Ihres Enkelkindes teilhaben. Eine gute Kommunikation kann zukünftige Missverständnisse über Geschenke, Feiertagsbesuche, Ferienpläne und unendlich viele weitere Angelegenheiten vermeiden helfen, in denen sich Ihre Interessen überschneiden.

Mitreden können

Sie vereinfachen die Kommunikation mit Ihren Kindern während der Schwangerschaft, wenn Sie sich mit dem medizinischen Vokabular vertraut machen, das sie benutzen. Ob es sich um eine Ultraschalluntersuchung oder eine Amniozentese – eine von mehreren Möglichkeiten, genetische Unregelmäßigkeiten zu entdecken – handelt, in jedem Fall ist es leichter Anteil zu nehmen, wenn Sie wissen, um welche medizinischen Untersuchungen es sich handelt, wie sie genannt werden und welche Informationen man aus ihnen gewinnen kann. Obwohl diese Tests gewohnheitsmäßig durchgeführt werden, um sicherzugehen, dass sich der

Fötus normal entwickelt, kann man bei manchen erkennen, ob es ein Mädchen oder ein Junge wird. Unter Umständen wollen Ihre Kinder das aber nicht im Voraus wissen oder sie möchten ihr Geheimnis für sich behalten. Wie sie sich auch verhalten, respektieren Sie ihre Wünsche und dringen Sie nicht in sie.

Wenn man einmal anfängt, die medizinischen Aspekte der Schwangerschaft zu erörtern, kann es schwer fallen, wieder damit aufzuhören. Und auch wenn nichts dagegen einzuwenden ist, Informationen und Erfahrungen auszutauschen, so sollten Sie doch immer zuversichtlich und ruhig wirken. Das Letzte, was werdende Eltern hören wollen, sind Geschichten von komplikationsreichen Entbindungen und von Unglücksfällen. Denken Sie auch daran: Sie sind weder der Vater noch die Mutter und auch nicht der Arzt. Überlassen Sie den ärztlichen Rat lieber den Profis.

Rund um die Gesundheit

Noch bevor Sie sich mit den vielfältigen Aspekten der Kinderpflege beschäftigen, werden Sie sicher viele Fragen zur pränatalen Phase und zur Geburt haben. Wahrscheinlich ist es mindestens zwanzig Jahre her, seit Sie entbunden haben, und auch wenn sich an Empfängnis und Geburt seit unvordenklichen Zeiten wenig geändert hat, so haben sich doch viele Gepflogenheiten rund um die Geburt mit der Zeit sehr verändert.

Trotz aller Witze über saure Gurken und Eisbecher haben Schwangere ganz bestimmte Ernährungsbedürfnisse. Dem allgemeinen Ernährungsbewusstsein folgend, wurde in den letzten Jahren auch in der Schwangerschaft zunehmend mehr Wert auf Obst, Gemüse und fettreduzierte Milchprodukte gelegt. Viele Ärzte raten werdenden Müttern dazu, Alkohol und Koffein zu meiden, und natürlich wird vom Rauchen unbedingt abgeraten. Es ist Sache der Eltern, sich an die empfohlene Ernährungsweise zu halten, aber es ist bestimmt eine gute Idee, wenn Sie sich vor einem anstehenden Besuch nach ihren Essgewohnheiten erkundigen, damit sie von dem Benötigten genug dahaben.

Eine besondere Ernährung ist nur einer der jüngsten Trends des pränatalen Gesundheitsbewusstseins. Einer meiner Bekannten war sich schon lange darüber im Klaren, dass es seine Kinder störte, wenn er rauchte. Sie gingen mit dieser Angewohnheit zunehmend kritisch um. Als seine Schwiegertochter schwanger wurde, erklärte sie ihr Haus zur Nichtraucherzone und machte ihm deutlich, dass sie nicht wolle, dass er jemals in Gegenwart seiner Enkelkinder rauchte. Man braucht nicht zu betonen, dass ihn das nicht erfreute, aber er schickte sich in diese neue Lebensweise.

Die allgemeine Sportbegeisterung hat sich auch in der Art der Vorbereitung auf die Geburt niedergeschlagen. Die Tage der strikten Bettruhe und eingeschränkten Bewegung sind vorbei. Nur wenn ihr die Ärztin davon abgeraten hat, wird die werdende Mutter nicht an einem Sportkurs teilnehmen. Ansonsten wird sie die meisten ihrer gewohnten Aktivitäten fortführen, bis die Schwangerschaft sehr weit fortgeschritten ist, darunter auch Reisen. Eine meiner Freundinnen leitete bis zum Ende des achten Monats Wandergruppen, während bei einer anderen die Wehen in ihrem Aerobic-Kurs einsetzten!

Über die verschiedenen Entbindungsmöglichkeiten

In den letzten fünfundzwanzig Jahren haben sich die Umstände, unter denen Kinder zur Welt kommen, geradezu revolutionär verändert. Vor nur einer Generation war die Rolle des Vaters darauf beschränkt, den Arzt anzurufen, zum Krankenhaus zu fahren und im Wartezimmer auf und ab zu gehen. Heute ist es ganz normal, wenn er der Gebärenden unterstützend zur Seite steht und während der gesamten Geburt dabei ist. In der Pioniergeneration der natürlichen Geburt, die jetzt ins Großelternalter kommt, sind viele erpicht darauf, dieselbe Unmittelbarkeit der Geburtserfahrung auch bei ihren Enkeln mitzuerleben. Es sollte Ihnen nicht peinlich sein, diese Frage mit Ihren Kindern anzusprechen.

Ob Sie dabei sind oder nicht, unterstützen Sie die von Ihren Kindern ausgewählte Geburtsmethode. Natürliche Geburt oder »Apparatemedizin«, beruhigende Musik oder Hard Rock, ein Geburtsstuhl oder ein konventioneller Kreissaal, es ist ihre Entscheidung. Wenn die Ärztin zustimmt, äußern Sie sich nicht dazu, was auch immer Sie von ihren Ideen und Vorlieben halten mögen. Es ist eine gute Übung für die vielen Male, in denen Sie das Schweigen einem Konflikt vorziehen werden, nachdem Ihr Enkel geboren ist.

Das Neuangekommene und wann Sie kommen sollten

Vor allem wenn die Großeltern weit entfernt wohnen, stellt sich bei der Geburt eines Enkelkindes die Frage, wann und für wie lange sie zu Besuch kommen sollten. Sicherlich wird Ihre erste Eingebung sein, Ihr neues Enkelkind so schnell wie möglich zu besuchen, doch ist es eine gute Idee, das vor der Geburt mit den Eltern zu besprechen.

Früher verbrachten die jungen Mütter etwa eine Woche im Krankenhaus, um sich von der Geburt zu erholen. Heutzutage sind achtundvierzig oder sogar vierundzwanzig Stunden üblich, jedenfalls wenn alles ohne Komplikationen verlief. Bei einer solchen Drehtürpolitik reicht die Zeit kaum noch für einen Besuch im Krankenhaus. Lebt man weit entfernt, kann man es unmöglich schaffen, rechtzeitig im Krankenhaus sein.

Zu Hause mit ihrem Baby angekommen, ziehen es die jungen Eltern vielleicht vor, die ersten paar Tage dem »Bonding« zu widmen. Ihre Schwiegertochter fühlt sich unter Umständen wohler, wenn *ihre* Mutter in den ersten Tagen kommt, und mit zwei Großmüttern – und Großvätern – und einem neuen Baby zurechtzukommen, wird ihr bestimmt zu viel. Andererseits freut sie sich vielleicht über jemanden, der ihr bei der Wäsche und beim Kochen hilft und die anderen Kinder betreut. Dieses Thema im Voraus zu besprechen, vermeidet nicht nur Missverständnisse in der letzten Minute, Sie können dann auch besser Pläne machen, Ferienzeit einplanen und alles andere, für einen solchen Besuch Notwendige in die Wege leiten. Selbst wenn Sie sich dazu entschließen, Ihren Besuch für eine Weile aufzuschieben, können Sie Blumen oder Geschenke schicken.

Steves Mutter wartete zum Beispiel fast drei Monate, bevor sie ihren Enkel in Übersee besuchen kam. Sie wusste, dass die anderen Großeltern in der Nähe wohnten und jederzeit bereit waren zu helfen. »Mit drei Monaten ist das Baby schon viel munterer, und die Eltern sind auch entspannter«, fand sie.

Das neue Familienmitglied willkommen heißen

Eines der heikelsten Themen in vielen Familien ist die Frage, wie die Geburt eines Kindes gefeiert werden soll. Viele junge Paare machen sich wenig Gedanken über die Rolle, die die Religion in ihrer Familie einnehmen soll, bis das erste Kind da ist. Diskrete Erkundigungen, ob sie ihr Kind taufen lassen wollen oder ob sie eine andere Zeremonie ins Auge gefasst haben, können sie anregen, über ihre Pläne nachzudenken. Paaren mit unterschiedlichem religiösem oder kulturellem Hintergrund werden oft an der Art und Weise der jeweils präferierten Geburtsfeier die Unterschiedlichkeiten ihrer Traditionen deutlich – und damit natürlich auch die der jeweiligen Großeltern. Uneinigkeiten in diesen Angelegenheiten lassen sich nur sehr schwer einvernehmlich klären.

Bedauerlicherweise gibt es in diesen Fällen keine Patentrezepte, genauso wenig wie bei den vielen Anlässen, bei denen unterschiedliche traditionelle Rituale vorgesehen sind, von denen ich einige im nächsten Kapitel erörtern werde. Am besten horchen Sie Ihre Kinder schon vor der Geburt etwas aus. So können sie unangenehme Überraschungen vermeiden, die leicht durch falsche Annahmen entstehen, und außerdem wird so allen die Chance gegeben, vor der Geburt darüber nachzudenken. Wenn Sie Glück haben, können Sie einige besondere Familientraditionen mit dem Segen aller Beteiligten weitergeben, doch sicherlich nicht alles, was Sie sich erhofft haben.

Vergessen Sie nicht, selbst zu feiern!

In der Aufregung über das Baby und bei den Sorgen, die Sie sich um Ihre Kinder machen, ist es nahe liegend, eine wichtige Person zu übersehen: sich selbst.

In einem Ratgeber über Großeltern von Dr. Lillian Carson, »The Essential Grandparent: A Guide to Making a Difference«, wird vorgeschlagen, dass Großeltern ihre eigenen Rituale schaffen sollten, um ihren Übergang in ein neues Stadium des Lebenskreislaufs zu markieren. Vielleicht gehen Sie in die Kirche oder Sie laden ein paar Ihrer engen Freunde zum Abendessen ein. In dem Ratgeber heißt es: »Diesen Ritus können Sie gestalten, wie Sie wollen.« Dabei ist nur wichtig, dass er Ihren Eintritt in die Großelternschaft für Sie sinnvoll markiert.

Anthropologen und Psychologen haben uns beigebracht, dass die *Rites de passage* (die Übergangsriten) eine wesentliche Funktion im Leben von Individuen und Gesellschaften innehaben. Sie helfen uns auf der persönlichen Ebene bei unserem Übergang von einer Lebensphase zur nächsten, machen uns unseren Platz im Kreislauf des Lebens deutlich und helfen uns dabei, anderen unsere neue Rolle bekannt zu geben. Auf einer allgemeineren sozialen Ebene ermöglichen sie uns, dass wir uns mit unseren Traditionen identifizieren und dadurch auch mit den Generationen, die uns vorangegangen sind und den Pfad für uns geebnet haben.

Ob Sie die ganze Welt teilhaben lassen oder die große Neuigkeit nur mit ihren engsten und liebsten Freunden und Verwandten teilen wollen, übergehen Sie Ihren Eintritt in den neuen Lebensabschnitt nicht schweigend.

Ich wollte, dass es die ganze Welt weiß: *Ich bin Großmutter!!!*

2
Was Familien gemeinsam haben

Jede Familie ist anders und alle Großeltern haben ihre ganz besonderen Interessen. Doch bestimmte Fragen beschäftigen jede Familie. In diesem Kapitel gehe ich den Themen nach, die für alle Großeltern von Bedeutung sind.

Wie ich bereits in meiner Einleitung erwähnt habe, ist dies kein Ratgeber für Eltern. In den Buchhandlungen biegen sich die Regale unter Büchern zu diesem Thema, und es ist nicht meine Absicht, ihnen ein weiteres hinzuzufügen. Doch spielt sich das Leben von Großeltern ja nicht in einem luftleeren Raum ab. Vielleicht ist es eine wesentliche Eigenschaft guter Großeltern, dass sie die Bedürfnisse ihrer Kinder und deren Kinder sensibel erspüren. Je mehr wir uns in die Lage hineinversetzen, wie es ist, um die Jahrtausendwende Eltern oder Kind zu sein, desto bessere Großeltern sind wir.

Ein Balanceakt

Heutzutage werden Eltern mit vielen Herausforderungen konfrontiert, die noch vor ein paar Generationen undenkbar gewesen wären. Die größte von ihnen ist die Notwendigkeit, Arbeit und Familie zu vereinbaren. So sind in Deutschland mittlerweile rund 60 Prozent der Mütter mit Kindern unter achtzehn Jahren erwerbstätig (1998). Dabei liegt die Quote der verheirateten Frauen etwas darunter

(58,9 Prozent), die der allein erziehenden Mütter darüber: 64 Prozent. Wesentlicher Faktor ist das Alter des Kindes: Während 46,5 Prozent der Ehefrauen und 46,1 Prozent der Alleinerziehenden mit Kindern unter drei Jahren einer Erwerbstätigkeit nachgingen, waren es 1998 bei Müttern, deren jüngstes Kind fünfzehn bis unter achtzehn Jahre alt war, 69,2 beziehungsweise 75,3 Prozent.

Nach gängiger Meinung ist die Entwicklung der zunehmenden Erwerbstätigkeit unter Müttern ein unmittelbares Resultat der Frauenbewegung. Das ist zwar nicht ganz von der Hand zu weisen, die Wahrheit ist jedoch komplexer, denn dieser Trend ging der Frauenbewegung voraus, weil es wichtige wirtschaftliche Gründe für ihn gab. Als die ökonomische Unsicherheit zunahm und die realen Einkommen sanken, war es für die Aufrechterhaltung eines relativ hohen Lebensstandards der Familie unabdingbar, dass zwei Gehälter hereinkamen. Zu diesem Zeitpunkt mussten sich viele Frauen einem unbequemen Umstand stellen. Sie waren in einer Zeit wirtschaftlichen Überflusses geboren und mit der Erwartung eines sich stetig verbessernden Lebensstandards groß geworden, nur um mit dem Eintritt in den Arbeitsmarkt herauszufinden, dass gut bezahlte Jobs schwer zu bekommen waren. Als die Kaufkraft nachließ, begannen sehr viele Mütter kleiner Kinder zu arbeiten.

Während immer mehr Frauen arbeiten gingen, nahmen ihre Haushaltspflichten kaum ab. Allein erziehende Mütter müssen ihre Kinder natürlich sowieso unterhalten und ihnen den Haushalt führen. Doch selbst nach jahrelangem Drängen ist die Anzahl der Ehemänner, die die Hälfte der Arbeit im Haushalt übernimmt, relativ gering; 1995 waren in Deutschland gar nur 15 Prozent der Männer im Haushalt gleichberechtigt tätig.

Unmittelbares Resultat der zunehmenden Arbeitszeit ist die Abnahme der Zeit, die Eltern mit ihren Kindern verbringen. Die zahllosen Beteuerungen in Zeitschriften und

Handbüchern, dass es auf die *Qualität* und nicht die *Quantität* der den Eltern für ihre Kinder zur Verfügung stehenden Zeit ankomme, konnten die meisten Eltern nicht überzeugen. Eine Untersuchung in Amerika von 1991 zeigte, dass die Hälfte der befragten berufstätigen Mütter und zwei Drittel der berufstätigen Väter das Gefühl hatten, zu wenig Zeit mit ihren Kindern zu verbringen.

Einiges deutet darauf hin, dass man es in den letzten fünfundzwanzig Jahren versäumt hat, die Zeichen der Zeit zu deuten und qualitativ hochwertige Kinderbetreuungseinrichtungen aufzubauen. Das Unbehagen, das viele Eltern in Bezug auf die außerhäusliche Kinderbetreuung verspüren, kommt in Filmen wie »Die Hand an der Wiege« und in der öffentlichen Faszination, die das Gerichtsverfahren gegen das britische Aupairmädchen Louise Woodward ausgelöst hat, lebhaft zum Ausdruck. Doch die mangelhafte Qualität vieler Kinderbetreuungseinrichtungen bestätigt diese Vorbehalte.

Ist es da noch ein Wunder, dass viele Eltern – vor allem die Mütter – einfallsreiche Lösungen gefunden haben, wie das Jobsharing, die Tele- oder Heimarbeit, in dem Versuch, ein Gleichgewicht zwischen den wirtschaftlichen und familiären Notwendigkeiten zu erreichen? Immer mehr Mütter haben sich auch gegen den vorherrschenden Trend gewandt und ganz aufgehört zu arbeiten. In Virginia wurde eine Organisation ins Leben gerufen, um wieder ein Bewusstsein dafür zu schaffen, dass »Mütter, die zu Hause bleiben, merken, dass sie eine hervorragende Entscheidung getroffen haben«, indem »sie sich ganz auf einen Job einlassen, auf den sich niemand so richtig vorbereiten kann«.

Diesen Frauen spende ich Beifall für einen Schritt, der in vielen gesellschaftlichen Kreisen nicht anders als als mutig bezeichnet werden kann. Eine Frau, die nicht erwerbstätig ist, wird leider manchmal als für weniger intelligent befunden als eine, die außer Haus arbeitet. Mir liegt allerdings auch nichts ferner, als diejenigen zu verunglimpfen, die einer außerhäuslichen Erwerbstätigkeit nachgehen, Frauen, die mit ihren Schuldgefühlen leben müssen, weil sie nicht dem Ideal zu entsprechen scheinen.

Als Großeltern sollte es Ihr Ziel sein, die Entscheidungen Ihrer Kinder zu respektieren und zu unterstützen, so dass keine überflüssigen Schuldgefühle entstehen. Mein Vorschlag: Wie auch immer sich die Betreuungssituation darstellte, als Sie Ihre Kinder großzogen, überlassen Sie Ihren Kindern diese Entscheidung und tragen Sie sie mit. Wenn Sie einer außerhäuslichen Erwerbsarbeit nachgegangen sind und die Kinder tagsüber betreuen ließen, so müssen Sie es nun respektieren, wenn Ihre Tochter oder Schwiegertochter – oder Ihr Sohn respektive Ihr Schwiegersohn – sich dafür entschieden haben, zu Hause zu bleiben. Aber wenn Sie damals zu Hause geblieben sind und Ihre Karriere erst einmal auf die lange Bank geschoben haben, so können Sie nicht dasselbe von Ihren Kindern erwarten.

Als ich zusammen mit Ben Yagoda an unserem Buch »The Value of Family« arbeitete, habe ich aus der *New York Times* einen Brief ausgeschnitten, in dem eine Frau aus Maryland sich genau zu dem Thema äußert, wenn sie sich darin auch eher Gedanken um unterschiedliche Elternrollen als über Großeltern macht.

»Zwei Gruppen von Müttern sind heute in der Defensive: Vollzeitmütter, die sich Sorgen um ihre Karriere machen, und Vollzeitangestellte, die sich Sorgen um ihre Kinder machen. Ein Dialog zwischen beiden scheint ein Ding der Unmöglichkeit. Mütter beider Gruppen haben die irritierende Angewohnheit, ihre Kinderbetreuungsentscheidungen zu rechtfertigen, indem sie grundsätzliche Angriffe gegen die andere Gruppe lancieren. ...

Schon vor Jahren wurde in einer Untersuchung festgestellt, dass erfolgreiche Kinder glückliche Eltern hatten: ob die Mütter erwerbstätig waren oder zu Hause blieben, erwies sich als unerheblich. ...

Ich hoffe, dass Frauen eines Tages selbstbewusst genug sein werden, um ihre eigenen Entscheidungen zu rechtfertigen, ohne die Entschlüsse anderer schlecht zu machen, und die Forschungsergebnisse angesehener Kinderpsychologen etwas souveräner zur Kenntnis nehmen können.«

Wer hat das Sagen?

> »Sie hält die jungen Frauen von heute für zu forsch und die Männer für nicht respektvoll genug; aber sie hofft, dass ihre Enkelkinder einmal besser werden; auch wenn sie mit ihrer Tochter in einigen Punkten unterschiedlicher Meinung ist, was ihren Umgang mit den Kindern anbelangt.«
>
> *Leigh Hunt (1784–1859), »The Old Lady«*

Die Kontroverse über das Hausfrauen- versus das Erwerbstätigenmodell ist nur eins der vielen Themen, bei dem Ihre Erfahrungen eventuell nicht mit den Plänen Ihrer Kinder in Einklang zu bringen sind. Andere Konfliktthemen sind zum Beispiel die Erziehung – öffentliche, private oder kirchliche Schule –, Ernährung, Kleidung und Betragen. Es scheint immer mindestens zwei Meinungen zu jedem Aspekt der Kinderbetreuung zu geben. Wenn Sie meinen, die Wahrheit für sich gepachtet zu haben, dann werden Sie als Großeltern bestimmt nicht besonders beliebt sein.

Was können Sie tun, wenn Sie nicht damit einverstanden sind, wie Ihre Kinder Ihre Enkelkinder erziehen? In vielerlei Hinsicht ist dies die Frage, die am leichtesten zu beantworten und am schwierigsten zu befolgen ist. Um es ganz direkt zu sagen: Solange Ihre Kinder nichts tun, was unmoralisch, illegal oder gefährlich ist, halten Sie sich raus. Und wenn ich sage, dass Sie sich raushalten sollen, so meine ich damit nicht nur, dass Sie offensive Kritik vermeiden sollen, sondern auch rhetorische Fragen wie: »Ach, *du* badest sie so?« oder: »Sehen die meisten Freunde deiner Kinder auch so viel fern?«

Denken Sie daran: Sie hatten Ihre Chance, Ihre Kinder zu erziehen, wie Sie es für richtig hielten. Jetzt sind Ihre Kinder an der Reihe.

Wie das Zitat von Leigh Hunt nahe legt, haben Großeltern ihre Kinder kritisiert, seit es Großeltern gibt. Wie häufig dieses Problem auftaucht, kann man auch daran erkennen, dass es immer wieder in Fernsehsendungen zur Sprache kommt. Wenn Großeltern in den amerikanischen Familienserien der fünfziger Jahre fast unsichtbar waren, so wurden sie in den achtziger und neunziger Jahren allzu oft als Plage dargestellt. Nichts scheint die Eltern so zu nerven wie ein Besuch von Großmama und Großpapa. Es muss sich in diesen Sendungen nicht um die Wiedergabe der Realität handeln, aber ein Quäntchen Wahrheit wird schon dran sein.

Neulich sah ich mir eine Wiederholung der beliebten amerikanischen Fernsehsendung »Step by Step« an, in der Carol and Frank Lambert (gespielt von Suzanne Somers und Patrick Duff) je drei Kinder aus erster Ehe und ein gemeinsames Kind haben. Als Franks Mutter zu Besuch kommt, um ihr jüngstes Enkelkind kennen zu lernen, begann mich die Sache zu interessieren. Von der Sekunde an, in der sie die Wohnung betritt, attackiert sie die arme Carol. Wenn man ihrer Schwiegermutter Glauben schenkte, so hatte Carol keinen blassen Schimmer, welchen Weichspüler man benutzen musste, wie man ein Bäuerchen auf den Weg brachte oder wann beim Baby langsam mit dem Zufüttern begonnen werden sollte. Oma wird Mami schon zeigen, wie man alles richtig macht, war die Botschaft der eben eingetroffenen Großmutter. Und das vermittelte sie nicht nur dem neuen Enkelkind, sondern auch den Enkeln und Stiefenkeln. »Diese Woche passt Oma auf euch auf!«, verkündete sie stolz, während sie den beiden großen Jungen erlaubte, sich vor dem Abendessen ein Eis zu nehmen. Schließlich verwahrte sich Frank gegen ein solches Verhalten. Er erklärte ihr, dass dies Carols Zuhause sei: »Hier ist nur Platz für eine Mrs. Lambert, und das ist Carol!« Doch die Mutter begriff ihr eigenes Verhalten erst richtig, als ihr plötzlich klar wurde, dass sie sich genauso benahm wie ihre Schwiegermutter, als sie eine junge Mutter gewesen war. *»Ich bin zu meiner eigenen Schwiegermutter geworden! Carol muss mich verabscheuen!«*

In dieser Folge war Carol schon eine äußerst erfahrene Mutter mit drei eigenen und drei Stiefkindern. Trotzdem verletzte sie die Kritik ihrer Schwiegermutter, zudem untergrub sie ihre Autorität und belastete die Beziehung zu ihrem Ehemann. Man stelle sich die Folgen vor, wenn sie eine junge Mutter gewesen wäre, die gerade ihr erstes Kind bekommen hat oder mit ihren Schwiegereltern zusammenleben müsste.

Wenn Sie das Selbstvertrauen Ihrer Kinder angreifen, entsteht eine äußerst schwierige Situation. Es schadet der Beziehung Ihrer Kinder zu Ihren Enkelkindern und es schadet ihrer Beziehung zu Ihnen. *Sie müssen vor allem immer daran denken, dass Sie Ihre Kinder niemals vor deren Kindern kritisieren dürfen!* Das ist ein großer Fehler. Mit großer Sicherheit verletzen Sie Ihre Kinder und wenn Sie sie so in die Defensive treiben, werden sie Ihren Rat auch nicht annehmen. Wenn Ihre Enkel dann das Unbehagen der Menschen spüren, die sie am meisten lieben und bewundern, belastet sie das und sie werden Ihnen die Schuld dafür geben.

Wenn Sie ein bestimmtes Problem mit Ihren Kindern

besprechen müssen, tun Sie es unter vier Augen. Denken Sie daran, dass Sie die Großeltern und nicht die Eltern sind. So wie Sie auf bestimmte Art und Weise Großeltern sind, so haben auch Ihre Kinder ihren eigenen Stil. Sie sind nicht dort, um den Trainer zu spielen – außer wenn man Sie darum bittet –, sondern um das Spiel begeistert anzufeuern.

Ich weiß, dass es Ihnen nahezu unmöglich sein wird, diesem Rat zu folgen, doch je mehr sie es versuchen, desto besser wird es für alle sein. Je mehr Sie sich mit den Prinzipien auseinander setzen, nach denen Ihre Enkel erzogen werden, und je mehr Sie verstehen, welche Dinge Ihren Kindern wichtig sind, desto besser wird es Ihnen selbst gehen. Vielleicht kommen Ihnen Ernährung oder Spielsachen, Manieren oder die Fernsehgewohnheiten problematisch vor. Dann denken Sie doch einfach daran, dass die Moden der Kindererziehung wie alle anderen Moden kommen und gehen.

Die Rute im Sack lassen und das Enkelkind verwöhnen?

Einer der vielen wunderbaren Aspekte, »Dr. Ruth« zu sein, besteht darin, dass vielen Menschen mein Name ein Begriff ist und sie daran Anteil nehmen, was ich vorhabe. In der Minute, in der ich davon zu erzählen begann, dass ich an einem Buch über Großeltern arbeite, schickten mir alle möglichen Leute Zeitungsausschnitte, Artikel und sogar Bücher über das Thema.

In einem dieser Artikel gab ein Psychologe und frisch gebackener Großvater seinen erwachsenen Kindern folgenden Rat: »Es ist eure Aufgabe, dieses Kind nie zu verwöhnen. Und es ist unsere Aufgabe als Großeltern, es bei jeder Gelegenheit zu verwöhnen. Solange wir nicht versuchen, uns gegenseitig die Arbeit abzunehmen, werden wir keine Probleme haben.«

Auch wenn er diesen Rat sicherlich ironisch meinte, zuckte ich zusammen. Da sein Enkel zu dem Zeitpunkt erst ein halbes Jahr alt war, nehme ich einmal an, dass er schlicht und einfach noch nicht genug Erfahrung auf diesem Gebiet gesammelt hatte. Denn wenn er sie gehabt hätte, so hätte er gewusst, dass sein Vorschlag unweigerlich Ärger bringt. Er hätte nur ein einziges Mal mit einer Freundin von mir sprechen müssen, deren Eltern ihren Enkeln nicht nur bergeweise Süßigkeiten mitbringen, *sondern sie mitten in der Nacht aufwecken, um sie ihnen anzubieten!*

Regeln und Disziplin obliegen dem Verantwortungsbereich der Eltern, aber wenn Sie mit Ihren Enkeln zusammen sind, müssen Sie sich an diese Regeln halten, auch wenn Sie sie vielleicht nicht immer konsequent durchsetzen müssen. Wollen Sie die Beziehung zu Ihren Kindern belasten, so müssen Sie nur Situationen schaffen, in denen Ihre Kinder gezwungenermaßen alles verbieten müssen, was Sie gerade erlaubt haben.

Sagen wir einmal, Sie besuchen Ihre Tochter und Enkeltochter eine halbe Stunde vor dem Abendessen. Ihre Enkeltochter bittet sie um einen Imbiss. Angenommen, Ihnen ist bekannt, dass sie vorm Abendessen nichts essen darf, dann müssen sie natürlich nein sagen. Kennen Sie die Regeln jedoch nicht, müssen Sie Ihrer Enkeltochter sagen, dass sie ihre Mutter fragen muss. Geben Sie ihr trotzdem etwas zu essen, so wird es sie ermutigen, sich immer an Sie zu wenden, wenn sie ihre Eltern umgehen will. Das wird Ihrer Enkeltochter eine schlechte Lehre sein und es wird Ihre Beziehung zu Ihren Kindern belasten. So wie Eltern konsequent sein und einer hinter dem anderen stehen müssen, so sollten Großeltern für diese Themen sensibel sein.

Eine meiner Freundinnen meinte, einen guten Kompromiss gefunden zu haben. In einer Situation wie der oben beschriebenen sagte sie zu ihrer Enkeltochter: »Von mir aus kannst du was Kleines essen, aber du musst erst deine Mutter fragen.« Sie fand, es sei hilfreich, wenn sie ihrer Tochter das letzte Wort überließ, aber der gefiel es gar nicht, dauernd die Böse spielen zu müssen. Schließlich hätte dieselbe Großmutter wohl kaum gesagt: »Du solltest lieber nichts vorweg essen, aber frag doch deine Mutter.« Worin liegt denn da der Lustgewinn?

Auch wenn man im Allgemeinen meint, dass Eltern für die Disziplin verantwortlich sind und Großeltern fürs Verwöhnen, ist das nicht immer der Fall. Tatsächlich lautet eine der häufigsten Beschwerden heutiger Großeltern über Eltern, dass sie mit ihren Kindern nicht streng genug sind. »Sie lassen den Kindern alles durchgehen!«, klagen sie. Einerseits wird diese Klage sicherlich die Tatsache widerspiegeln, dass es schwer ist, die Kinder zu verwöhnen, wenn die Eltern ihnen keine Grenzen setzen. Andererseits spiegelt sich hier der weniger autoritäre Erziehungsstil wider, der zurzeit modern ist.

Eine Freundin erzählte mir die folgende Geschichte: »Am Ende der Besuche meiner Eltern ziehen mein Vater und ich uns meist für ein Gespräch unter vier Augen zurück. Dieses Mal wollte er über die Disziplin der Enkelkinder sprechen. ›Die Kinder sind klasse‹, sagte er, ›aber du musst wirklich autoritärer sein. Es wäre sehr viel einfacher für dich, wenn du ihnen schlichtweg erklären würdest, was du beschlossen hast, als alles mit ihnen auszudiskutieren.‹«

»Ich sagte ihm, dass ich die Idee gut fand«, fuhr meine Freundin fort, »und sie mit den Kindern besprechen würde!«

Der Vater meiner Freundin steht keineswegs allein da. Eine neue Untersuchung ergab, dass der wichtigste Kritikpunkt der Großeltern in Bezug auf die Elternrolle ihrer

Kinder derjenige ist, dass sie als Eltern nicht streng genug sind. Allerdings waren ihre Gefühle gemischt, denn gleichzeitig bewunderten sie die Intimität und Ungezwungenheit der Eltern-Kind-Beziehung ungemein. Es könnte wohl eine Verbindung zwischen diesen beiden Beobachtungen bestehen, sollte man meinen.

Ob Ihre Kinder nun strenger sind, als Ihnen recht ist oder ob sie Ihrer Meinung nach zu *laisser-faire* vorgehen, überlegen Sie sich, wo Sie selbst in diesen Kosmos hineinpassen. Als Großeltern machen Sie nicht die Regeln des Spiels und dennoch müssen Sie sich an sie halten. Einer der großartigen Aspekte des Großelterndaseins ist es ja, dass Sie nicht mehr mitspielen müssen, wenn Sie müde oder verärgert sind oder wenn Sie einfach nur genug haben. Ich lege Ihnen nicht nahe, dass Sie es sich zur Gewohnheit machen sollten, ihre Sachen zu packen und beleidigt nach Hause abzurauschen, wenn etwas mal nicht so läuft. Aber denken Sie daran, dass Sie – im Gegensatz zu den Eltern – weder für die Disziplin noch für andere wesentliche Belange Ihre Enkel betreffend verantwortlich sind.

Eine Ausnahme zu dieser Regel tritt dann ein, wenn Sie auf Ihre Enkelkinder aufpassen sollen, sei es für eine Stunde oder für ein paar Tage. Für die meisten Kinder ist die Abwesenheit ihrer Eltern schon an sich verstörend genug. Den ganz Kleinen kann so ein Nachmittag wie eine Ewigkeit vorkommen und den Älteren mag ein langes Wochenende in der Tat sehr, sehr lang erscheinen. Ganz allgemein gilt, dass dies keine gute Zeit ist, um alle möglichen Veränderungen in ihrem gewohnten Tagesablauf einzuführen. Eine Änderung ist allerdings notwendig: Bevor die Eltern sich verabschieden, vergewissern Sie sich, dass sie ihren Kindern unmissverständlich klar gemacht haben, *dass Sie in ihrer Abwesenheit das Sagen haben.*

Bewahren, Aneignen und Erfinden von Traditionen

Nichts scheint Familien ein dermaßen starkes Kontinuitätsgefühl und den einzelnen Mitgliedern ein so starkes Gefühl, zueinander zu gehören, zu vermitteln als die Sitten und Gebräuche, die von Jahr zu Jahr weitergegeben werden, Generation für Generation. Ob es das alljährliche 1.-Mai-Picknick mit allen Cousinen und Cousins, den Tanten und Onkeln ist oder das von den Kindern zubereitete Abendessen am Muttertag, wenn man eine eigene Art hat, bestimmte Feste zu begehen, so vermitteln sie einem das Gefühl der Einzigartigkeit und des Zusammenhalts der Familie. Eine Familie, die ich kenne, hat den Neujahrsabend immer in der Kirche verbracht. Sie sahen den Abend als Gelegenheit zur Reflexion und zum Beten an, und nicht so sehr als Partyzeit. Die Kinder haben zwar mit zunehmendem Alter immer mehr protestiert, doch setzte sich die Mutter mit ihrem eisernen Willen meist durch. Bei einer anderen Familie gibt es als Weihnachtsessen regelmäßig Muscheleintopf. So merkwürdig solche Traditionen Außenseitern auch vorkommen mögen, die Familienmitglieder finden sie ganz normal – sie sind Zeichen ihres Andersseins und ihrer Verbundenheit miteinander.

Das allmähliche Aufrücken in die Seniorenränge der Familienhierarchie ist mit der Freude verbunden, als Autorität anerkannt zu werden was die Vergangenheit und die Überlieferung der ganz eigenen Familienbräuche angeht. Doch sowie Ihre Kinder heiraten und wieder Kinder großziehen, wird die Umsetzung der Familientraditionen unvergleichlich viel komplexer. Die neue Familie – Ehemann und Ehefrau – bringen mindestens zwei unterschiedliche Familientraditionen mit, die sich mitunter gar nicht unter einen Hut bringen lassen. Ihre Kinder können nicht bei beiden Familien zugleich Weihnachten feiern und selbst wenn sie ihre Ferien bei Ihnen verbringen, können sich die Gewohnheiten von der anderen Seite der Familie deutlich spürbar von den Ihren unterscheiden.

Solange sie noch keine Kinder haben, machen sich viele junge Paare wenig Gedanken darüber und verbringen die Feiertage mal bei den einen, mal bei den anderen Eltern. Aber wenn ihre Familie wächst, wird es wahrscheinlich immer mehr Anlässe geben, die sie selbst gestalten möchten. Im Laufe dieses ganz normalen Prozesses formen sie ihre eigene Familie mit ihren eigenen Traditionen.

Wie Festtage begangen werden, ist nur eines von vielen möglichen Beispielen, in denen Familientraditionen eine maßgebliche Rolle spielen. Angenommen in Ihrer Familie sind die Kinder seit vier Generationen auf ein und dasselbe konfessionelle Gymnasium geschickt worden. Selbst wenn es Ihr Herzenswunsch sein sollte, dass Ihre Enkel diese Tradition fortsetzen, so müssen Sie leider abwarten, welche Schule die Eltern für richtig befinden.

Eine Möglichkeit, zumindest einige dieser Konflikte zu umgehen, besteht darin, sich auf die Traditionen zu konzentrieren, die mit Ihren Kindern oder Enkelkindern als Individuen verbunden sind, an denen nicht alle Familienmitglieder teilnehmen oder ihnen auch nur zustimmen müssen. In einer mir bekannten Familie führten die Großeltern ihr Enkelkind in ein Restaurant seiner Wahl, als es die Schule, dann das College und später die Uni abgeschlossen hatte. In einer anderen Familie gibt es eine 10:1 Spendenpolitik: Wenn ihre Enkelin etwas für einen wohltätigen Zweck ausgibt, spenden die Großeltern zehnmal so viel. Dabei wird das Ausgeben des Geldes zweitrangig, wesentlich sind die gemeinsamen Diskussionen über die Wahl der jeweiligen wohltätigen Einrichtung und die Wichtigkeit, Menschen in Not beizustehen.

Es kann hilfreich sein, sich zwei Aspekte von Traditionen vor Augen zu führen. Erstens bedeuten sie etwas, weil sie in sich Bedeutung tragen, und nicht, weil sie Traditionen sind. Wenn Sie der britischen Königsfamilie angehörten, so würden Sie bestimmt ab und an das Gefühl haben, bestimmte Traditionen, die niemandem Spaß machen, fortzuführen, nur weil es von Ihnen erwartet wird – und selbst da scheint sich etwas zu ändern. Aber wenn Sie ein ganz normaler Bürgerlicher sind, sollten Sie einfach immer bedenken, dass Traditionen etwas mit unserer Verbindung zur Vergangenheit zu tun haben und uns an die Gegenwart binden. Es ist meistens kontraproduktiv, Ihre Kinder und Enkel zu drängen, einer bestimmten Tradition zu folgen, nur weil Sie das immer so gemacht haben. Das soll nicht heißen, dass Sie sie nicht sachte in Ihre Richtung schubsen können, aber seien Sie darauf vorbereitet, sich elegant aus der Affäre zu ziehen.

Sie können sich zweitens darauf besinnen, dass Traditionen ständig erfunden und verändert werden. Überlegen Sie einmal, ob Ihnen nicht einige Anlässe einfallen, zu denen Sie neue Familientraditionen entwickelt haben, als Ihre Kinder klein waren. Ein paar dieser Überlieferungen haben Ihre Kinder und Enkel vielleicht übernommen. Wenn Sie Ihre Enkel mit Ihren Geschichten in den Bann gezogen haben, überspringen manche der Familienüberlieferungen vielleicht eine Generation und werden erst von Ihren Enkelkindern wiederbelebt. Nur weil Sie Großeltern sind, heißt das noch lange nicht, dass Ihre kreativen Tage vorbei wären. Jeden Tag werden von Großeltern neue Traditionen erfunden.

Wenn Ihnen nicht gleich alles gelingt ...

Wenn es Ihr Ziel sein sollte, perfekte Großeltern zu sein, ist das genauso unrealistisch wie das, perfekte Eltern sein zu wollen. Sie setzen sich damit nur unnötig unter Druck – und alle anderen um Sie herum ebenfalls.

So wie jede Rolle muss man sich die der Großeltern erst erarbeiten. Sie fliegt einem genauso wenig zu wie die der Eltern, eine Rolle, von der wir alle wissen, wie hart sie erlernt werden muss. In Anerkennung dieser Tatsache haben Robert und Shirley Strom von der Arizona State University Kurse für Großeltern entwickelt. In Zusammenarbeit mit Kirchen, Seniorentreffpunkten, Volkshochschulen und anderen Erwachsenenbildungseinrichtungen haben sie wesentlich dazu beigetragen, die Rolle der Großeltern zu untermauern und dadurch auch die Familien zu stärken. Ihre Zwölf-Wochen-Kurse sollen Großeltern nahe bringen, erstens welche Ziele Eltern heutzutage verfolgen, zweitens wie es ist, in der heutigen Zeit aufzuwachsen, und drittens wie sie auf Umbrüche in der Familie mit einem veränderten Verständnis der eigenen Rolle reagieren können. Meistens hat dieser Unterricht der älteren Generation die Kommunikation erleichtert und das wechselseitige Verständnis zwischen Großeltern und Eltern verbessert.

Vielleicht haben Sie nicht die Möglichkeit oder es entspricht nicht ganz Ihren Vorstellungen, solch einen Kurs zu besuchen. Das sollte Sie allerdings nicht davon abhalten, das Leben als Großeltern auch als Prozess des Lernens zu betrachten. Wenn Sie aus Ihren Erfahrungen lernen, so werden Sie als Großeltern mit sich zufrieden sein. In jedem Moment, den Sie mit Ihrem Enkelkind verbringen, erhalten Sie außerordentlich viele Rückmeldungen.

Eine meiner Freundinnen führt ein Tagebuch. Eigentlich wollte sie eine lebendige Geschichte ihrer Enkelkinder schreiben, eine Art fortlaufender Chronik. Sehr schnell wurde ihr klar, dass ihre Einträge denjenigen sehr ähnelten, die sie von ihren Unterrichtsstunden gemacht hatte, als sie Mittelstufenlehrerin war. Wenn sie sich ihre Aufzeichnungen durchlas, hatte sie ein Protokoll ihrer Erfolge und Misserfolge als Großmutter. Welche Spiele hatten Spaß gemacht? Welche Bücher und Spielzeuge waren für welches Alter angemessen? Was schmeckte ihnen besonders gut? Wie lange dauerte es, bevor das jüngste Enkelkind müde wurde oder sich zu langweilen begann? Indem sie aus ihren Erfahrungen lernte, so wie sie es als Lehrerin getan hatte, konnte sie aus den guten und den schlechten Zeiten ihre Lehren ziehen – und alle profitierten davon.

Damit will ich nicht sagen, dass es notwendig ist, jede einzelne Erfahrung so minutiös festzuhalten. Ein wenig Auswertung kann jedoch nicht schaden. Zu den Dingen, die man sich einprägen sollte, gehören die passenden Besuchszeiten, Hilfestellungen, die die Eltern begeistert angenommen haben, sowie Vorlieben beim Essen und was Musik angeht. Wie oft hat man nicht schon Klagen über eine Beziehungsstruktur gehört, die so begannen: »Jedesmal wenn wir uns sehen...«? Wenn Sie nicht aus Ihren Erfahrungen, den guten wie den schlechten, lernen, wird Ihnen das sicher auch passieren. Wenn Sie hingegen jedes Zusammentreffen etwas besser informiert beginnen als das vorherige, erhöhen sich Ihre Chancen, Ihre Ziele zu erreichen.

3
Großelternschaft: Beziehungen müssen wachsen

Ob es das Kleinkind im Trotzalter ist oder der Teenager, der sich gerade die Nase durchstechen ließ, wir haben alle schon mal gesagt oder gehört, dass ein Kind oder ein Enkelkind »gerade eine Phase durchmacht«. Diese beruhigende Information ist psychologisch erwiesen. Menschen – Kinder wie Erwachsene – durchlaufen tatsächlich Phasen beziehungsweise Lebensabschnitte, in denen sie sich physisch und emotional verändern.

Als Großeltern machen Sie Ihre Sache gut, wenn es Ihnen gelingt, sich Ihren Enkeln jeweils altersbezogen hilfreich und unterstützend zuzuwenden und auf die Bedürfnisse der Eltern einzugehen. Das hört sich einfach an, aber wenn man versucht aufzuschreiben, worin diese Zuwendung eigentlich besteht, kann es einem unendlich kompliziert vorkommen. Oft gibt es in einer Familie ja nicht nur mehrere Enkelkinder in verschiedenen Lebensabschnitten, auch die Situation der Eltern ist andauernden Veränderungen unterworfen. Abgekämpfte junge Eltern brauchen mit ihrem ersten Zweijährigen eine andere Art von Unterstützung als zehn Jahre später, wenn ihr drittes oder viertes Kind in demselben Alter ist und sich ihre Situation vollkommen verändert hat. Dazu kommt, dass auch Sie zehn Jahre älter geworden sind und vielleicht mehr Zeit, aber weniger Geld haben oder weniger Ausdauer, aber mehr Erfahrung.

Um das Ganze einigermaßen überschaubar zu halten, beschreibt dieses Kapitel die unterschiedlichen Altersphasen, die Kinder durchlaufen. Die Entwicklung Ihrer Beziehung zu Ihrem Enkelkind ist eng mit dessen Durchleben des jeweiligen Entwicklungszyklus verbunden. Man sollte jedoch immer im Hinterkopf behalten, dass jedes Individuum jeden Lebensabschnitt und die Übergänge von einem zum nächsten etwas anders erfährt. Auch sind die folgenden Beschreibungen von Alters- und Lebensabschnitten nur ganz allgemein aufzufassen. Während ein Kind viel schläft, isst ein anderes schlecht. Eines fängt ganz früh mit dem Sprechen an, ein anderes spricht erst sehr spät. Manche bekommen nie Trotzanfälle, während andere Ihre Geduld bis zum Zerreißen beanspruchen. Ein Enkelkind nimmt den Schulanfang mit Leichtigkeit, ein anderes muss gegen alle möglichen Schwierigkeiten ankämpfen.

In mehreren Studien wurde herausgestellt, dass es signifikante kulturelle Unterschiede in der Entwicklung von Kindern gibt. In unserer Erörterung unterschiedlicher Modelle der großelterlichen Rolle werden wir anhand interkultureller Vergleiche noch sehen, dass es *viele* richtige Arten gibt, sich um seine Kinder zu kümmern. Halten Sie Ihren Enkeln kein Idealbild vor und bemühen Sie sich darum, sie nicht gegeneinander auszuspielen.

Das Babyalter von null bis achtzehn Monaten

In den ersten Tagen zu Hause werden sich Ihr Enkelkind, seine Eltern und Sie selbst nach Schwangerschaft und Entbindung langsam an einen geordneten Tagesablauf gewöhnen. In dieser Zeit braucht das Baby unbedingt eine stabile und konstante Umgebung. In vielen Fällen ist sie schwerer zu schaffen, als man erwarten sollte. Selbst für ein relativ ruhiges Paar bedeutet die Geburt ihres ersten Kindes einen enormen Umbruch. Aus dem Paar ist eine Familie geworden und ihr Leben hat sich unwiderruflich verändert. Der Partner und Liebhaber ist jetzt auch Vater, die Liebende wurde zur Mutter. Die sorgenfreien und spontanen Tage ihrer kinderlosen Existenz sind vorbei und nun kann es ihnen so vorkommen, als ob ihr Leben von den Still- und Wickelbedürfnissen des Babys bestimmt werden würde. Genug Schlaf zu bekommen scheint schon fast eine Meisterleistung zu sein, eine ruhige Minute für sich allein zu finden wird beinahe unmöglich.

Während dieses ersten Lebensabschnitts entwickelt das gesunde Baby etwas, was Erik Erikson »Vertrauen« genannt hat, andere aber »Zuversicht« oder »Urvertrauen«. Im Wesentlichen bedeutet das, dass das Baby allmählich lernt, dass die Welt, in die es geboren wurde, ein guter, sicherer und kalkulierbarer Ort ist. Diese elementarste Stufe des Vertrauens kann entstehen, wenn seine Grundbedürfnisse nach Nahrung, Wärme und menschlicher Nähe erfüllt werden. Das Baby ist weder unruhig noch ärgerlich, wenn die Mutter sich aus seiner Sichtweite entfernt, denn es hat die innere Sicherheit, dass sie zurückkommen wird.

Es ist in dieser Phase sehr wichtig, daran zu denken, dass es die eine richtige Art, ein Baby zu lieben, nicht gibt. Babys sind Individuen und brauchen unterschiedlich viel Zuneigung; sie drücken ihre Zuneigung auch unterschiedlich aus. Genau wie Eltern ihre Liebe verschieden zeigen: Einige gehen verschwenderisch mit körperlichen Liebesbezeugungen um, andere sind viel weniger demonstrativ. Manche sind weich und zärtlich, andere schroff oder ruppig. Das spielt keine große Rolle, solange die Liebe der Eltern konstant und verlässlich bleibt, trotz unvermeidbarer Differenzen und Schwierigkeiten.

Daran muss man denken, wenn über die »richtige« Art, ein Kind großzuziehen, gesprochen wird. Es vergeht ja kaum eine Woche ohne einen neuen Bericht über die beste

Art, ein Kind zu stillen, es zu füttern, ins Bett zu legen oder aufs Töpfchen zu setzten. Nachdem zum Beispiel vorwiegend männliche Experten jahrelang gepredigt haben, dass man Kindern nie erlauben dürfe, bei ihren Eltern zu schlafen, wurde diese orthodoxe Sichtweise in der Zwischenzeit angefochten. Jetzt müssen sich die ungezählten Eltern nicht mehr länger schuldig fühlen, die ihr weinendes Baby oder Kleinkind zu sich ins Bett nehmen, um selbst genug Schlaf zu bekommen! Wären wir alle etwas weniger engstirnig gewesen, so wäre uns das schon längst aufgegangen. Das gemeinsame Bett ist in mehr als der Hälfte aller Gesellschaften die Norm, darunter in solch unterschiedlichen Ländern wie Guatemala, Italien und Japan.

Ein weiteres gutes Beispiel ist das Stillen. Viele der heutigen Großeltern sind in einer Zeit groß geworden, in der Babys nach einem rigiden Stundenplan – pünktlich alle vier Stunden – mit dem Fläschchen gefüttert wurden. In einer amtlichen amerikanischen Veröffentlichung aus dem Jahr 1930 heißt es: »Füttern Sie es jeden Tag zu denselben Zeiten. Füttern Sie es nicht, wenn es weint. Lassen Sie es warten, bis seine Zeit gekommen ist. Wenn Sie ihm beibringen zu warten, wird auch sein Magen lernen zu warten.« Babys wurden aus dem Schlaf gerissen, damit man ihnen ein Fläschchen geben konnte, und selbst das Abgewöhnen des Fläschchens ging nach einem rigiden Plan vor sich. Während der siebziger und achtziger Jahre wurde das Füttern nach Schema F mit oft verheerenden Resultaten in viele Länder der Dritten Welt exportiert. Heute wird wieder mehr gestillt und es wird nach Bedarf gestillt. Die meisten Babys melden sich zunächst alle drei Stunden, dann alle vier und schließlich sind sie mit vier Stillzeiten am Tag zufrieden.

Ich erwähne diese Beispiele – von denen ich noch viel mehr aufzählen könnte – nur deshalb, weil ich betonen möchte, wie vorsichtig man mit seinen Ratschlägen sein sollte. Nur weil Sie damals etwas auf eine bestimmte Art und Weise gemacht haben, heißt das noch lange nicht, dass das der einzig richtige Weg ist, geschweige denn derjenige, der heute von den meisten Kinderärzten empfohlen wird. Die meisten jungen Eltern sind sowieso schon nervös, durcheinander und erschöpft, vor allem, wenn es ihr erstes Kind ist. Da sie wenig oder gar keine Erfahrung mit Babys haben, machen sich die meisten jungen Eltern Sorgen, wenn das Baby lange schreit oder lange still ist. Viele Frauen setzt das Stillen am Anfang ungemein unter Druck. Mehr als alles andere benötigen die Eltern von Ihnen Bestätigung, Unterstützung und ab und an praktische Hilfe. Vielleicht ist es bei Ihnen schon sehr lange her und Sie erinnern sich nicht mehr richtig daran, wie überwältigend es sein kann, zum ersten Mal in seinem Leben allein für ein kleines menschliches Leben verantwortlich zu sein. Wahrscheinlich wird Ihnen wieder einfallen, wie wichtig für Sie die Gewissheit war, es trotzdem richtig zu machen. Je zuversichtlicher und sicherer sich die Eltern Ihres Enkelkindes fühlen, desto leichter wird es für sie sein, diese Gefühle dem Kind zu vermitteln.

Viele Frauen sind in den Wochen und Monaten nach der Geburt emotional aufgewühlt. Unter das Glück und die Zufriedenheit einer Mutter können sich Verlustängste mischen. Manchmal scheint sie gerade die Intensität ihrer mütterlichen Gefühle zu überwältigen. Dieser so genannte Babyblues ist ein häufiges Phänomen und sollte kein Anlass zu großer Sorge werden. Neuere Forschungsergebnisse legen sogar nah, dass dies eine gesunde und normale Reaktion ist. Etwa 10 bis 15 Prozent aller Mütter machen nach der Geburt jedoch eine Phase schwerer Depression durch, in der sie ihren Alltag nicht mehr bewältigen können. Wenn Ihnen das nie widerfahren ist – aus diesem oder einem anderen Grund –, sind Sie vielleicht versucht zu glauben, dass ein aufmunterndes Gespräch oder ein »Nun reiß dich aber mal zusammen!« alles lösen wird. Doch das ist nicht der Fall.

Offensichtlich ist der Vater und Ehemann in einer solchen Situation am meisten gefragt: Er sollte seine Frau unterstützen und zur gleichen Zeit für die Stabilität und Kontinuität sorgen, die das Baby braucht. In vielen Fällen postnataler Depression braucht die Mutter professionelle Hilfe. Wenn ihr der Vater und andere Erwachsene hilfreich zur Seite stehen, kann sich die Lage stabilisieren. Natürlich müssen Sie sich vergewissern, dass Ihrem kleinen Enkel nichts zustößt, aber es ist keine Situation, in der Sie die Zügel in die Hand nehmen sollten. Wenn Ihre Tochter oder Schwiegertochter unter Depressionen und Gefühlen der Unzulänglichkeit leidet, hilft es ihr nicht, gesagt zu bekommen, was für eine schlechte Mutter sie ist. Meistens fällt es dem Vater viel leichter, unterstützend einzugreifen und Mutter und Kind all das zu geben, was sie brauchen. Also verhalten Sie sich vorsichtig.

Das Kleinkindalter von achtzehn Monaten bis drei Jahren

Wir wissen alle, wie sehr ein Kleinkind seine Eltern und Großeltern erschöpfen kann. Springen Sie ein, wenn die Eltern Sie brauchen und Ihre Planung es zulässt. Selbstverständlich müssen Sie in einer ziemlich guten Verfassung sein, um mit einem aktiven Kind mithalten zu können. Seien Sie nicht enttäuscht, wenn sich Ihr Enkelkind am Anfang bei der Trennung von seinen Eltern sträubt. Manchmal passiert das sogar, wenn Sie regelmäßig zu Besuch kommen.

Eines der wichtigen Dinge, die Ihr Enkelkind in dieser

Zeit erlernt, ist Unabhängigkeit. Es wird sich seiner selbst bewusst und will nun auch einiges allein machen. Das Kleinkind zeigt seine Unabhängigkeit und den Wunsch nach noch größerer, indem es seinen Körper im Laufen, Klettern und Springen zu beherrschen lernt sowie das Ergreifen und Loslassen von Gegenständen. Es lernt, seine körperlichen Funktionen zu kontrollieren.

Sauberkeitserziehung ist ein weiterer Bereich, der Eltern viele Nerven kosten kann. Leider scheint es immer irgendwelche guten Gründe zu geben, die Eltern dazu bewegen, die Sauberkeitserziehung voranzutreiben, die aber nichts mit dem Kind zu tun haben. Im 19. und Anfang des 20. Jahrhunderts wurde früh damit begonnen, nicht nur weil es weder Waschmaschinen noch Wegwerfwindeln gab, sondern auch weil man glaubte, dass eine gewisse Regelmäßigkeit gesundheitsfördernd sei. 1914 empfahl das amerikanische Jugendamt, dass man Kinder mit drei Monaten oder noch früher zum regelmäßigen Stuhlgang anhalten sollte. Obwohl heute kaum noch jemand eine solche Empfehlung aussprechen würde, stehen viele Eltern unter Druck, weil sie ihre Kinder in Tagesbetreuungseinrichtungen schicken wollen, die nur »trockene« Kinder aufnehmen.

Außer Sie sind dazu bereit, auf die Kinder aufzupassen, wenn die Eltern unter diesen Umständen keine Tagesbetreuung finden, können Sie wirklich nicht viel zur Sauberkeitserziehung sagen. Sie können ihnen aber helfen, das Ziel nicht aus den Augen zu verlieren und ihren Sinn für Humor zu bewahren. Erinnern Sie sie einfach daran, dass alle es irgendwann kapieren, wie bei vielen anderen Dingen, wie zum Beispiel den Führerschein zu machen, sich an der Uni einzuschreiben oder zu heiraten, auch!

Das Streben des Kleinkindes nach Unabhängigkeit wird in der landläufigen Vorstellung des Trotzalters überhöht. Das Kleinkind kann seine Gefühle sehr viel genauer zum Ausdruck bringen als durch Weinen wie im Babyalter. So kann es sich gegen Ihre Vorschläge mit einem lauten und deutlichen »Nein« wehren und es kann jetzt weggehen oder wegrennen, wenn es dazu aufgefordert wird, zuzuhören oder etwas Bestimmtes zu tun. Ein typisches Beispiel für ein Verhalten im Trotzalter mag hier genügen: Sie wollen zu einer bestimmten Zeit zu Hause sein. Um so schnell wie möglich anzukommen, möchten Sie, dass das Kind in seinem Wagen sitzen bleibt. Aber das Kind möchte laufen und das sagt es Ihnen auch! Sie bemühen sich darum, es im Wagen anzuschnallen, aber das Kind windet sich immer wieder heraus. Das kann Sie zur Weißglut treiben.

So ein Verhalten stellt natürlich mitunter selbst die Geduld der sanftesten Großeltern auf die Probe. Dennoch sollte man sich darum bemühen, es als das zu nehmen, was es ist: ein ganz normaler Selbstbehauptungsversuch Ihres Enkelkindes. Das geht vorbei.

Das Vorschulkind im Alter von drei bis sieben Jahren

In den Vorschuljahren können Sie wunderbar mit Ihrem Enkelkind spielen. Selbstverständlich beginnen Spiele nicht erst in diesem Alter, sondern viel früher und idealerweise sollte ein Leben lang gespielt werden. Ein paar Gründe sprechen allerdings dafür, dem Spielen in diesem Entwicklungsabschnitt besondere Aufmerksamkeit zu schenken.

Auch wenn es bei uns noch nicht so extrem zugeht wie in manchen anderen Ländern, so scheint es doch oft, als müssten Kinder immer früher ernsthaft werden. So wie es in meiner Generation eine bemerkenswerte Leistung war, zur Universität zu gehen, und in der Generation meiner Kinder die Oberschule eine wichtige Rolle spielte, so gibt es heute viele Eltern, die sichergehen wollen, ihre Kinder in die richtige Grundschule, Vorschule und sogar in den richtigen Kindergarten zu schicken. Spielzeughersteller haben sich diese Neigung schnell zu Eigen gemacht, indem sie Lernspielzeug entwickelt haben. In der Hoffnung, damit mehr Kunden anzulocken, kleben sie das Etikett »pädagogisch wertvoll« auf fast alles, was sie produzieren.

Es ist nicht meine Absicht, Produkte oder Aktivitäten zu kritisieren, die die Kinder auf die Schule vorbereiten. Und auch wenn meine Tochter Miriam nicht die Vorsitzende des HIPPY (Home Instruction Program for Preschool Youngsters) wäre, würde ich doch alle Ansätze unterstützen, die die Erziehung fördern, indem sie Familien stärken und Eltern mehr ins Leben ihrer Kinder einbinden. Doch manchmal kann es einem nur so vorkommen, als ob wir uns darauf konzentrieren würden, die Kinder auf die Schule vorzubereiten, dass wir darüber ganz vergessen, wie wichtig das Spielen in diesem Prozess ist. Mehr als einmal wurde ich mit altklugen Kindern bekannt gemacht, denen die Eltern oder Großeltern Lesen und Rechnen oder das Auswendiglernen von Hauptstädten beigebracht hatten. Ob es sich nun um Spiele mit Regeln handelt, die man lernen und einhalten muss, um Wettbewerbssituationen mit Gewinnern und Verlierern oder einfach nur darum, sich zum Beispiel zu verkleiden, *unterschätzen sie niemals die Rolle des Spielens!*

Das Schulkind vor der Pubertät im Alter von sieben bis dreizehn Jahren

Jeder hat ein anderes »Lieblingsalter« und ich schätze die Schuljahre ganz besonders. In dieser Zeit sind Ihre Enkelkinder alt genug, um ganz viel allein zu unternehmen, und zugleich sind sie noch so jung, dass sie vieles gern mit Ihnen zusammen machen möchten. Es ist ein sehr gutes Alter, um gemeinsam zu verreisen, sich etwas anzusehen und Ihre Enkelkinder in den Ferien zu sich zu nehmen.

Bis jetzt waren die Eltern Ihres Enkels hauptsächlich damit beschäftigt, die alltägliche Routine aufrechtzuerhalten und den Kindern beizubringen, wie man sich wäscht, anzieht und isst. Eltern von Schulkindern haben ein ganzes Bündel neuer Probleme, als da sind: Haushaltspflichten, Taschengeld und wie viel Beaufsichtigung die Kinder brauchen. Am meisten Gedanken machen sich Eltern darüber, wie sehr sie sich um die Hausaufgaben kümmern müssen und wie sie mit aufkommenden Lernschwächen und sozialen oder sonstigen Verhaltensauffälligkeiten ihrer Kinder umgehen sollen.

Da heute immer mehr Kinder auch schon die Vorschuljahre in einer Tagesbetreuungseinrichtung verbringen, ist der Schritt in die Schule normalerweise weniger dramatisch als in der Vergangenheit. Nichtsdestotrotz ist die Einschulung ein Wendepunkt im Leben der Kinder und Eltern.

Wenn ich auch immer der Meinung war, dass die Ausbildung eine ganz hohe Priorität haben sollte, so ist es auch möglich, zu viel Wert auf schulische und universitäre Leistungen und vor allem auf abstrahierende Intelligenz zu legen. Die Aufgaben, die man in der Schule lösen muss, unterscheiden sich in vielerlei Hinsicht von denen außerhalb der Schule: Sie sind von anderen Menschen definiert worden und von geringem oder gar keinem wirklichen Interesse für die Lernenden. Dazu kommt, dass die Aufgaben oft nur eine richtige Antwort und sogar nur einen möglichen Lösungsweg haben.

Seit einiger Zeit schenkt man der so genannten emotionalen Intelligenz sehr viel Aufmerksamkeit, weil sie durch das gleich lautende Buch in aller Munde war. Und jüngste Untersuchungen haben ergeben, dass es tatsächlich viele unterschiedliche Arten von Intelligenz gibt, darunter:

Linguistische Intelligenz: ein Gefühl für die Sprache und die Nuancen der Wörter

Räumliche Intelligenz: die Fähigkeit, Beziehungen zwischen Objekten wahrzunehmen, Bilder zu schaffen und sich an sie zu erinnern

Logisch-mathematische Intelligenz: die Fähigkeit des abstrakten Argumentierens

Musische Intelligenz: ein Gefühl für Tonhöhe, Töne und musikalische Strukturen

Körperliche Intelligenz: die Fähigkeit, Ideen in Bewegungen wie Tanz und Mimik auszudrücken

Persönliche und soziale Intelligenz: die Fähigkeit, eigene und fremde Gefühle, Motivationen und Verhaltensweisen zu verstehen

Eine unserer Aufgaben als Großeltern besteht darin, unsere Enkel dabei zu unterstützen, wenn sie all ihre Fähigkeiten und Fertigkeiten erproben. In diesem Alter kann man hervorragend zusammen ins Konzert oder in ein Museum gehen. Man kann gemeinsam ein Sportereignis besuchen oder wandern gehen. Es ist auch die richtige Zeit, Ihre Enkel zu ermuntern, an etwas teilzunehmen oder etwas auszuprobieren. Ob sie in den örtlichen Fußballverein eintreten, sich einem Klub oder einer Arbeitsgruppe anschließen oder ein Musikinstrument erlernen wollen – in diesem Alter kann das alles sehr viel Spaß machen.

Wenn die Eltern Ihres Enkelkindes damit einverstanden sind, kann ein Geschenk zur rechten Zeit (siehe Kapitel 8) Wunder bewirken, sei es nun ein Tennisschläger oder ein Schachspiel.

Die Heranwachsenden und jungen Erwachsenen im Alter zwischen dreizehn und einundzwanzig Jahren

Meine Enkelkinder trennen noch ein paar Jahre von der Pubertät, aber dennoch nehmen Teenager und junge Erwachsene einen besonderen Platz in meinem Herzen ein. Collegestudenten gehören wohl zu meinem Lieblingspublikum und ich bemühe mich, sie so oft wie möglich zu unterrichten. Indem ich mit Vertretern dieser Altersgruppe spreche, habe ich einen Finger am Puls der neuen Generation. Ihre Fragen verwundern, erhellen und amüsieren mich immer.

Viele physische und psychische Veränderungen, die die Heranwachsenden von heute durchmachen, unterscheiden sich nicht von denen, die Sie oder ich durchliefen, als wir an der Reihe waren. Doch sehen sich die jungen Leute heute mit einer Reihe von Umständen konfrontiert, die sie von früheren Generationen unterscheidet. Die Frauenbewegung, die Pille, Aids und die Schwulen- und Lesbenbewegung sind nur einige davon. Die Kriminalität unter Jugendlichen steigt: 1996 wurden in Deutschland mit 41 000 Verurteilten von vierzehn bis achtzehn Jahren 8,9 Prozent mehr Jugendliche verurteilt als im Vorjahr. Dabei hatten vor allem Raubdelikte und Körperverletzungen zugenommen. Immer wieder liest man über Waffen und Übergriffe in Schulen und die Selbstmordrate unter Jugendlichen ist bestürzend hoch.

Es war noch nie leicht, erwachsen zu werden, und es ist gut, sich daran zu erinnern, wie sehr es einen durcheinander bringen kann. Ob man nun bei den Ersten war, denen Brüste beziehungsweise Bärte wuchsen, oder bei den Letzten, nie schien es richtig zu sein. Bei mir passierte folgendes: Ich hörte einfach auf zu wachsen, als ich 139,7 Zentimeter groß war, und das tat mir sehr weh, bis ich eines Tages beschloss, mich niemals von meiner Körpergröße – oder dem Fehlen derselben – von irgendetwas abhalten zu lassen.

Doch sind die physischen Veränderungen, die Ihr Enkelsohn oder Ihre Enkeltochter durchmachen, nichts im Vergleich zu ihren emotionalen Turbulenzen. Die Pubertät ist eine Zeit neuer Freundschaften, von Gruppenzwang und einem ganzen Bündel unbekannter Gefühle. Es ist auch die Zeit des ersten Mals: das erste Auto, das erste Rendezvous, der erste Kuss, der erste Orgasmus und vielleicht der erste Geschlechtsverkehr.

Die sexuelle Entwicklung der Teenager und jungen Erwachsenen ist nur ein Aspekt der im Werden begriffenen Identität als Erwachsener. Die Pubertät ist auch die Zeit, in der viele Menschen an ihrer eigenen politischen, religiösen und ethnischen Identität feilen.

Und als sei all dies noch nicht genug, ist es auch eine Phase wesentlicher Umorientierung innerhalb der Familie. Konflikte zwischen Heranwachsenden und Eltern können sich an fast allem entzünden: Ausgehen, Sex, Freundschaften, Kleidung, Haushaltspflichten, Geld, Auto, Schule, Manieren, Politik und vielem mehr. Diese Auseinandersetzungen sind eigentlich fast unvermeidbar. So lernen die Heranwachsenden, unabhängig zu werden und sich selbst als Individuen zu begreifen – und nicht nur als Mitglied ihrer Familie.

All dies macht das Leben von Großeltern zu einer echten Herausforderung. Oft wird behauptet, dass Großeltern und Enkel so gut miteinander auskommen, weil sie einen gemeinsamen Feind haben, aber das ist eher die Ausnahme und sicher kein Idealzustand. Während dieser Zeit sollten Sie darauf achten, die Balance nicht zu verlieren. Sowohl Ihre Kinder als auch Ihre Enkel brauchen Ihre Unterstützung und die können Sie ihnen nur geben, wenn Sie sich nicht in jede noch so kleine Streiterei hineinziehen lassen, geschweige denn gleich Partei ergreifen. Sie zu unterstützen heißt ja nicht, dass Sie alles gutheißen sollen, was sie tun. Es heißt aber bestimmt, dass Sie sich mit Ihrem Urteil zurückhalten sollten und Eltern und Kinder stattdessen lieber daran erinnern, wie gern Sie sie haben.

Die meisten Teenager probieren vieles aus, sie testen sich selbst und die Menschen um sie herum. Dabei verstricken sich einige in Probleme. Eines, was die gemeinsam haben, die es schaffen, da wieder herauszukommen, ist die Unterstützung der Menschen, die sie lieben.

Wenn Ihr Enkelkind die Pubertät erreicht, bringt das oft einen Wendepunkt in seiner Beziehung zu Eltern und Großeltern mit sich. Dem stereotypen Bild der Großmutter als der ältlichen, geschwächten Stubenhockerin aus Rotkäppchen entspricht nämlich, dass das Alter eines Enkelkindes irgendwo zwischen Baby und Vorpubertät angesiedelt sein muss.

Ihre Großkinder können in diesem Alter natürlich leicht Kontakt mit Ihnen aufnehmen, doch das sollte Sie nicht dazu verleiten, sich aufs Sofa zu setzen und auf ihren

Anruf zu warten. Teenager haben viel zu tun und sind sehr mit sich selbst beschäftigt. Mit neunzehn studieren sie vielleicht schon. Seien Sie nicht schüchtern. Rufen Sie an, schicken sie eine E-Mail, einen Brief oder ein Geschenk.

Wenn Ihr Enkel zum Teenager wird, verändert sich vielleicht nicht nur die Zahl der Stunden, die sie mit ihm verbringen, auch die Art Ihrer Beziehung wird sich ändern. Enkel, die in der Nähe ihrer Großeltern leben, können letzteren oft wichtige Hilfestellungen geben, indem sie für sie einkaufen oder ein paar Dinge im Haushalt erledigen. Vielleicht haben die Großeltern die Enkel jahrelang hierhin und dorthin gefahren. Wenn die Enkel dann junge Erwachsene sind, brauchen sie diese Art von Hilfe nicht mehr; unter Umständen können sie die Großeltern nun aber zum Arzt, einem Treffen oder zu anderen Aktivitäten bringen oder mit ihnen zusammen einkaufen gehen.

Groß geworden: Wenn Ihre Enkel keine Kinder mehr sind

Natürlich ist das Erwachsenenalter eine Phase, die viel länger dauert, als jede andere hier besprochene. Wenn dieses Buch einen anders gelagerten Schwerpunkt hätte, so könnte ich viel zu den Phasen des Erwachsenenalters sagen. Hier muss es bei ein paar Punkten bleiben.

Vielleicht kommt es Ihnen so vor, als hätten Ihre Kinder erst gestern die Uni abgeschlossen, Jobs gefunden und geheiratet. Dann können Ihre Enkelkinder doch nicht schon erwachsen, Ihre Kinder nicht die stolzen Großeltern sein!

Zu Beginn des 20. Jahrhunderts lebten die meisten Großeltern nicht so lange, um miterleben zu dürfen, wie ihre Enkelkinder erwachsen wurden, heirateten und eine

Familie gründeten. Großeltern erwachsener Enkel waren rar und Urgroßeltern gab es noch seltener. Das hat sich gewaltig verändert. Tatsächlich kann man sagen, dass die Rolle der Urgroßeltern heute eine ähnliche Nischenstellung beansprucht wie die der Großeltern früher: Sie war nicht häufig vertreten und wurde wenig verstanden. So wie im 20. Jahrhundert die Ausprägung der Großelternschaft als wesentliche Phase im Lebenszyklus entstanden ist, so gibt es Grund für die Annahme, dass das 21. Jahrhundert dasselbe in Bezug auf die Urgroßeltern erreichen wird. Dies wird Studien zu diesem Phänomen nach sich ziehen. Doch zurzeit ist dieses Thema erst wenig erforscht.

In der – dürftigen – Forschungsliteratur gibt es Hinweise darauf, dass erwachsene Enkelkinder wieder engere Beziehungen mit ihren Großeltern eingehen als heranwachsende. Wenn sie Jobs finden, heiraten und langsam eigene Familien gründen, scheinen sie Familienbande über die Generationen hinweg wieder mehr zu schätzen. Natürlich gibt es oft Hindernisse praktischer Natur. So ist es wahrscheinlich, dass erwachsene Enkelkinder und Urenkel weiter entfernt leben als Kinder und jüngere Enkel.

An dieser Stelle muss man auch auf das Alter zu sprechen kommen. Es ist zwar wunderbar, in der Krone des Familienbaums angekommen zu sein – von dort gibt es manchmal atemberaubende Aussichten –, doch ist es schwierig, aus dieser Höhe alle Zweige und Wurzeln im Auge zu behalten. Wenn Ihre Enkel erwachsen sind, haben Sie einen weiteren Blick, aber deutlich weniger Energie.

Dies ist eine schöne Zeit. Selbst wenn sich Ihre Kontakte mit großen Teilen Ihrer Familie auf besondere Gelegenheiten wie Feiertage und Geburtstage beschränken, so ist es doch etwas ganz Besonderes, inmitten eigener Nachkommen zu sitzen. Das vermittelt einem das Gefühl, dass es einem gelungen ist, Spuren in der Welt zu hinterlassen, Vermächtnisse weiterzugeben und Brücken zur Zukunft zu bauen.

4
Auf eigenen Wunsch: Die Wahl Ihrer Rolle

Damit ich dich besser sehen kann …: Die Macht der Mythen

> »Es war einmal eine kleine süße Dirne, die hatte jedermann lieb, der sie nur ansah, am allerliebsten aber ihre Großmutter, die wusste gar nicht, was sie alles dem Kind geben sollte. Einmal schenkte sie ihm ein Käppchen von rotem Sammet, und weil ihm das so wohl stand, und es nichts anderes mehr tragen wollte, hieß es nur das Rotkäppchen. Eines Tages sprach seine Mutter zu ihm: komm, Rotkäppchen, da hast du ein Stück Kuchen und eine Flasche Wein, bring das der Großmutter hinaus; sie ist krank und schwach und wird sich daran laben.«
>
> *Kinder- und Hausmärchen gesammelt durch die Brüder Grimm*

Das Märchen »Rotkäppchen» versammelt beinah alle stereotypen Aspekte einer Großmutter. Rotkäppchens Großmutter ist alt und schwach, sie ist fürsorglich und verschenkt gern etwas, ihre Enkeltochter kann sie zudem – den Wölfen zum Trotz – zu Fuß besuchen kommen.

Wahrscheinlich gibt es einige wenige Großeltern, die in dieses Bild passen, und bestimmt gibt es noch mehr, die sich wünschen, diesem Bild wenigstens zum Teil zu entsprechen. Doch viele Großeltern sind heute weder alt noch schwach. Sie essen keinen Schokoladenkuchen und trinken keine Sahne, vor allem nicht, wenn sie krank sind. Ihr Lebensmittelpunkt sind nicht die Enkel, sondern ihre Arbeit, Freunde und sozialen Aktivitäten. Oft genug leben sie nicht am anderen Ende des Waldes, sondern am anderen Ende des Landes, auf einem anderen Kontinent oder an einem Ort, wo die Winter milder und das Wetter sonniger ist.

Aus meiner Arbeit mit Familien und als Sexualtherapeutin habe ich unter anderem gelernt, welch großen Einfluss Mythen haben. Was das Familienleben anbelangt, ist es schon erstaunlich, wie viele Menschen an idealisierten Bildern der Vergangenheit hängen. Es ist sicher nichts dagegen einzuwenden, romantischen oder nostalgischen Vorstellungen nachzuhängen, aber wenn wir das Gefühl haben, unser heutiges Leben sei nur zweite Wahl, weil früher alles besser war, dann kann das unsere ganze Kraft beanspruchen. Und wenn wir unsere Energie mit dem Versuch verschwenden, so zu leben, wie wir uns vorstellen, dass man früher gelebt hat, dann ist das zum Scheitern verurteilt.

Auf nichts trifft dies mehr zu als auf unsere Rolle als Großeltern. Ich habe oben schon davon gesprochen, dass das Unbehagen, das manche Menschen befällt, wenn sie Großeltern werden, unmittelbar mit ihrer – fälschlichen – Annahme zusammenhängt, Großeltern würden alt aussehen und sich auch so verhalten. Es ist ja kein Wunder, dass Menschen mit fünfzig oder Anfang sechzig nicht bereit sind, ihr ausgefülltes und zufriedenstellendes Leben von heute auf morgen umzukrempeln, um sich strickend in den Schaukelstuhl zu setzen.

Es gibt für sie aber praktisch keine Vorbilder. Von all den Rollen in der Kern- und der Großfamilie ist keine so unkonturiert wie die der Großeltern. Den Märchen zum Trotz gibt es keine übereinstimmende Vorstellung davon, was Großeltern tun sollten und wie sie sich zu verhalten haben. Familienpsychologen beschreiben die Rolle als unbestimmt, zwiespältig, konturlos oder sogar leer. In jedem Fall fragen sich viele Großeltern, vor allem wenn sie es gerade erst geworden sind, was denn nun eigentlich von ihnen erwartet wird und wie sie ihrer Rolle am besten entsprechen können.

Ein Grund für die relative Unbestimmtheit dieser Rolle liegt darin, dass es erst seit vergleichsweise kurzer Zeit einen deutlich abgetrennten Lebensabschnitt als Großeltern gibt. Es ist gar nicht so lange her, da zogen viele noch ihre jüngsten Kinder groß, als ihre ersten Enkel auf die Welt kamen. Um 1900 lebten bei etwa der Hälfte aller fünfzigjährigen amerikanischen Frauen Kinder unter achtzehn Jahren im eigenen Haushalt. Für diese Frauen war die großelterliche Rolle von sekundärer Bedeutung. Erst wenn das letzte eigene Kind das Haus verlassen hatte, wandten sie sich ganz ihren Enkeln zu. Großmutter zu sein spielte sich nicht in einer deutlich abgetrennten Lebensphase ab, es war vielmehr eine Ergänzung der mütterlichen Rolle. 1980 war es nur noch ein Viertel der Fünfzigjährigen, die Kinder im Haus hatten, und Großmuttersein eine eigene Lebensphase.

Da die Lebenserwartung heute außerdem so viel höher ist als in der ersten Hälfte des 20. Jahrhunderts, kann die großelterliche Phase zwei oder drei Dekaden länger dauern. So hat sich das Leben als Großeltern als eine unabhängige Rolle im Familienzyklus herausgebildet, die manchmal so lange – oder sogar länger – andauert wie die Phase des Elternseins. Laut der Zeitschrift *Pro Alter* nimmt die Großelternphase in Deutschland mittlerweile fast ein Drittel der durchschnittlichen Lebensdauer ein. So erleben Großväter ihr erstes Enkelkind im Schnitt zweiundzwanzig, Großmütter sogar neunundzwanzig Jahre.

Bevor man sich für eine bestimmte großelterliche Rolle entscheidet, sollte man sich die folgenden Fragen stellen:

Was macht mir Spaß?

Welche besonderen Fähigkeiten habe ich?

Wie viel Zeit steht mir zur freien Verfügung und wie viel davon will ich mit meinen Enkeln verbringen?

Was für Bedürfnisse haben meine Kinder und Enkelkinder?

Welche religiösen und ethnischen Traditionen will ich an meine Enkel weitergeben?

Selbst heute, wo die Zeit der Großelternschaft viel deutlicher als separater Lebensabschnitt hervortritt, gibt es keine genau festgelegten Eigenschaften guter Großeltern – genauso wenig wie für gute Enkelkinder. In diesem Kapitel will ich Ihnen nicht erzählen, welche Art von Großeltern *Sie sein sollten*, sondern ich möchte Ihnen einige Möglichkeiten vorstellen, die Ihnen dabei helfen, zu den besten Großeltern zu werden, die *Sie sein können*. Ich empfinde die großelterliche Rolle nicht als leer und unbestimmt, sondern vielmehr als offen, dynamisch und flexibel. Wenn es keinen Konsens gibt, wie Großeltern sein sollten – umso besser! Das macht es uns nur leichter, die Rolle für uns selbst und für unsere Familie neu zu erfinden.

Einige Typen

Seit vielen Jahren versuchen Forscher, eine Typologie von Großeltern zu erarbeiten. Zu einer Einigung, wie man dabei vorgehen sollte, ist es bislang nicht gekommen. Ein Vorschlag, den ich sehr interessant finde, wurde bereits 1964 von Berniece Neugarten und Karol Weinstein in ihrem inzwischen zum Klassiker avancierten Artikel »Der Wandel amerikanischer Großeltern« vorgetragen. Auf der Basis von

Interviews mit Großeltern konnten sie fünf grundlegende Typen herausarbeiten:

Großeltern, die ihren Spaß haben wollen

Großeltern, die förmlich und steif sind

Großeltern, die Distanz wahren

Großeltern, die als Quelle der Familienweisheit fungieren

Großeltern, die Ersatzeltern sind

Neugarten und Weinstein haben selbst eingeräumt, dass es Ihnen darum ging, vorherrschende Typen von Großeltern zu beschreiben, und nicht ihre vielen verschiedenen Rollen, die sie auch erfüllen. Viele Großeltern kombinieren Aspekte der verschiedenen Typen und in jüngeren Studien wurde dieser Komplexität dann auch Rechnung getragen.

Man sollte zudem bedenken, dass sich in fünfunddreißig Jahren enorm viel verändert hat, was die großelterliche Rolle angeht. Viele von denen, die damals die Enkelkinder waren, sind vielleicht heute schon Großeltern oder stehen kurz davor, welche zu werden. Und warum sollte ihr Verhalten mit dem ihrer Großeltern etwas gemeinsam haben? Der Babyboom der fünfziger Jahre brachte es mit sich, dass viele Großeltern damals eine Menge Enkelkinder hatten, die sie beschäftigt und interessiert hielt. Heute ist es viel wahrscheinlicher, dass Sie wenig Enkelkinder haben – vielleicht nur eines oder zwei. Natürlich macht es einen großen Unterschied, ob sie auf der Spitze einer Stange oder der einer Pyramide sitzen.

Vielleicht bemerken Sie, dass sich Ihr eigenes Verhalten im Laufe der Zeit verändert, während sich Ihre Lebensumstände wandeln und Ihre Enkel groß werden. Verstehen Sie die folgenden Modelle daher bitte als allgemeine Rollenmodelle und nicht als zu erreichende Ziele.

Großeltern, die ihren Spaß haben wollen – sie werden auch als Gefährten ihrer Enkel bezeichnet –, haben eine besonders lockere, um das Spielen kreisende Beziehung zu ihren Enkeln. Sie gesellen sich mit dem ausgemachten Ziel zu ihnen, Spaß haben zu wollen, fast als wären sie die Spielkameraden ihrer Großkinder. Sie sehen das Zusammensein mit ihren Enkeln als eine Art Freizeitbeschäftigung an, bei der sie sich auch gehen lassen können. In der Beziehung spielen Fragen der Autorität – sei es in Bezug auf den Enkel oder dessen Eltern – keine Rolle. Hier dreht sich alles um die Befriedigung der Wünsche auf beiden Seiten und nicht darum, dem Kind etwas Gutes zu tun.

Nach Neugarten und Weinstein war dies das vorherrschende Verhalten bei den unter Fünfundsechzigjährigen, weswegen sie annahmen, dass sich die Neigung zu diesem Verhalten mit zunehmendem Alter der Großeltern ändert. Ein anderes Argument lautete, dass ein Wechsel des Verhaltens eher auf das Alter der Enkel zurückzuführen sei, denn es ist viel schwerer, eine derartige Beziehung mit einem Teenager aufrechtzuerhalten als mit einem Baby oder Kleinkind.

Großeltern, die ihren Spaß haben wollen, interessieren sich offensichtlich am meisten für das soziale Leben ihrer Enkel. Sie wollen alles über ihre Freundschaften wissen, wie sie mit anderen Kinder zurecht kommen und ob sie auf andere Rücksicht nehmen.

Besonders interessant ist die Tatsache, dass es keine Hinweise darauf gibt, dass dieser Verhaltenstyp schon lange existiert. Sehr wenige Großeltern, die in den sechziger oder siebziger Jahren interviewt worden sind, erinnern ihre eigenen Großeltern als spielerisch. Auch in anderen Kulturen ist dieser Typus nicht kulturell verankert. Das hieße also, dass er eine moderne Erfindung wäre.

Großeltern, die förmlich und steif sind, halten sich an das, was sie als die richtige und traditionell vorgeschriebene Rolle ansehen. Obwohl sie ihren Enkeln gern etwas Gutes tun, sie auch manchmal verwöhnen und den Eltern ab und an kleine Hilfestellungen gewähren, indem sie auch einmal babysitten, wollen sie sichergehen, dass es eine klare Trennlinie zwischen Eltern- und Großelternschaft gibt. Nie würden sie den Eltern ihre Rolle streitig machen. Sie sind sehr an dem Kind interessiert, aber sie hüten sich, Ratschläge in Bezug auf die Kindererziehung zu geben. Neugarten und Weinstein fanden diesen Typus unter den über Fünfundsechzigjähigen am häufigsten vor. Er schien eher zu älteren Enkeln zu passen als das verspielte Verhalten.

Dabei überrascht nicht, dass diese Großeltern erwarten, dass sich ihre Enkel, ebenso wie sie selbst, »anständig« verhalten. Sie legen viel Wert auf gute Manieren, auf Sauberkeit und Ordnung und auf Selbstdisziplin.

Hier ein Beispiel aus einer franko-amerikanischen Familie:

»In all den Jahren, in denen wir groß wurden, erinnere ich mich nicht daran, dass unser Großvater je mit uns gespielt hätte. Beim Essen hieß es immer: ›Ruckel bloß nicht am Tisch, sonst wird Großvater wütend.‹ Man durfte seine Sachen nicht anfassen. Man durfte nicht in sein Zimmer gehen. Kinder sollte man sehen, aber nicht hören. Genauso war das, und alle verhielten sich sehr respektvoll ihm gegenüber.«

Großeltern, die Distanz wahren, treten nur in den Ferien und zu Geburts- und Feiertagen in Erscheinung. Im Unterschied zu den förmlichen Großeltern ist der Kontakt der Distanzierteren zu ihren Enkeln flüchtig und unregelmäßig. Ihre Haltung ist zwar wohlwollend, im Wesentlichen jedoch auf Abstand bedacht und distanziert.

Dabei muss ganz deutlich gesagt werden: Wenn diese Großeltern oft auch tatsächlich in großer räumlicher Entfernung zu ihren Enkeln leben, so sind sich Forscher doch einig, dass der Wohnort kein Schicksal ist! Es ist natürlich viel leichter, eine enge Beziehung zu pflegen, wenn Sie in der Nähe Ihres Enkelkindes wohnen, aber wie ich in Kapitel 6 noch zeigen werde, gibt es viele Möglichkeiten, mit ihnen in Verbindung und auf dem Laufenden zu bleiben, selbst wenn Sie weit weg wohnen. Es gibt eine Unmenge von Großeltern, die nur ein paar Kilometer von ihren Enkeln entfernt leben und sich mit einem distanzierten Verhältnis zufrieden geben.

Großeltern, die als Quelle der Familienweisheit fungieren, gehen eine distanzierte autoritäre Beziehung ein. Fast unweigerlich ist es der Großvater, der sich auf eine besondere Stellung innerhalb der Familie, auf Fähigkeiten oder andere Leistungen beruft. Hierarchien sind klar erkennbar, wobei die jungen Eltern ihre untergeordnete Rolle akzeptieren – oftmals ohne Groll oder Unmut. Diese Großväter legen Wert auf Tugenden wie Ehrlichkeit, gesunden Menschenverstand und Verantwortung.

Vor ein paar Jahren hatte ich die Gelegenheit, ein verlängertes Wochenende bei einer solchen Familie zu verbringen. Im Verlauf des Wochenendes kümmerte sich die Großmutter in ihrer Funktion als Terminsekretärin darum, dass alle drei Töchter, deren Ehemänner sowie die Enkelkinder, von denen es mehr als ein Dutzend gab, ein Gespräch mit dem Patriarchen unter vier Augen führten. Er erkundigte sich nach den Aktivitäten aller und beendete jede Unterhaltung meistens mit einer zustimmenden oder ablehnenden Bemerkung, mit einer Empfehlung für die Zukunft und möglicherweise mit dem Namen eines Freundes oder Bekannten, der weiterhelfen könnte. Soweit ich das beurteilen konnte, stellte niemand von den

Eltern – die alle in ihren akademischen Berufen erfolgreich waren – sein Recht in Frage, den Großkindern Ratschläge in Angelegenheiten wie Lerngewohnheiten, Wahl eines Instruments, Entscheidung für eine Uni oder sogar zu Jobperspektiven zu geben. Für meinen Geschmack ähnelte das Ganze zu sehr der Eröffnungsszene aus dem Film »Der Pate«, aber in dieser Familie schien es auf bewunderungswürdige Weise zu klappen.

Einige Großeltern finden sich in der Rolle von *Ersatzeltern* wieder. Es handelt sich hierbei fast ausschließlich um Großmütter, die helfend in Situationen einspringen, in denen die jungen Mütter arbeiten. Dann übernimmt die Großmutter einen Teil der Verantwortung für das Enkelkind. Eine Untersuchung für Deutschland hat ergeben, dass fast die Hälfte aller Großmütter regelmäßig mindestens ein Enkelkind betreut. Jede vierte Oma ist mindestens einmal wöchentlich und jede fünfte sogar täglich – bis zu zwanzig Stunden die Woche – für die Enkel da. Ich kenne eine Lehrerin aus New York, die das mit all ihren vier Kindern so gemacht hat, als sie klein waren. Sie zog die Kinder morgens an und brachte sie auf dem Weg zur Arbeit bei der Großmutter vorbei. Die Großmutter machte ihnen Frühstück und ging dann, wenn das Wetter es zuließ, mit ihnen hinaus oder plante andere Aktivitäten. Nach dem Mittagessen schliefen sie ein bisschen, dann wurde noch etwas gespielt, bis die Mutter oder der Vater sie abholen kamen. Wenn die Eltern aus irgendeinem Grund verhindert waren, bekamen die Kinder bei der Großmutter auch noch das Abendessen.

Es überrascht nicht, dass dieser Typus von Großeltern ähnliche Erwartungen an die Kinder stellt wie viele Eltern: sich zusammennehmen, den Älteren gehorchen und in der Schule ordentlich mitarbeiten. Wie schon die Bezeichnung nahe legt, sind die Verantwortlichkeiten von Eltern und Großeltern nicht klar voneinander abgegrenzt, sondern gehen ineinander über.

Eine Bemerkung zur Rolle des Großvaters

> »Es gibt Väter, die ihre Kinder nicht lieben, aber es gibt keinen Großvater, der seinen Enkelsohn nicht anbetet.«
> *Victor Hugo*

Als ich mit meinem Verlag über dieses Buch sprach, stellte sich die Frage, ob ich dem Thema Großväter einen besonderen Abschnitt einräumen sollte, und wenn ja, ob ich dann nicht auch über Großmütter separat schreiben müsste.

Die Argumente, sich mit Großvätern gesondert zu beschäftigen, liegen auf der Hand. Zum einen haben Großväter im Allgemeinen deutlich weniger Aufmerksamkeit auf sich gezogen als Großmütter. Während es für Großmütter viele nützliche Bücher gibt, findet man für Großväter weitaus weniger.

Zum anderen geht aus den meisten Studien hervor, dass das Geschlecht eine der wichtigsten Variablen in der Rollenverteilung der Großeltern ist. Obwohl es viel weniger Angaben zu diesem Thema als zu Müttern und Vätern gibt, lassen sich doch gewisse Trends erkennen. Großväter sind normalerweise die Quelle der *Familienweisheit,* während Großmütter am häufigsten die Rolle von *Ersatzeltern* einnehmen. Großväter verhalten sich eher wie »Außenminister«, indem sie ein Auge auf den Umgang der Familien mit der Außenwelt haben: Schulen, Arbeitsstellen, rechtliche Probleme. Großmütter neigen eher zur Rolle der »Innenministerin« und beschäftigen sich mit den Beziehungen der Familie innerhalb und zwischen den Generationen. Großmütter legen mehr Wert auf Zuneigung und liebevolle Betreuung, Großväter machen sich eher Sorgen um die Finanzen, Ausbildung und Arbeitsplätze. Schließlich neigen Großväter dazu, ihre Enkelsöhne ganz anders zu behandeln als ihre Enkeltöchter, während Großmütter hier meistens weniger Unterschiede machen.

Allein diese Verschiedenheiten liefern genug Gründe, sich den Großvätern einmal besonders zu widmen, doch kommt noch eine weitere Beobachtung hinzu. Die Rolle der Väter hat sich in der letzten Generation dramatisch verändert. Traditionell waren Väter distanzierte, autoritäre Personen, vor deren Launen man sich in Acht nehmen musste. Erinnern Sie sich an die Drohung: »Warte, bis dein Vater nach Hause kommt«? Mit der Ausnahme eines gelegentlichen Einsatzes überließen sie die Kinderpflege und -erziehung der Mutter. Aber selbst einige dieser uralten Tradition verhaftete Männer sind wunderbare und liebevolle Väter.

Doch die Rolle, die Väter im Leben ihrer Kinder spielen, hat sich in den letzten Jahrzehnten sehr verändert. Nicht nur dass 1998 in Deutschland immerhin 16 Prozent der Alleinerziehenden Männer waren, die Tendenz, dass Männer sich intensiv und oft auch allein um ihre Kinder kümmern, ist steigend. In jedem Fall machen heutige Väter weitaus mehr elterliche Erfahrungen als noch ihre Großväter. Hier hat sich ein deutlicher Unterschied zwischen den Generationen entwickelt und Großväter von heute werden sich ihrer mangelnden Erfahrung im Umgang mit Kleinkindern im Vergleich zu ihren Söhnen sicher häufiger bewusst.

Doch so wie viele Väter im Leben ihrer Kinder heute eine weitaus größere Rolle spielen als noch vor ein paar Jahrzehnten, so leben doch auch immer mehr von ihnen mit ihrer Familie nicht mehr unter einem Dach. Die Zahl der Alleinerziehenden hat sich in Deutschland in den letzten dreißig Jahren mehr als verdreifacht und immer noch sind es in der großen Mehrheit Frauen.

Trotz wahrhaft heroischer Anstrengungen von Millionen von Müttern und Großmüttern ist das Resultat des Kontaktmangels der Kinder zu ihren Vätern schlimm. Untersuchungen zeigen, dass die Abwesenheit des Vaters für die Jungen sehr negative Folgen haben kann, vor allem, wenn die Trennung vom Vater vor ihrem fünften Lebensjahr eingetreten ist und es kein anderes männliches Rollenmodell – *etwa das des Großvaters* – im täglichen Leben gibt. In unserer Kultur sind es die Väter, von denen traditionell erwartet wird, für die Disziplin der Kinder zu sorgen und Beispiele dafür zu liefern, wann Aggressionen angemessen sind und wann nicht. Wenn die Väter abwesend sind, bleiben diese Fragen oft ungelöst. Es ist erwiesen, dass Vaterlosigkeit einer der Faktoren für Straffälligkeit, schlechte Noten, Drogensucht und eine Reihe weiterer Probleme ist.

Eine Schlussfolgerung kann man daraus mit Sicherheit ziehen: Bei der großen Anzahl vaterloser Haushalte spielen Großväter eine ganz wesentliche Rolle im modernen Familienleben. Es liegt mir fern, die heldenhaften Anstrengungen, die von den unzählbaren Frauen unternommen werden, die ihren Kindern Tag für Tag Mutter und Vater sind, zu schmälern. Und Großmütter haben in den mutterlosen Haushalten selbstverständlich eine ähnliche Rolle zu spielen. Ich bin auch nicht dafür, dass die Regierung ihre Verpflichtungen gegenüber den Kindern unserer Nation vernachlässigen sollte, indem sie ihre Verantwortung auf die Großeltern abwälzt.

Vielmehr möchte ich zu bedenken geben, dass unsere augenblickliche Situation ein ernsthaftes Überdenken der Rolle des Großvaters erfordert. Vor dem Hintergrund der Realitäten modernen Familienlebens ist es unabdingbar, dass wir Großväter nicht mehr als passive Gestalten oder entfernte Richter sehen. Vielleicht ist dies die wichtigste Aufgabe von heutigen Großvätern: dass sie mit ihrer warmherzig sorgenden Art Rollenmodelle schaffen als ansprechbare und anwesende Männer und so auch als leibhaftige Beweise dienen, dass *wahre Männer sich um ihre Familien kümmern.*

5
Enkel brauchen Vorbilder

Im vorherigen Kapitel habe ich unterschiedliche Rollen von Großeltern besprochen. Dabei haben wir gesehen, dass die Rolle der Großeltern immer noch verhältnismäßig offen ist und dass die von der Forschung herausgearbeitete Typologie sich nur an die komplexe und dauernd im Wandel befindliche Wirklichkeit annähern kann.

Um unsere bedeutsame Rolle im Leben unserer Enkelkinder zu verstehen, können wir uns mit den besprochenen Modellen beschäftigen. Wir können aber auch zwischen den *instrumentellen* und *symbolischen* Aufgaben unterscheiden, die wir ausüben. Unter den instrumentellen Aufgaben verstehen wir sämtliche praktischen Hilfeleistungen, die wir Kindern und Enkelkindern als Großeltern erbringen: Kinderbetreuung, finanzielle Unterstützung und manchmal sogar Unterkunft. Auch wenn es wichtige Ausnahmen gibt, ziehen es doch die meisten amerikanischen Eltern vor, die instrumentelle Rolle der Großeltern möglichst einzuschränken. Wenn es irgend geht, wollen sie unabhängig sein und klare Grenzen in der Rollenverteilung ziehen: Die Eltern kümmern sich um alle täglichen Bedürfnisse der Kinder, die Großeltern treten eher sporadisch und symbolischer auf. Doch trotz solcher Bemühungen und Ideale helfen viele Großeltern auch darüber hinaus, sei es durch finanzielle Unterstützung oder in Form von Geschenken (Kapitel 8). In Krisenzeiten, wie zum Beispiel einer Scheidung (Kapitel 11), wachsen die instrumentellen Aufgaben der Großeltern, manchmal übernehmen sie sogar die hauptsächliche Verantwortung für ihre Enkelkinder (Kapitel 12).

Trotz dieser Beispiele geht der generelle Trend seit etwa hundert Jahren dahin, dass sich Großeltern zunehmend auf die symbolischen Aspekte ihrer Rolle konzentrieren. Mit anderen Worten beschäftigen sie sich nicht so sehr mit dem, was sie für die Familie *tun*, sondern damit, was sie ihr *bedeuten*.

Nun scheint es ein Leichtes, daraus abzuleiten, dass Großeltern heute weniger wichtig sind als in der Vergangenheit, doch meiner Meinung nach könnte genau das Gegenteil zutreffen. Großeltern sind heute *entscheidender* als je zuvor. Auch wenn unsere Familien unsere Hilfe vielleicht nicht im Alltag benötigen, so heißt das nicht, dass all ihre Bedürfnisse befriedigt wären. Unzählige Bücher widmen sich der Entwicklung einer Lebensweise, die mit Dingen angefüllt, aber aller Bedeutung entleert ist. Als Großeltern sind wir in der einzigartigen Position, genau das mitzubringen, was man nicht mit Geld kaufen kann: Kontinuität, Vertrauen, Stabilität, Liebe, Verständnis und bedingungslose Unterstützung. Weit davon entfernt, in der heutigen Welt überflüssig zu sein, haben wir nicht eine, sondern mehrere unentbehrliche Rollen im Leben unserer Enkelkinder zu spielen.

Ich müsste mehrere Bücher schreiben, wenn ich alle Bereiche ansprechen wollte, in denen engagierte Großeltern wesentlich für die Existenz, die Kontinuität und das Wohlergehen der modernen Familie sind. Ich habe mich entschieden, hier fünf herauszugreifen: Historiker(in), Vorbild, Lehrer(in), Vertrauensperson, Sicherheitsnetz.

Durch Familienhistoriker wird die Vergangenheit greifbar

> »Eine gute Großmutter kam von weit her mit ihren Geschichten, ihrem Vorrat an altmodischen Liedern und ihrem immer seltener werdenden Wissen, wie Pfefferkuchenmännchen und Kekse gebacken werden. Mit diesen Freuden saugten die Kinder das Gefühl der Vergangenheit auf, maßen die Zeit in bedeutsamen biologischen Rhythmen: als Großmutter jung war, als Mutter jung war, als ich jung war. Daten wurden Wirklichkeit anstelle inhaltsloser Zahlen in einem Geschichtsbuch, und Fortschritt, gemessen an Dampfschiffen, Telegrafen und Autos, konnte mit dem Bild von Großmutter und Großvater als Braut und Bräutigam oder dem Familienfoto mit einem Elternteil und Tanten und Onkeln in Zusammenhang gebracht werden.«
>
> *Margaret Mead*

Bücher können viel von einer bestimmten Zeit vermitteln und doch bekommt man eine genauere Vorstellung davon durch Menschen, vor allem durch Menschen, die man liebt. Ich bin außerordentlich froh darüber, dass ich meine Biografie veröffentlichen konnte und dass der Arts and Entertainment Kanal in seiner biografischen Serie eine Folge über mich gedreht hat. Meine Kinder haben sie gesehen und mein Buch gelesen und ich freue mich schon jetzt auf den Zeitpunkt, wenn meine Enkel alt genug dafür sind.

Selbst wenn Sie kein Buch veröffentlichen können, so können Sie doch Ihre Geschichte und die Ihrer Familie für Ihre Kinder und Enkelkinder niederschreiben. Wenn Schreiben nichts für Sie ist, diktieren Sie sie doch einfach. In einer Familie, die ich kenne, wurde der Geburtstag des Vaters beziehungsweise Großvaters zum Anlass genommen, die Familiengeschichte aufzunehmen. Alle wussten, dass er mit ihnen die Erinnerungen an sein Leben in Polen, Österreich und Deutschland sowie seine Emigration in die Vereinigten Staaten und seine fünfzig Jahre Lehrerfahrung als Historiker an der Columbia University teilen würde. Sie bewaffneten sich mit einem Kassettenrecorder und haufenweise Batterien und konnten seine Geschichten so für zukünftige Generationen aufbewahren. Viele andere Familien sind die technologische Leiter eine Stufe weiter hochgeklettert und drehen Videos.

Seit der Veröffentlichung von Alex Haileys Bestseller »Roots« und den im Anschluss gedrehten Serien haben viele Institutionen begonnen, sich für Familiengeschichte zu interessieren. In den Schulen gibt es jetzt häufig Projektwochen, in denen die Schüler ihren familiären Hintergrund erforschen können. Es ist erwiesen, dass solche Projekte das Verständnis der jungen Leute für ihre Herkunft und ihre Traditionen stärken und dass sie dazu beitragen, die Bande zwischen ihnen und den älteren Familienmitgliedern zu festigen. Schüler, die an solchen Projekten teilnahmen, bemerkten nicht nur, dass sie ihnen nicht nur die Kommunikation mit ihren Großeltern erleichterten, sondern auch sehr zum Verständnis der eigenen Eltern beigetragen haben.

Selbst wenn Sie nicht eine besondere Form wählen, um Ihre Geschichte zu erzählen, werden Sie viele Gelegenheiten haben, Ihre Vergangenheit mit anderen zu teilen. Weder mein Buch noch die Fernsehaufzeichnung enthalten mehr als einen Bruchteil der Geschichten, die ich meinen Kindern über die Jahre in Deutschland, ihre Großeltern und das Leben in Israel erzählt habe. Nächstes Mal, wenn Sie gebeten werden: »Großmama, erzähl uns eine Geschichte«, lassen Sie doch einfach »Rotkäppchen« »Rotkäppchen« sein und erzählen eine Ihrer eigenen Geschichten.

Die Bedeutung, die Ihre Geschichte für die Kinder hat,

wird sich genauso verändern wie die Einzelheiten, die Ihnen wichtig sind. Manche Geschichten lassen sich am besten nach und nach erzählen und im Verlauf des Erzählens kommen immer mehr Einzelheiten hinzu, je älter Ihre Enkel werden. Denken Sie daran, dass selbst die faszinierendste Geschichte leider irgendwann ihren Reiz verliert.

Doch die Rolle des Familienhistorikers beschränkt sich nicht aufs Geschichtenerzählen. Als Steves Tochter Yona zwölf Jahre alt wurde, schenkte ihre Großmutter ihr ein Fotoalbum, in dem die Familiengeschichte seit 1939, als sie aus Deutschland nach Amerika kam, festgehalten ist. Unter jedem Bild stand eine kurze Erläuterung zu den Personen und dem geschichtlichen Hintergrund. Das Album war absichtlich nur halb voll, denn die Geschichte geht ja noch weiter.

Die Rolle des Familienhistorikers muss sich nicht in großen Vorhaben oder umständlichen Traditionen ausdrücken. Sie kann auch darin bestehen, dass Sie ein besonderes Rezept an Ihre Enkel weitergeben oder die Melodie eines geliebten Schlafliedes. Es kann auch eine eigene Art, die Ferien zu verbringen, sein, oder Sie lassen Abzüge ihrer Lieblingsfotos machen. Bei Steve hängt im Flur seiner Wohnung ein Bild, das ihn – als Baby – zusammen mit seinem Vater, Großvater und Urgroßvater vor einem Gebäude in der New Yorker Lower East Side zeigt. Je jünger sie sind, desto weniger traditionell und dafür »amerikanischer« sind die Männer gekleidet. Wie auf vielen guten Fotos wird auch hier die Geschichte einer Familie in einer unmittelbaren und persönlichen Art festgehalten.

Als Familienhistoriker sind Sie für Ihre Kinder und Enkelkinder wie eine Brücke in die Vergangenheit, während Ihre Nachkommen für Sie Unsterblichkeit bedeuten.

Mit gutem Beispiel vorangehen

»Die reife Persönlichkeit ist eine der bemerkenswertesten Hervorbringungen einer jeden Gesellschaft. Sie ist eine lebende Kathedrale, die kunstvolle Handarbeit vieler Individuen über viele Jahre hinweg.«

David W. Plath,
»Long Engagements: Maturity in Modern Japan«

Eines der größten Geschenke, die Sie Ihren Enkeln machen können, besteht darin, ihnen ein Leben vorzuleben, von dem sie lernen können und dem sie nacheifern wollen. Diese Rolle hat viele Facetten. Sie spielt sich im Alltag ab und ist verbunden mit bestimmten Aspekten des Lebens. Sie ist die entscheidende Ergänzung – manche würden sogar sagen: die Voraussetzung – zur Rolle, die ich als Nächstes vorstellen werde, der des Lehrers. Viele der wertvollsten Dinge, die wir lernen, beruhen nicht auf der Theorie oder auf Erläuterungen, sondern auf Beispielen. Tatsächlich gibt es nur Weniges, was einen größeren Einfluss auf uns hat als die Lebenswege derjenigen, die wir lieben, respektieren und bewundern.

Als Großeltern können wir den Stolz auf unsere ethnischen oder religiösen Sitten und Gebräuche vorleben. Als Familienhistoriker oder Lehrer kann man ein bestimmtes Rezept, eine Melodie, einen Brauch oder etwas anderes vererben, doch im Alltag können Sie zeigen, was es bedeutet, Ihren Glauben zu leben oder Ihr Volk zu repräsentieren. Andere Kulturen haben viele verschiedene Formen ausgeprägt, Großeltern zu sein beziehungsweise wie Großeltern behandelt werden. Was Sie persönlich auch für einen Hintergrund haben mögen, ein besseres Beispiel der Bedeutung Ihrer ererbten Traditionen als das, wie sie Ihr tägliches Leben bestimmen, kann es nicht geben. Ob es sich um

Ihren Umgang mit Ihren Mitarbeitern oder Ihrem Arbeitgeber handelt, um den Respekt, den Sie Ihren eigenen Traditionen und denen der anderen entgegenbringen, oder um Ihr zeitliches und finanzielles Engagement für wohltätige Zwecke – Ihr Beispiel kann Ihren Enkelkindern eine Vision ihres Geburtsrechts vermitteln und sie ein Leben lang begleiten.

Als Großeltern haben Sie auch die Möglichkeit, gesunde Eltern-Kind-Beziehungen mitzugestalten. Wir alle kennen Familien, in denen sich Generation nach Generation in irgendwelche Fehden, Auseinandersetzungen und wechselseitige Beschuldigungen verwickelt. Manchmal geht das so weit, dass Eltern und Kinder oder andere Familienmitglieder nicht mehr miteinander sprechen. Es gibt viele Ursachen für solche generationsübergreifenden Fehden, doch ein Grund dafür, dass sie immer weitergereicht werden, liegt darin, dass Kinder das Verhalten ihrer Eltern und Großeltern kopieren. Es gibt kaum etwas Wichtigeres, als mit denen, die man am meisten liebt, eine gute Kommunikationsstruktur zu schaffen.

In schwierigen Zeiten tritt die Funktion des Beispielgebens oft in den Vordergrund. Ob es sich um einen kurzfristigen Tiefpunkt oder um eine regelrechte Familienkrise – etwa eine schwere Krankheit oder eine Scheidung – handelt, wahrscheinlich werden Ihre Kinder und Enkelkinder sich von Ihnen Rat holen, was zu tun ist. Um Kipling zu paraphrasieren: Gelingt es Ihnen, einen kühlen Kopf zu bewahren, wenn alle anderen um Sie herum kopflos umherirren, gehen Sie mit gutem Beispiel voran.

Lehrer: Ein Leben für die Lehre

»Die Alten sind der Schatz des Hauses.«
Chinesisches Sprichwort

Wahrscheinlich ist die älteste Rolle für Großeltern die der Lehrer, die das Wissen und die Erfahrungen ihres Lebens weitergeben. Vor der Einführung der Schulpflicht in den westlichen Ländern waren die Großeltern und andere ältere Leute die Weisen, die ihre Lebenserfahrung an die jüngere Generation weitergaben. Vor kurzem fand eine Untersuchung heraus, dass afroamerikanische Großeltern besonders viel Wert darauf legen, ihren Enkeln ein Gespür für die Gefühle anderer zu vermitteln. Gute Manieren, Gerechtigkeitssinn und die Notwendigkeit, ein Leben lang zu lernen, standen ganz oben auf der Liste.

Trotz gegenläufiger Tendenzen des Unterrichtens zu Hause haben wir viel von dieser Verantwortung außerhalb der Familie delegiert. Doch es gibt immer noch zahlreiche Gelegenheiten, Ihre Enkel zu unterrichten, denn wir alle haben Fähigkeiten oder Talente, die wir anderen vermitteln können. Woraus Ihre Leidenschaft auch bestehen mag – Schachspiel, Fußball, Kartenspiel –, Sie können es Ihrem Enkelkind so beibringen, wie es kein professioneller Lehrer und kein Handbuch vermag. Und Sie selber haben nicht nur die Freude des Unterrichtens, wobei Sie Ihren Enthusiasmus für Ihr Hobby mit jemandem teilen können, sondern oft entwickelt sich daraus die Grundlage für viele gemeinsame zukünftige Erfahrungen. Eine meiner Freundinnen überredete ihre Großmutter, ihr Russisch beizubringen, und bis zum Tod der Großmutter im Alter von neunzig Jahren blieb Russisch »ihre« gemeinsame Sprache.

Sie können Ihren Enkeln dabei auch vermitteln, wie sie

gute Lehrer werden können. Erklären Sie geduldig und verständnisvoll, wobei Sie sich nicht nur über die trockenen Fakten auslassen, sondern auch den Spaß und die Freude, die es Ihnen bereitet, Ihrem Hobby nachzugehen. Vielleicht haben Sie auch einmal die Gelegenheit, davon zu profitieren, wenn Ihre Enkelkinder Ihnen etwas beibringen.

Meiner Erfahrung nach sind die besten Lehrer auch gute Schüler. Sie brachten nicht nur gute Noten nach Hause, sondern vermittelten beim Unterrichten die Freude am Lernen. Das trifft auch auf Großeltern zu.

Ich habe schon darüber gesprochen, wie wichtig es ist, flexibel mit der Art umzugehen, in der Ihre Enkel erzogen werden, indem Sie Fragen stellen, bevor und normalerweise *anstatt* Ratschläge zu geben. Das ist auch im Umgang mit Ihren Enkelkindern wichtig.

Ihre Enkel sind noch nicht so gesättigt von Erfahrungen, wie Sie es mit den Jahren wurden, doch oft können Sie von ihren Informationen und Fähigkeiten lernen. Das trifft natürlich auf fast alles zu, was mit Computern zu tun hat, die im Übrigen immer alltäglicher werden. Wenn Ihre Enkel älter werden, wissen sie vielleicht auch viel über Autoreparaturen, Reise- und Bildungsmöglichkeiten. Schon allein die Tatsache, dass Sie die Meinung Ihrer Enkel einholen und wertschätzen, was diese Ihnen zu sagen haben, wird Ihnen viele Sympathiepunkte einbringen, vor allem bei Teenagern. Es zeigt ihnen, dass Sie sie nicht wie Kinder behandeln, sondern bemerkt haben, dass sie größer und reifer geworden sind.

Haben Sie keine Angst und gehen Sie mutig auch dorthin, wo sie noch nie gewesen sind. Wenn Sie von Ihren Enkeln erwarten, zumindest in die Oper und ins Ballett mitzukommen, vielleicht ein indisches Gericht zu probieren und Sie auf eine Ausstellung impressionistischer Kunst zu begleiten, dann gibt es keinen Grund, warum Sie die

Chance nicht ergreifen sollten, etwas über deren Lieblingsgruppe zu erfahren, mit ihnen in einen Film oder eine kunstgewerbliche Ausstellung zu gehen und etwas über das makrobiotische Kochen herauszufinden. Sie werden überrascht sein!

Die Vertrauensperson

Vertrauen liegt allen Beziehungen zugrunde und es ist zu hoffen, dass sich Ihre Enkel mit deren Eltern ehrlich und offen unterhalten. Doch gibt es immer wieder Zeiten, in denen Kinder, vor allem heranwachsende, sich einem anderen Erwachsenen als ihren Eltern anvertrauen wollen. Das kann ein Lehrer oder Trainer sein – oder auch einer der *Großeltern.*

Doch Vertrauen ist nicht einfach so da, sondern muss Schritt für Schritt, Jahr für Jahr aufgebaut werden. Wenn Sie etwa jedes Mal, wenn Ihnen Ihr Enkel etwas anvertraut, die Information an seine Eltern weitergeben, dann brauchen Sie sich nicht zu wundern, wenn sein Zutrauen bald schwindet. Natürlich lege ich Ihnen nicht nahe, dass Sie seine Eltern anlügen oder Ihnen verschweigen sollten, wenn er in etwas Gefährliches oder Illegales verwickelt ist. Doch genau wie alle anderen hat Ihr Enkelsohn das Recht auf eine Intimsphäre. Er muss auch wissen, dass seine Bekenntnisse vertraulich behandelt werden. Ein solches Verhältnis kann sich in Zeiten einer Familienkrise, etwa bei einer Krankheit oder Scheidung der Eltern, sehr bezahlt machen. Dann will Ihr Enkel seine Ängste, seinen Ärger und seine Verwirrung vielleicht nicht mit seinen Eltern besprechen. Wenn er aber in dieser Lage jemanden hat, dem er sich nahe fühlt und an den er sich wenden kann, dann ist das ein

Segen für alle. Auch unter weniger dramatischen Umständen wird es ihm gut tun.

Nehmen wir den Fall eines Jungen namens Geoffrey. Sein bester Freund Paul wohnt in derselben Straße wie er. Von frühster Kindheit an sind Geoffrey und Paul unzertrennlich. Als sie größer werden, wechselt Paul die Schule und ein paar Monate später findet Geoffrey heraus, dass er Marihuana raucht. Paul und Geoffrey verbringen auch weiterhin viel Zeit miteinander, aber Geoffrey macht sich Sorgen um seinen Freund. Außerdem kann er es nicht leiden, dass Paul ihn dauernd dazu überreden will, auch mal einen Joint zu probieren.

Geoffrey überlegt sich, ob er das Problem mit seinen Eltern besprechen soll, aber er hat Angst, dass sie ihm verbieten, sich auch weiterhin mit Paul zu treffen. Und was noch schlimmer ist: Da Geoffreys Eltern mit Pauls Eltern befreundet sind, befürchtet er, dass sie alles erfahren, und Geoffrey will seinen Freund natürlich nicht verpetzen. Aber Geoffrey braucht den Rat eines Erwachsenen, also geht er zu seinem Großvater, der nicht weit entfernt wohnt und dem er sich nahe fühlt.

Geoffrey bittet seinen Großvater zu versprechen, dass er seinen Eltern nichts verrät, und als sich sein Großvater vergewissert hat, dass Paul nichts mit Drogen zu tun hat, stimmt er zu. Geoffrey erzählt seinem Großvater die ganze Geschichte. Sein Großvater schlägt ihm vor, dass er sich mit Pauls anderen Freunden trifft und sie sich gegenseitig versprechen sollen, die Finger von Drogen zu lassen und zu versuchen, auch Paul davon zu überzeugen. Geoffrey ist unheimlich erleichtert. Weil er seinem Großvater vertraut, kann er sein Problem mit ihm besprechen und bekommt sogar noch einen nützlichen Rat, was er tun soll.

Diese Geschichte zeigt allerdings auch, dass Ihre größten Leistungen manchmal gar nicht bemerkt werden. Die sprichwörtliche Vorsorge wird häufig unterschätzt. Als Vertrauensperson Ihres Enkels können sie ihm und Ihrer ganzen Familie sehr viele Sorgen ersparen. Manchmal kann das wertvoller sein als jedes sichtbare Geschenk.

Sicherheitsnetz

Wie wir bereits gesehen haben, war das Familien- und Gemeinschaftsleben in der Vergangenheit weder so friedlich noch so vollkommen, wie man uns weisgemacht hat. Idealisierte Szenen bäuerlicher Gehöfte oder Bilder liebender alter Menschen, die ihren Lebensabend behaglich und in Würde verbringen, sagen uns mehr über unsere eigenen Träume als über das Leben unserer Vorfahren.

Wie die jüngere Vergangenheit auch gewesen sein mag, wichtig ist, dass sie als eine Epoche der langsamen Veränderungen und der viel größeren Stabilität wahrgenommen wird. Selbst wenn das nicht zutrifft, so erzählt uns diese nostalgische Vorstellung viel über unser Verlangen nach einem weniger turbulenten Leben. Heutzutage scheint sich nicht nur alles vor unseren Augen abzuspielen, sondern die Veränderungen selbst scheinen immer schneller aufeinander zu folgen.

Ist es in einer Welt der Fernreisen, sekundenschneller Kommunikation und globaler Kultur ein Wunder, wenn Kinder mit dem Gefühl aufwachsen, dass sie morgen schon ganz woanders sein könnten, aber nirgendwo einen ganz eigenen Platz haben? Hohe Scheidungsraten, Jugendbanden und Schönheitswettbewerbe für Fünfjährige stehlen immer mehr Kindern die Kindheit. Was gibt es da für eine bessere Rolle als die des sicheren Hafens in stürmender See?

In einer solchen Welt galoppierender Veränderungen

fällt Großeltern die entscheidende Rolle zu, für Sicherheit und Beständigkeit einzustehen. Das soll nicht heißen, dass Sie sich nicht mehr verändern dürfen. Es bedeutet vielmehr, dass, was auch immer für Veränderungen in Ihrem Leben eintreten, Ihre Enkel wissen sollten, dass sie sich immer auf Sie verlassen können.

Denken Sie daran: Ein Sicherheitsnetz zu sein heißt nicht, Abhängigkeiten zu unterstützen. So wie die Zirkusartistin sich dreht und wendet und die erstaunlichsten Kunststücke vollbringt, weil sie weiß, dass es ein Sicherheitsnetz gibt, so wollen Sie Ihren Enkeln die Freiheit geben, sich auszuprobieren. Niemand geht in einen Zirkus, um sich eine Trapezkünstlerin anzusehen, die sich an eine Zeltverstrebung klammert, weil sie Angst vorm Herunterfallen hat.

Sie können Ihren Enkeln auch den Unterschied zwischen einer problematischen Zeit und einer echten Krise beibringen. Ich habe bei mir und den Menschen meiner Generation, deren Lebensweg durch den Zweiten Weltkrieg so grauenhaft unterbrochen wurde, bemerkt, dass uns diese Erfahrung eine wichtige Lektion war, was den Unterschied anbelangt zwischen einer wirklichen Krise – Krieg, unerwarteter Todesfall, schwere Krankheit – und den üblichen Herausforderungen, die das Leben mit sich bringt. Wenn Sie Ihren Enkeln vermitteln, dass sie sich auf Sie verlassen können, dann vermitteln Sie ihnen auch, dass sie sich auf sich selbst verlassen können.

Im 20. Jahrhundert wurde China mehrfach Schauplatz von Aufruhr, am schlimmsten während der kommunistischen Revolution von 1949 und während der Kulturrevolution in den sechziger Jahren. Während Letzterer unterstützten die Behörden die Gründung von »Oma-Familien«, um die Probleme durch die Auflösung der traditionellen Familien aufzufangen.

Obwohl die Rolle des Sicherheitsnetzes oft erst in Krisenzeiten in den Vordergrund tritt, fällt sie einem – genauso wenig wie andere Aspekte einer gelungenen Großelternschaft – nicht einfach so zu. So wie man als Vertrauensperson über Jahre hinweg das Vertrauen des Enkelkindes aufgebaut hat, ist es auch hier. Wenn sich Ihre Enkel in schweren Zeiten an Sie wenden, dann ist das das Resultat vieler Momente, in denen sie Ihnen gut zugehört haben oder in denen sie sich bei Ihnen ausweinen durften.

Ihre eigene Rolle

Die in diesem Kapitel besprochenen Rollen sind nur Beispiele für die besondere Stellung, die Sie im Leben Ihrer Großkinder einnehmen können. Jedes Ihrer Enkelkinder ist anders, ihre Bedürfnisse können sehr unterschiedlich sein. Auch wenn Sie es sehr genossen haben, die Vertrauten eines Ihrer Enkel zu sein, so lassen Sie sich nicht davon abhalten, einem anderen Enkel eine wichtige Lektion zu erteilen oder ihm ein Gespür für die Vielfalt seiner Familiengeschichte zu geben. Denken Sie daran, dass Sie Ihre eigene Rolle erschaffen – je nach den Umständen und der Art der Beziehung, die Sie mit jedem Enkelkind und seinen Eltern verbindet. Lassen Sie sich nicht auf eine bestimmte Rolle festlegen. Seien Sie bereit zu wachsen, sich zu verändern und Neues zu entdecken.

6
Entfernungen überbrücken

Der Mythos des Drei-Generationen-Haushalts

Die landläufige Vorstellung, die meisten Kinder seien früher in Drei-Generationen-Haushalten neben ihren Eltern und Großeltern aufgewachsen, ist falsch. Jüngere Studien haben mit diesem Mythos gründlich aufgeräumt. In den amerikanischen Kolonien und im ländlichen Europa bestanden die meisten gewöhnlichen Familien vor der Industrialisierung nicht aus Großeltern, Eltern und Kindern.

Zunächst gab es einfach zu viele Enkelkinder und zu wenig Großeltern, als dass dies die Norm hätte sein können. Eine typische Familie sah wie eine Pyramide aus, mit vielen (jungen) Mitgliedern an der Basis und ein ganz paar (älteren) an der Spitze. Offensichtlich konnten die Großeltern nicht in allen Häusern wohnen, in denen die Kinder ihrer Kinder lebten, wenn diese zum Beispiel an drei oder vier verschiedenen Orten wohnten.

Und dann gab es damals einfach weniger Großeltern, weil die Lebenserwartung deutlich niedriger war als heute. So betrug die durchschnittliche Lebenserwartung für Männer in Deutschland um 1875 nur etwa einundsechzig 1987 schon dreiundsiebzig Jahre. Die der Frauen: dreiundsechzig zu neunundsiebzig Jahren. So fiel die Chance, dass drei Generationen für einen längeren Zeitraum einen gemeinsamen Haushalt bildeten, gering aus. Und mit der steigenden Lebenserwartung und sinkenden Geburtenrate werden sich die Anteile der Generationen an der Bevölkerung immer weiter verschieben: Laut Statistischem Jahrbuch 1998 gehören heute 57 Prozent der in Deutschland lebenden Menschen der »mittleren Generation« an – zwischen zwanzig und neunundfünfzig Jahren –, 22 Prozent sind unter zwanzig Jahre alt und 21 Prozent sechzig Jahre oder älter. Im Jahr 2040 stehen die Menschen der »mittleren Generation« voraussichtlich vergleichsweise weniger jüngeren Menschen gegenüber (15 Prozent), dafür aber wesentlich mehr älteren (37 Prozent).

Sicherlich lebten früher mehr ältere Menschen bei ihren Kindern als heute. Doch es gab gar nicht so viele alte Leute und wenn es ihnen irgend möglich war, so wohnten sie bei einem unverheirateten Kind, meistens einer Tochter. Diese treu sorgenden Jungfern zahlten einen hohen Preis, indem sie ihr persönliches Glück und ihre Chance auf eine Heirat und eine Familie dem Wohl ihrer Eltern unterordneten.

Auch in der Vergangenheit waren ältere Amerikaner so wie heute darum bemüht, ihre Unabhängigkeit zu bewahren. Selbst im 19. Jahrhundert waren die Haushalte mit nur einer Generation das Ideal. Ältere Menschen, darunter vor allem Witwen, nahmen oft nicht verwandte Untermieter auf, um ihre Unabhängigkeit zu bewahren und nicht ins Elend gestoßen zu werden. Es waren auch vor allem Witwen, die ihren eigenen Haushalt nicht mehr führen konnten, die bei ihren verheirateten Kindern einzogen oder sie zu sich ins Haus holten.

Selbst in China und Japan, wo die kulturellen Normen ein Zusammenleben zweier erwachsener Generationen vorschreiben, war die Mortalität so hoch, dass die Anzahl der Drei-Generationen-Haushalte gering blieb. Und auch in China fluktuierte der durchschnittliche Haushalt zwischen fünf und sechs Mitgliedern; die meisten von ihnen gehörten zur Kernfamilie. In Deutschland bezifferte die

»Enquete-Komission Demographischer Wandel« die Zahl der Drei-Generationen-Haushalte 1998 mit unter 2 Prozent.

So lieb mir die Erinnerungen an die Wohnung sind, die ich mit meinen Eltern und Großeltern in Frankfurt geteilt habe, so hatte ich doch wenige Illusionen darüber, dass ein Drei-Generationen-Haushalt die ideale Situation darstellt. Meine Mutter und Großmutter kamen nie wirklich miteinander klar – keine untypische Schwiegertochter-Schwiegermutter-Situation. Ich erinnere mich auch daran, dass es ziemlich eng war. Ich schlief in einer Nische im Zimmer meiner Eltern und das Schlafzimmer meiner Großmutter diente uns gleichzeitig als Wohnzimmer.

Ziehen wir auseinander?

Auch wenn Großeltern früher nicht notwendigerweise im selben Haushalt wie ihre Kinder lebten, so haben sie doch in der Regel nicht weit davon entfernt gewohnt. Es ist anzunehmen, dass die älteren Menschen immer weiter von ihren Kindern, Enkelkindern und anderen Verwandten entfernt leben werden, je mehr die Mobilität zunimmt.

Einer Untersuchung des Deutschen Jugendinstituts zufolge wohnten 1994 nur noch etwa die Hälfte aller Großeltern in Deutschland weniger als eine Autostunde von ihren Kindern und Enkeln entfernt. Jede zweite Großmutter hatte mindestens einen ihrer Enkel am Ort, jede sechste sah ein Enkelkind täglich und immerhin jede vierte hatte mehrmals pro Woche Kontakt zu einem ihrer Großkinder. Aus vielen Studien geht hervor, dass die geografische Nähe ein wesentlicher Faktor für die Bestimmung der Gesprächshäufigkeit in Familien ist, sei es persönlich oder am

Telefon. Man fand jedoch auch heraus, dass emotionale Nähe oder der Kontakt zwischen den Generationen wenig oder gar nicht davon beeinflusst wurde. Mit anderen Worten: Nah beieinander zu wohnen hat nichts mit gefühlsmäßiger Nähe zu tun. Mit den immer schnelleren Beförderungsmethoden und den modernen Telekommunikationsmöglichkeiten beeinflusst die Entfernung Beziehungen auch zunehmend weniger.

Näher als gut wäre?

Auch wenn ich von den meisten Großeltern, die weit von ihren Enkeln entfernt wohnen, Fragen und Beschwerden zu hören bekomme, so muss ich doch ein paar Worte über die Fälle verlieren, in denen Entfernung, oder vielmehr das Fehlen davon, zum Problem wird. Wie bereits angedeutet, ziehen es die meisten Eltern und Großeltern vor, ihre Selbständigkeit und Unabhängigkeit zu wahren. Heutzutage ist es fast immer das Resultat einer Krise – von Krankheit, Tod oder Scheidung –, wenn drei Generationen zusammenleben, und keine freiwillige Entscheidung.

Allerdings leben viele Großeltern ganz nah bei ihren Enkeln, entweder im selben Gebäude, in derselben Straße oder im selben Viertel, was wiederum ganz andere Probleme hervorbringt. Wie nah zu nah ist, ist weniger eine Frage der tatsächlichen Entfernung als der Lebensart und der wechselseitigen Vorlieben. Man kann seine Kinder einengen, wenn man eine Stunde entfernt wohnt, genauso wie man ihnen genug Raum geben kann, wenn man um die Ecke lebt. Ich kann aus eigener Erfahrung sagen, dass man sehr darauf achten sollte, wenn man nah beieinander wohnt, das Recht der Eltern und Enkel auf ihr eigenes Leben zu respektieren. Den Jüngeren sollte ebenfalls klar sein, dass Sie Ihr eigenes Leben leben wollen. Auch wenn es sehr schön ist, so unmittelbar mit einbezogen zu werden, so muss man doch besonders darauf achten, ihre Grenzen zu respektieren.

Zum Beispiel bei der Frage der Besuche. Im nächsten Kapitel werde ich ausführlich auf vorab geplante Besuche zu sprechen kommen. Hier möchte ich ein paar Worte zu täglichen Besuchen sagen, die man nicht lange vorbereitet. Das entspricht meiner eigenen Situation, denn alle meine Enkelkinder leben in New York.

Ich habe bemerkt, dass man sich am besten auf eine Besuchsstrategie einigt. Bei meinem vollen Terminkalender kann ich mir nicht vorstellen, dass meine Kinder einfach mal so vorbeischauen würden, nur weil sie gerade in der Nähe sind. Sie wissen, dass ich nur selten zu Hause bin, außer am Wochenende. Doch selbst wenn ich häuslicher wäre, würde es mir keinen Spaß machen, in einem Moment überrascht zu werden, in dem ich vielleicht gerade ausgehen, schlafen oder mich mit einer guten Freundin unterhalten will. Wenn Sie auch so denken, dann sollten Sie Ihre Kinder das wissen lassen.

Besuche beruhen bekanntlich auf Gegenseitigkeit. Vielleicht möchten Sie Ihre Enkeltochter besuchen, wann immer Sie Lust dazu haben, doch das ist sicherlich keine gute Idee, es sei denn, die Eltern haben ganz deutlich gesagt, dass Sie jederzeit spontan vorbeikommen können. Ihre Enkeltochter könnte ja schlafen oder eine Freundin besuchen. Dann haben sich die Eltern sicher auf ein paar ruhige Stunden zu zweit gefreut. Und wenn Sie gerade kurz vorm Essen oder Zubettgehen aufkreuzen, stellen Sie vielleicht eine unwillkommene Ablenkung dar.

Ein weiteres Thema, über das man sich Gedanken machen sollte, ist das Babysitting. Auch wenn es Ihnen vielleicht schmeichelt, dass Ihre Kinder immer zuerst Sie fragen, wenn sie einen Babysitter brauchen – und das nicht nur, weil Sie nichts kosten! –, heißt Großeltern zu sein noch lange nicht, dass Sie Ihr gesellschaftliches Leben ihnen zuliebe aufgeben sollten. Nein zu sagen bedeutet nicht, dass Sie schlechte Großeltern sind! Teilen Sie Ihren Kindern mit, was sie von Ihnen in dieser Beziehung erwarten können: wie oft Sie zur Verfügung stehen, welche Wochentage Ihnen passen und was Ihnen sonst noch wichtig ist.

Eine meiner Regeln lautet, dass ich nicht babysitte, wenn die Kinder schlafen und es nur darum geht, dass jemand im Haus ist. Ich betrachte das Babysitting als Chance, mit meinen Enkeln Zeit zu verbringen, nicht als Gelegenheit, endlich mal wieder zu lesen oder fernzusehen.

Feiertage, Geburtstage und sonstige Feste müssen geplant werden, wenn man in der Nähe der Enkel lebt. Auch hier kommt es darauf an, niemals etwas vorauszusetzen. Sosehr Sie es sich auch wünschen mögen, immer dabei zu sein, jeden Feiertag und jeden Geburtstag mit ihnen zu feiern, so schnell werden solche Erwartungen zu einer Bürde für beide Seiten. Selbst wenn Ihre Kinder Freude am geselligen Miteinander haben, wird das für Ihre Enkel wahrscheinlich mit zunehmendem Alter immer weniger attraktiv. Nehmen Sie niemals an, Sie seien eingeladen oder Ihre Familie käme Sie besuchen, um mit Ihnen zu feiern. Fragen Sie im Voraus nach den Plänen und sollten Sie nicht darin vorkommen, dann akzeptieren Sie es so charmant wie möglich.

Prüfen Sie die Möglichkeit eines Umzugs

Viele Großeltern, die ich kenne, würden sich liebend gern mit solchen Problemen herumschlagen. Selbst wenn einige Ihrer Enkel nah genug bei Ihnen leben, dass Sie sie regelmäßig besuchen können, stehen die Chancen bei mehreren Kindern schlecht, dass alle in Ihrer Nähe wohnen. Zu wissen, dass dies eher die Regel als die Ausnahme ist, beruhigt einen nicht, wenn das eigene Enkelkind so weit entfernt lebt. Was sollen Sie also tun, wenn Ihre eigenen Enkel weit weg wohnen? Steves Mutter hat vier Enkelkinder: Zwei leben in Israel und zwei in Virginia. Vor einem Jahr ist sie nach dreißig Jahren in Pittsburgh nach Virginia gezogen und lebt nun zwanzig Minuten von ihren Enkeltöchtern entfernt. Natürlich löst das nicht das Problem mit den israelischen Enkeln, doch sie genießt die neue Situation. »Jetzt bin ich eine *richtige* Großmutter«, sagt sie. Sie passt auf die Kinder auf, bringt sie zum Schwimmunterricht und besucht sie mehrmals die Woche.

Natürlich ist das nicht die Lösung für alle Großeltern. Zum einen setzt es ein äußerst harmonisches Verhältnis zu den Eltern voraus und man muss aufpassen, sich keine neuen Probleme einzuhandeln. Zum anderen haben ja viele Großeltern Jobs, Freunde oder andere Bindungen, die sie von solch einem Schritt abhalten. Und nicht jeder kann sich so einen Umzug leisten. Doch in Fällen, in denen diese Punkte unproblematisch sind, kann es eine hervorragende Lösung sein.

Nehmen wir einmal an, Sie hätten keine Pläne, in die Nähe Ihrer Enkelkinder zu ziehen. Auch dann gibt es viele Möglichkeiten, den Kontakt aufrechtzuerhalten.

Bleiben Sie auf dem Laufenden

Ob Sie anrufen, Briefe, Faxe oder E-Mails schicken, es erleichtert die Kommunikation ungemein, wenn Sie wissen, wofür sich Ihr Enkelkind gerade interessiert. Wenn Sie nah bei Ihren Enkeln wohnen, halten Sie sich ja bei Ihren Besuchen fast automatisch auf dem Laufenden, aber wenn Sie weit entfernt wohnen, müssen Sie sich regelrecht darum bemühen.

Wissen Sie, wie die beste Freundin Ihrer Enkeltochter heißt? Was sieht sich Ihr Enkel am liebsten im Fernsehen an? Ich lege Ihnen nicht nahe, Ihren Job aufzugeben, um sich zu Hause das Kinderprogramm anzusehen, aber vielleicht können Sie sich ja einmal Ihrer Freundin anschließen, wenn sie ihre Kinder oder Enkelkinder ins Kino begleitet. Alles, was Sie tun, um Ihr Verständnis von und Ihre Erfahrungen mit Kindern im Alter Ihrer Enkel zu vertiefen, wird Ihrer Beziehung mit ihnen zugute kommen.

Denken Sie daran, dass Kinder schnell groß werden. Was ihre Interessen angeht, so ist nichts so überholt wie das, was im letzten Jahr noch in Mode war. Bevor Sie also einen Dinorucksack oder eine Arielle-Schultasche kaufen, erkundigen Sie sich lieber, ob die Kinder das noch haben wollen.

Wenn sich Ihr Enkel für einen besonderen Sport oder einen Sportler interessiert, überfliegen auch Sie ruhig einmal die Sportseite. Viele Jungen machen in der Zeit vor der Pubertät eine Phase durch, in der sie sich nur für Tore oder sonstige Sportergebnisse interessieren. Wenn Mädchen so einer Manie zum Opfer fallen, sind sie meistens älter. Gehört Ihr Enkelsohn zu diesen Jungen, dann machen Sie sich doch mal schlau. Finden Sie auch heraus, was Ihre Enkel lesen – im Gegensatz zu immer wieder aufkeimenden Gerüchten, lesen Kinder immer noch Bücher –, und lesen Sie es selbst.

Je älter die Kinder werden, desto weniger müssen Sie sich ausschließlich mit deren Interessen befassen. Sie können langsam herausfinden, was Ihnen beiden Spaß macht. Einige der besten Bücher, die heute erhältlich sind, wurden für Jugendliche und junge Erwachsene geschrieben. Schicken Sie Ihrer Enkeltochter ein gutes Buch und kaufen Sie dasselbe für sich. Nachdem Sie beide es gelesen haben, können Sie darüber sprechen. In Kapitel 8 gehe ich näher auf Bücher und andere Geschenke ein.

Briefe schreiben

Im Zeitalter der Telefone, Faxe und E-Mails ist das Briefeschreiben fast in Vergessenheit geraten. Die meisten kleineren Kinder haben noch nie einen Brief geschrieben und selbst wenn wir lange nicht mit unseren Freunden telefoniert haben, fällt es uns doch kaum ein zu schreiben. Wie lange ist es her, dass Sie einen richtig schönen, langen Brief bekommen haben? Mit Ihren Enkelkindern haben Sie eine hervorragende Gelegenheit, diese alte Sitte wieder zu beleben.

Briefe sind ja zugleich ein Kommunikationsmedium der Gegenwart und ein Dokument für die Zukunft. Bitten Sie Ihre Enkel, Ihre Briefe aufzuheben, aber um ganz sicherzugehen, machen Sie sich lieber selbst eine Kopie.

Als man mich in die Schweiz schickte, um mich vor den Nazis zu retten, schrieben mir meine Eltern und meine Großmutter ganz regelmäßig, solange sie konnten. Sie wussten, dass ihre Briefe – und meine Antworten – von der Zensur kontrolliert wurden, und waren entsprechend vorsichtig, doch sie versuchten trotzdem, mit mir in Kontakt zu bleiben, indem sie mir Gedichte und Geburtstagsgrüße und so viele Nachrichten schickten, wie die Zensur zuließ.

Meine Großmutter schickte mir oft Ratschläge, wie in ihrem Brief vom 10. April 1941:

»Gott sei Dank bist du gut aufgehoben und der Himmel und die Sonne sind über uns hier wie überall, so wie Regen und Stürme überall sind. Genieß deine sorgenfreie Jugend und sammele Kraft für den Ernst des Lebens, der vor dir liegt. Bleib gesund und munter. All deine Verwandten wünschen dir von Herzen schöne Ferien. Ich schicke dir meine allerbesten Wünsche und bin deine dich liebende Großmama.«

Ich habe immer noch alle Briefe von ihnen. Ich schätze sie sehr, obwohl sie schon fünfzig Jahre alt sind. Ich wünsche mir nur, es wären mehr Einzelheiten zur Sprache gebracht worden. Über Ihre Schulter blicken keine Zensoren, also können Sie ganz ausführlich schreiben. Selbst wenn Ihre Enkel die Briefe jetzt noch nicht so richtig zu schätzen wissen, so werden Sie es später höchstwahrscheinlich tun. Das Schreiben von Briefen ist nur eine Art, wie Sie Ihre Rolle als Familienhistoriker, die wir in Kapitel 5 besprochen haben, erfüllen können.

Beschränken Sie sich nicht darauf, normale Briefe zu schreiben. Schon Ihre jüngsten Enkel können sich Bilder ansehen. Wenn Sie Talent haben, zeichnen Sie ihnen doch etwas. Wenn die Kinder etwas größer werden, können Sie ihnen Bilderbriefe schicken, in denen sich die Botschaften hinter ein paar Bildern oder Zeichnungen verstecken – ein Herz und ein Bild von Ihnen heißt: von Herzen, deine Großmutter.

Vielleicht schicken Sie Ihrer Enkeltochter einen Cartoon, von dem Sie meinen, er würde ihr gefallen. Und wenn sie älter wird, können Sie ihr Zeitungsartikel über ihren Lieblingsschauspieler oder ihre Lieblingssportlerin schicken. Schicken Sie ihr eine Wegwerfkamera mit einem an Sie frankierten Rückumschlag und bitten Sie Ihre Enkeltochter, Fotos zu machen und Ihnen zu schicken. Und vergessen Sie selbst auch nicht, ihnen Postkarten und Fotos von Ihren Reisen zukommen zu lassen.

Wenn sich die Kinder einmal mit der Idee angefreundet haben, dass sie ab und an Briefe mit Nachrichten, Bildern und Geschichten *nur für sie* bekommen, dann werden sie sich schon bald darauf freuen. Trotz aller technologischen Fortschritte spüren die meisten Leute, die ich kenne, eine Vorfreude, wenn sie unter ihren Rechnungen, Werbeprospekten und Zeitschriften einen persönlichen Brief entdecken.

Sie sind nur einen Anruf entfernt

Im 20. Jahrhundert hat sich die Telekommunikation revolutioniert. Auch wenn es schwer zu glauben ist, so gab es doch zum Ende des Zweiten Weltkriegs nur in der Hälfte aller amerikanischen Haushalte ein Telefon. Heute gehört das Telefon ja längst zur Grundausstattung und ist in Deutschland nahezu flächendeckend selbst in den neuen Bundesländern vorhanden. Niemand kann mir nachsagen, ich sein kein Telefonfan. Ich verbringe jeden Tag mehrere Stunden am Telefon. Aber trotzdem telefoniere ich mit meinen Enkel nicht sehr gern. Die Jüngsten können sowieso noch nicht sprechen und die Älteren beantworten meine Fragen oft einsilbig nur mit »ja« oder »nein«, »okay« oder »ist gut«. Kommt die Unterhaltung wiederum so richtig in Gang, kann es sehr teuer werden. Es ist bestimmt keine gute Idee, sich für das Telefon als einzige Möglichkeit der Kommunikation zu entscheiden, doch es ist natürlich schön, wenn Ihre Enkel ab und zu Ihre Stimme hören.

Um das meiste aus Ihren Anrufen zu machen, sollten Sie ein paar Dinge bedenken. Sie sollten zur richtigen Tageszeit anrufen. Finden Sie die beste Zeit heraus. Auch wenn es abends am billigsten ist, ist es kurz vorm Zubettgehen nicht günstig, solange die Kinder noch klein sind. Ihre Kinder werden einen aufregenden Anruf von Großpapa kurz vorm Schlafen nicht sonderlich schätzen. Fragen Sie sie deshalb, zu welchen Zeiten es ihnen am besten passt.

Wenn Ihre Enkel schon größer sind, aber noch zu Hause leben, gibt es andere Einschränkungen. Schulkinder werden die Unterbrechung ihrer Hausarbeiten wahrscheinlich genießen, jedenfalls wenn Sie nicht zu Zeiten anrufen, in denen sie besonders unter Druck stehen.

Es ist zwar gut, spontan zu sein und dann anzurufen, wenn Ihnen gerade danach ist, der Unterhaltung kann es jedoch dienlich sein, wenn Sie zu einem bestimmten Anlass anrufen, weil es Ihren Enkeln zeigt, dass Sie an ihrem Leben teilnehmen. Das trifft nicht nur auf Geburtstage und ähnliche Anlässe zu, sondern kann auch vor einer Schulaufführung, wenn es Zeugnisse gab oder bevor eine Party stattfindet, geschehen.

Egal wie klein Ihre Enkel sind, sie können Ihnen zuhören und Ihre Stimme erkennen. Etwas älteren Kindern gefällt es vielleicht, wenn sie angerufen werden.

Audiobriefe

Bevor wir uns mit den wirklich neuen Kommunikationsmöglichkeiten beschäftigen, möchte ich ein paar Worte über eine ganz andere Methode verlieren, nämlich über

Hörkassetten. Alles, was Sie brauchen, ist ein Kassettenrecorder mit Mikrofon und eine leere Kassette, und schon können Sie loslegen.

Am einfachsten ist es, wenn Sie direkt aufs Band sprechen und es als »Brief« verschicken. Das ist besonders hilfreich, wenn Ihre Enkelkinder zu jung sind, um einen geschriebenen Brief lesen zu können. Sie hören nicht nur die Botschaft, sondern Sie können Ihnen zuhören, wie Sie ohne den Druck des Ferngesprächs erzählen.

Vielleicht möchten Sie eine Seite leer lassen, damit Ihre Kinder und Enkel darauf sprechen und das Band an Sie zurückschicken. Dann können Sie es wieder neu bespielen, auch wenn mir persönlich die Idee gefällt, die Kassette für die Nachwelt aufzubewahren. Auf diese Weise können Ihre Enkel Ihnen auch noch viele Jahre später zuhören.

Auch bei diesem Medium können Sie Ihrer Kreativität freien Lauf lassen. Sie können zum Beispiel das Lieblingsbuch Ihres Enkelsohns aufnehmen, so dass er Ihrer Stimme beim Vorlesen zuhören kann. Inzwischen gibt es eine große Auswahl von Büchern mit Kassetten, bei denen sich die Kinder die Bücher ansehen, während sie den Kassetten zuhören, auf denen ihnen auch gesagt wird, wann sie weiterblättern sollen. Ich fand schon immer, dass Großeltern solche Buchkassetten selbst machen könnten. Wenn Sie sich wohler dabei fühlen, einfach nur den Buchtext vorzulesen, dann tun Sie das ruhig, ansonsten können Sie Ihrem Enkelkind die Geschichte auch mit persönlichen Einfärbungen erzählen. Wenn Sie jetzt noch einen Schritt weiter gehen wollen, dann denken Sie sich selbst Geschichten aus, singen Lieder vor oder sagen Verse auf.

Leben einige Ihrer Enkel nah bei Ihnen, die anderen aber weiter entfernt, dann könnten sie versuchen, eine Cousin- und Cousinenkassette zusammenzustellen. Oder Sie nehmen ein Familienereignis auf, einen Geburtstag oder die Feier an einem Festtag.

Natürlich können Sie Ihre Enkel auch ermutigen, selbst Kassetten zu füllen und sie Ihnen zuzuschicken. Wenn Ihre Enkel ein Instrument spielen, in einem Chor singen oder bei einer Aufführung mitwirken, kann das besonders schön sein. Oder Ihre Enkeltochter nimmt ihr Lieblingslied für Sie auf – was im Übrigen auch viel billiger ist, als wenn sie Ihnen eine Kassette oder CD davon kaufen würde. Bereiten Sie sich darauf vor, ziemlich laute Musik von einer Gruppe zu bekommen, von der Sie noch nie etwas gehört haben.

Licht, Kamera, Action!

Wagen Sie sich auf der technologischen Leiter weiter nach oben und schicken Sie Ihren Enkeln Videos. Auch hier sollten Sie alle Möglichkeiten ergründen. Sie können sich sprechend aufnehmen, obwohl ich persönlich das nicht so spannend finde. Mit der Hilfe eines Freundes können Sie sich bei Ihren alltäglichen Beschäftigungen aufnehmen lassen, beim Arbeiten, Backen oder beim Ausüben eines Sports. Familienereignisse bieten sich für Videos genauso an wie Reisen.

Es macht aber noch mehr Spaß, Videos von Ihren Kindern und Enkeln zu *bekommen.* Vielleicht sind Ihre Kinder wie viele Eltern, die ich kenne: Es ist nicht schwer, sie zum Filmen ihrer Kinder zu bewegen, aber es ist nicht leicht, an die Filme zu kommen. Heute haben so viele Leute Videokameras, dass es bei manchen Schulaufführungen vor Kameras nur so wimmelt. Eltern schubsen sich gegenseitig von den besten Plätzen. Sie erinnern an *paparazzi,* die sich für einen Schnappschuss um Tom Cruise oder Demi Moore drängeln.

Faxen

Auch wenn Computer die technische Errungenschaft sind, über die man am meisten spricht, sind sie nicht die einzige Alternative moderner Kommunikation zu Telefon und Brief. Faxgeräte sind relativ billig und sehr leicht zu bedienen. Obwohl man es meistens mit Büroausstattung in Verbindung bringt, haben doch immer mehr Menschen einen Faxanschluss zu Hause; in Deutschland waren 1998 15 Prozent aller Haushalte mit einem Faxgerät ausgestattet.

Der größte Vorteil eines Faxes gegenüber dem Brief ist, dass es sofort beim Empfänger ankommt, sei es nun eine Mitteilung, ein Zeitungsausschnitt oder vielleicht ein Zeugnis. Sie müssen das Ganze nicht erst in einen Umschlag stecken und zum Briefkasten bringen. Das Original bleibt bei Ihnen und auf diese Weise können Sie Ihrem Enkelkind einen Brief schreiben und ihn behalten. Wer sagt, dass man einen Kuchen nicht essen und behalten kann?

Weil Sie nur für die Zeit der Übertragung bezahlen, die meistens kurz ist, ist ein Fax billiger als ein Anruf. Außerdem kann es Ihnen egal sein, welche Uhrzeit es ist oder ob gerade jemand zu Hause ist.

Ich finde, dass ein Faxgerät eine wunderbare Geschenkidee für Großeltern ist, vor allem wenn die Kinder oder Enkel schon eins haben.

Computer

Ich habe zwar eine Website und es gibt auch eine CD-Rom-Version meines Buches »Dr. Ruths Encyclopedia of Sex«, aber trotzdem muss ich zugeben, ein Computeranalphabet zu sein. Ich weiß noch nicht einmal, wie man einen Computer anmacht, geschweige denn wie man mit ihm arbeitet.

Mir ist bewusst, dass ich nicht die Einzige bin. Sehr viele Vierzig-, Fünfzig- und vor allem Sechzigjährige können mit Computern nichts anfangen. Sie finden, dass sie für Computerkurse zu alt sind, und lassen sich von dicken Computerhandbüchern einschüchtern. Aber wen beschleicht nicht ein Gefühl der eigenen Unzulänglichkeit, wenn er einem Computerwunderkind über die Schulter sieht, wie es sich mühelos in den Spielen bewegt oder im Internet surft? Manchmal kommt es einem so vor, als seien Computerprogramme und -spiele extra »erwachsenensicher« gemacht worden.

Viele ältere Leute haben allerdings gelernt, Computer mit viel Gewinn zu benutzen, und viele besitzen mittlerweile einen eigenen. Sollte es Ihnen in dieser Hinsicht wie mir gehen und Sie können nicht besonders gut tippen und halten ein Mauspad für den Käfig eines kleinen Nagetiers, lassen Sie sich nicht täuschen: Auch Sie können den Umgang mit Computern lernen.

Na und, höre ich Sie sagen. Sie sind Ihr Leben lang ohne Computer ausgekommen, warum sollten Sie jetzt damit anfangen? Ich will nicht versuchen, Ihnen einen Computer aufzuschwatzen, indem ich alles aufzähle, was Sie mit ihm machen können. Ich beschränke mich auf zwei Aspekte: Kommunikation und Information.

Es ist ganz leicht, mit Hilfe des Computers per E-Mail zu korrespondieren. Und es ist zudem noch verhältnismäßig billig. Stellen Sie sich einmal vor, Sie könnten mit Ihren Enkeln am anderen Ende des Kontinents plaudern und müssten nur den Preis eines Ortsgesprächs bezahlen. Außerdem brauchen Sie sich bei E-Mail keine Gedanken zu machen, ob es eine gute Zeit zum Anrufen ist. Ihre Enkel erhalten Ihre Nachricht, sowie sie mit ihrem Computer ins

Netz gehen. Viele Kinder und Jugendliche haben sich so an diese Art der Kommunikation gewöhnt, dass sie zu ihrem bevorzugten Medium geworden ist. Der Computer kann Ihnen also nicht nur eine neue Kommunikationsmöglichkeit mit Ihren Enkeln eröffnen, er kann auch zum Gesprächsthema werden. Viele unserer Enkelkinder sind außerordentlich fit mit Computern und freuen sich darüber, wenn sie unsere Probleme lösen oder uns Ratschläge geben können, wie wir das meiste aus unseren Computern machen können.

Computer bieten auch die Möglichkeit, sich Unmengen von Informationen zu besorgen, ohne auch nur das Haus zu verlassen. Vielleicht möchten Sie etwas über die Novellierung des Sorgerechts herausfinden. Oder Sie haben Lust, mit anderen Großeltern zu chatten, die ihre Enkel allein aufziehen. Oder Sie suchen nach einer Geschenkidee. Als ich in meinem Verlag war, um dieses Buch zu besprechen, fanden sie dort 546 Stichworteinträge zu Großeltern: Ratschläge, bibliografische Hinweise, Interessenverbände, Chat groups und gesetzliche Bestimmungen. Ich konnte nur einige davon in diesem Buch unterbringen. Durch Computer können wir auf die Welt zugreifen. Warum sollten sie den Jungen vorbehalten bleiben?

Es ist alles eine Frage des richtigen Zeitpunkts

Eine weitere Möglichkeit, Ihre Erfahrungen mit Ihren Enkeln zu teilen, besteht darin, sie zur selben Zeit zu machen. Selbst wenn Sie nicht zusammen sein können, können Sie Dinge zeitgleich unternehmen. Sie können sich verabreden, sich etwas im Fernsehen anzusehen, und danach können Sie darüber sprechen oder sich brieflich austauschen. Oder sie leihen sich das gleiche Video aus, und schon haben sie wieder ein Gesprächsthema.

Sie können die Entfernung vergessen, indem Sie Ihre Feiern zur selben Zeit stattfinden lassen. Zünden Sie Geburtstagskerzen an, egal wo Sie gerade sind, oder öffnen Sie Ihre Weihnachtsgeschenke zeitgleich, auch wenn Sie ganz woanders wohnen. Dann teilen Sie Ihre Freude, indem Sie Ihre Lieben anrufen, ihnen faxen oder eine E-Mail schicken.

Zusammen reisen

Auch wenn Sie nicht in der Nähe Ihrer Enkel wohnen, können Sie auf verschiedene Art Zeit mit ihnen verbringen. Am nahe liegendsten ist es natürlich, dass Ihre Enkel Sie besuchen oder umgekehrt. (Darauf werde ich im nächsten Kapitel zu sprechen kommen.) Eine gemeinsame Reise mit Ihren Enkeln kann auch unheimlich viel Spaß machen.

Zwischen sechs und elf Jahren ist dafür wahrscheinlich das beste Alter. Dann sind Ihre Enkel alt genug, um das Zusammensein mit Ihnen zu genießen, und brauchen auch keine dauernde Aufsicht mehr, und sie sind noch jung genug, um nicht zu meinen, dass alles, wobei ihre Freunde nicht mitmachen können, peinlich ist oder eine reine Zeitverschwendung.

Falls Sie eine solche Reise vorhaben, beziehen Sie Ihr Enkelkind so oft wie möglich in die Planung ein. So erfahren Sie auch, was es von der Reise erwartet. Teilen Sie ihm Ihre Reiseideen mit und auch Ihre Vorstellungen davon, wie er sich benehmen sollte. Stellen Sie sicher, dass die Eltern ihrem Kind klargemacht haben, dass Sie während der Reise das Sagen haben.

7
Besuche zahlen sich immer aus

Für weit entfernt lebende Großeltern ist es aufregend, wenn sie ihre Enkel besuchen oder letztere zu ihnen kommen. Sie werden eine Zeit lang, ein paar Tage, eine Woche oder zwei, ganz viel zusammen unternehmen, zusammen essen, spielen und ausgehen.

Wie alle Großeltern bezeugen können, macht es einen riesigen Unterschied, ob sie ihre Enkel besuchen oder ob die Enkel zu ihnen kommen. Für die meisten von uns ist es unkomplizierter, die Enkel zu besuchen. Gastgeber für die Enkel zu spielen, stellt meistens eine viel größere Herausforderung dar, die ich in der zweiten Hälfte dieses Kapitels eingehender besprechen werde.

Großmama kommt!

Wenn all Ihre Enkel in Ihrer Nähe wohnen und die meisten Ihrer Besuche nur ein paar Stunden dauern, dann wird vieles von dem, was ich nun zu sagen habe, für Sie keine Rolle spielen. Hoffentlich besuchen Sie Ihre Enkel oft und haben sich mit den Eltern auf eine Besuchsroutine geeinigt, die allen passt. Viele Eltern, die ich kenne, wünschen keine unangekündigten Besuche. Vielleicht können Sie sich darüber mit anderen in der Nähe ihrer Enkel wohnenden Großeltern austauschen.

Wenn Sie weit von Ihrer Familie entfernt wohnen und

viel seltener zu Besuch kommen, dann aber länger bleiben, wird jeder Besuch zu einem Ereignis. Das folgende Szenario kennen wir alle: Zusammen hat man den großen Besuch geplant und es wurde schon viel darüber gesprochen. Sie kommen müde von der Auto-, Eisenbahn- oder Flugreise an. Das jüngste Enkelkind erinnert sich gar nicht mehr richtig an Sie. Ihre Schwiegertochter fühlt sich unter die Lupe genommen. Die kommende Woche kommt allen wie eine Ewigkeit vor.

Die wichtigsten Entscheidungen einer Reise sind wahrscheinlich die über den Zeitpunkt von Ankunft und Abreise. Feiertage eignen sich natürlich hervorragend für ein Zusammentreffen. Die Eltern meines Ehemanns Fred lebten in Europa und damals waren Anrufe noch teurer, Flugreisen seltener, während E-Mail oder Faxe höchstens in Sciencefictionfilmen vorkamen. Ihre alljährlichen Besuche bei uns in New York zum Passahfest waren uns allen sehr wichtig.

Feiertage geben uns die einzigartige Gelegenheit, Familientraditionen weiterzugeben und besondere Momente zu teilen. Diese Tage wollen die *meisten* Menschen mit ihren Familien verbringen, also seien Sie nicht traurig, wenn Ihre Kinder die Schwiegerverwandten einladen oder selbst verreisen. Feiertage sind emotional überfrachtet. Jeder scheint sich an ein besonders schönes Weihnachten oder Ostern zu erinnern, aber irgendwie ist es nie das, was gerade gefeiert wird. Zum anderen wird es immer schwerer, die Familientraditionen aufrechtzuerhalten, wenn die Familie wächst. Dazu kommt noch, dass man an diesen Tagen wie zu anderen besonderen Gelegenheiten die Abwesenden am meisten vermisst, seien sie nun verstorben, geschieden oder einfach nur zu weit weg.

Da Sie der Gast sind, versuchen Sie, den Zeitpunkt Ihres Besuches so flexibel wie möglich zu handhaben. Wenn Sie das Datum Ihrer Reise mit Ihren Kindern besprechen wollen, machen Sie ruhig mehrere Vorschläge. Sollten Sie berufstätig sein, müssen Sie sich natürlich auch danach richten, wann Sie Ferien bekommen können.

Einmal vorausgesetzt, dass Ihre Kinder auch nicht anders als die meisten Paare mit kleinen Kindern sind, dann gibt es keine ideale Zeit für einen Besuch. Erkundigen Sie sich genau, bevor Sie Ihre Pläne machen. Vielleicht gibt es im Geschäft Ihrer Tochter zum Beispiel saisonbedingt arbeitsintensive Zeiten und ihr passt es nicht, wenn Sie in einer solch turbulenten Phase kommen, weil es dann zu hektisch wird. Andererseits kann es ihr gerade dann gelegen kommen, wenn ihre Arbeit so viel von ihr verlangt, weil Sie ihr die Kinderarbeit erleichtern können.

Sie sollten sich klarmachen, was für eine Rolle Sie während des Besuchs spielen wollen. Wenn Sie bereit sind, nach der Schule auf die Kinder aufzupassen, zu kochen und mit ihnen Ausflüge zu unternehmen, umso besser, aber wenn Sie gekommen sind, um sich zu entspannen und zu spielen, müssen Sie aufpassen, dass Ihre Kinder Ihnen das nicht übel nehmen.

Lassen Sie sich bei der Entscheidung, wie lange Sie bleiben wollen, von der alten Weisheit leiten: Fische und Verwandte fangen nach drei Tagen an zu stinken. Demnach ist ein verlängertes Wochenende eine ideale Zeitspanne. Wenn Ihre Kinder weit weg leben, kann einem ein langes Wochenende sehr kurz vorkommen. Je länger Ihre Reisezeit ist, desto länger wollen Sie wahrscheinlich bleiben. Und je länger Ihr Besuch andauert, desto vertrackter wird die Situation.

Wahrscheinlich wollen Sie auch bei Ihren Kindern und Enkeln wohnen. Das ist billiger als jede Alternative und man bekommt mehr von der Familie mit. Aber wenn Ihre Kinder beengt wohnen, gibt es vielleicht kein Gästezimmer. Ihnen gefällt das Schlafen auf der Couch nach einer Woche auch nicht mehr so phänomenal gut. Falls es ein Gästezimmer gibt, können Sie natürlich länger bleiben, ohne dauernd zu stören.

Es kostet zwar Geld, sich ein Zimmer in einem nahe gelegenen Hotel oder einer Pension zu mieten, aber dann hat man einen Ort, wo man sich ausruhen und in Ruhe eine Tasse Kaffee trinken kann, wohin man sich flüchtet, wenn man genug voneinander hat. Fred und ich hatten Glück. Seine Eltern waren wohlhabend. Sie mieteten sich in einem Hotel ein, wenn sie in New York waren. Wir besuchten sie auch jeden Sommer während ihrer Ferien in der Schweiz, wo sie uns ein Hotel besorgten. Wir haben sie zwar auch einmal zu Hause in Portugal besucht, aber irgendwie hat es uns allen besser gefallen, uns auf neutralem Boden zu treffen, und so sahen wir uns weiterhin an ein- und demselben Ferienort.

Auf zu Großvater!

> »Wenn die jüngsten Kinder endlich gelernt haben, das Haus in Ordnung zu halten, sind die ältesten Enkelkinder schon zur Stelle, um es in Stücke zu reißen.«
>
> *Christopher Morley*

Auch hier gilt wieder, dass einiges von dem, was ich nun zu sagen habe, für Sie nicht von unmittelbarer Bedeutung ist, wenn Ihre Enkel in Ihrer Nähe wohnen. Selbstverständlich müssen Sie Ihre Wohnung auch kindersicher machen und ein paar Hausregeln aufstellen, aber es ist ein viel allmählicherer und damit auch weniger intensiver Prozess. Falls Ihre Enkel weit entfernt wohnen und seltener kommen, dafür aber länger bleiben, wird jeder Besuch zu einem Ereignis.

Auch das folgende Szenario kennen wir alle, spiegelt es doch ihre Ankunft wider. Alle haben seit Tagen oder sogar Wochen von dem bevorstehenden Besuch bei den Großeltern gesprochen. Kinder und Enkel kommen müde an. Die Jüngste will nicht in einem fremden Bett schlafen. Der Älteste beschwert sich, dass es nichts zu tun gibt. Ihre Schwiegertochter fühlt sich genau begutachtet. Nach einer Stunde sind Sie erschöpft von der Anstrengung, sich um alle gleichzeitig zu kümmern. Sie machen sich Sorgen, dass Ihre drei Jahre alte Enkeltochter etwas zerbrechen oder sich wehtun könnte, oder dass beides passiert. Die bevorstehende Woche kommt einem wie eine Ewigkeit vor.

Ganz gleich wie sehr Sie Ihre Enkelkinder lieben und wie sehr Sie sich darauf freuen, sie zu sehen, es kann enorm anstrengend sein, wenn sie bei Ihnen sind. Es ist *Ihr* Zuhause und falls Ihre Kinder alle erwachsen und ausgezogen sind, haben Sie sich wahrscheinlich an einen bestimmten Tagesablauf gewöhnt. Ob Sie nun den ganzen Tag von einer Unternehmung zur nächsten jagen oder zu Hause lesen oder fernsehen, Sie fühlen sich wohl dabei. Sie haben alles so eingerichtet, wie es Ihnen gefällt. Besucher, die über eine längere Zeitspanne bleiben, können einen zermürben. Und wenn sie dann auch noch viel jünger und viel lauter sind als man selbst, können sie einen vollkommen verrückt machen.

Seien Sie realistisch

Seien Sie realistisch, schätzen Sie Ihre Fähigkeiten, den Gastgeber zu spielen, richtig ein. Haben Sie genug Platz? Können die Kinder irgendwo spielen? Sind kleine Kinder in Ihrer Hausgemeinschaft gern gesehen? Sind Sie körperlich fit genug? Bevor Sie sich für einen Ausflug zu einem Freizeitpark oder sonstigen Vergnügungsstätten entscheiden, fragen Sie die anderen, ob es ihnen nicht zu viel wird.

Nichts kann einen Besuch schneller auf die Probe stellen als zu hohe Erwartungen. Je mehr Leute zusammenkommen, desto wahrscheinlicher werden die Komplikationen. Kindern wird vom Reisen oft übel. Flugzeuge haben Verspätung und Schnee und Regen fallen immer dann, wenn es einem am wenigsten passt. Wenn Sie erwarten, dass alles einwandfrei abläuft, und in allem, was nicht wie geplant verläuft, schon eine Krise heraufziehen sehen, dann ist es schwer, den Besuch zu genießen. Denken Sie daran, dass Ihre Beziehung mit Ihren Enkeln und erwachsenen Kindern das Produkt von jahrelangen Investitionen und Arbeit ist und nicht das eines einzigen Besuchs. Wie das Sprichwort schon sagt: »Wenn du Gott lachen sehen willst, mach Pläne.«

Ein Freund von mir übernachtet immer bei seinem Schulfreund, wenn er die Großeltern mit seinen Kindern besuchen kommt. Sein Freund hat nicht nur mehr Platz, er hat noch dazu Kinder etwa im selben Alter, Spielzeug und einen Garten. Überlegen Sie ruhig, ob es nicht besser wäre, für Ihre Gäste ein Zimmer in einem nahe gelegenen Hotel oder in einer Pension zu mieten, wenn Sie es sich leisten können.

Vergessen Sie nicht, dass Ihr gewohnter Tagesablauf gestört werden wird. Erwarten Sie bloß nicht, alles tun zu können, was Sie sonst tun, und dazu noch Gastgeber zu sein. Nehmen Sie sich frei oder versuchen Sie zumindest, weniger zu arbeiten. Treffen Sie keine Verabredungen, Ihre Freunde werden das verstehen. Versuchen Sie auch, alle Besorgungen vorher zu erledigen, aber achten Sie darauf, dass Sie nicht bereits erschöpft sind, bevor der Besuch eintrifft.

Wenn Sie und Ihre erwachsenen Kinder Schwierigkeiten haben, länger als ein paar Stunden miteinander klarzukommen, ist es keine gute Idee, eine Woche zusammen unter einem Dach verbringen zu wollen, jedenfalls nicht, solange Ihr Verhältnis so bleibt. Lesen Sie Kapitel 2 noch einmal. Selbst wenn Ihre Kinder und Enkel bei Ihnen schlafen, heißt das nicht, dass Sie vierundzwanzig Stunden am Tag sieben Tage die Woche zusammen sein müssen. Planen Sie Ruhezeiten für alle Erwachsenen – auch für sich selbst – ein. Wahrscheinlich wollen Sie außerdem etwas Zeit allein mit jedem Enkel und den Eltern verbringen.

Vielleicht finden Sie, dass Ihre Kinder zu nachsichtig mit Ihren Enkeln umgehen. Trotzdem ist dies nicht der richtige Zeitpunkt, allen zu zeigen, wie man es richtig macht. Natürlich muss es gewisse Hausregeln geben. Besprechen Sie sie im Voraus mit den Eltern, überraschen Sie sie nicht damit. Wägen Sie Ihre Prioritäten ab. Sicherheit steht selbstverständlich immer an erster Stelle. Seien Sie streng, wenn es darum geht, Ihre Enkel vor Gefahren zu bewahren.

Ganz allgemein lässt sich sagen, dass Hausregeln etwas mit dem Haus zu tun haben sollten und nicht allen die täglichen Abläufe vorschreiben dürfen. Im Haus nicht rauchen, im Wohnzimmer nicht essen, nicht auf die Möbel klettern, keine Fang- und Packspiele im Haus – das gehört zur ersten Kategorie. Aber Regeln wie kein Fernsehen vorm Abendessen oder kein Nachtisch, außer der Teller ist leer, werden nur für Spannungen sorgen, es sei denn Ihre Enkelkinder sind das so von zu Hause gewohnt.

Vielleicht verwöhnen Sie Ihre Enkel gern. Denken Sie jedoch daran, dass die Kinder Disziplin und einen gewohnten Tagesablauf brauchen, wenn sie für längere Zeit zu Ihnen kommen. Sosehr Sie es genießen mögen, mit Ihren Enkeln zu spielen – wenn die Eltern sagen, dass es Zeit zum Schlafen ist, akzeptieren Sie das. Falls die Kinder protestieren, mischen Sie sich nicht ein.

Wenn Sie Ihre Erwartungen heruntergeschraubt haben, können Sie sich den drei wichtigsten Regeln für einen erfolgreichen Besuch zuwenden: *vorbereiten, vorbereiten, vorbereiten.*

Machen Sie Ihr Heim kindersicher

Unterschätzen Sie nicht, wie wichtig es ist, Ihre Wohnung für kleine Besucher zu sichern. Wenn Sie andere Enkel in der Nähe haben, ist das vielleicht schon geschehen. Doch ist jedes Alter verschieden. Bitten Sie Freunde oder Bekannte, die Kinder oder Enkel im selben Alter haben, zu Ihnen zu kommen und Sie zu beraten – ihre Kinder sollten sie zu Hause lassen!

Hier ein paar ganz wichtige Hinweise:

1. Legen Sie die Telefonnummer des Gift-Notrufs zu Ihren Notrufnummern in die Nähe des Telefons.

2. Suchen Sie den Boden gut nach kleinen Gegenständen ab – Münzen, Nüsse, Knöpfe –, die Kinder verschlucken können.

3. Stecken Sie Vorhänge hoch und kürzen Sie die Schnüre von Jalousien. Sichern Sie alle Fenster, die in der Reichweite von kleinen Kindern sind.

4. Bringen Sie Kindersicherungen auf den Steckdosen an.

5. Stellen Sie giftige Pflanzen hoch. Lassen Sie die Kinder nicht unbeaufsichtigt im Garten spielen.

6. Stellen Sie Ihren Durchlauferhitzer auf 38 Grad ein. Sollte das Wasser bei Ihnen kochend heiß aus der Leitung kommen, stellen Sie es ab.

7. Legen Sie eine Antirutschmatte in Ihre Badewanne.

8. Lassen Sie ein kleines Kind niemals im oder nah am stehenden Wasser allein. In der Zeit, die Sie brauchen, um ein Handtuch zu holen oder ans Telefon zu gehen, kann das Kind schon untergetaucht sein. Lassen Sie das Wasser aus der Wanne, sowie Sie mit dem Baden fertig sind.

9. Stellen Sie alle Arzneimittel aus der Reichweite von Kindern.

10. Streichhölzer und Feuerzeuge sind für Kinder tabu. Stellen Sie alle Chemikalien, auch Putzmittel, hoch und nicht unter das Waschbecken. Denken Sie daran, dass Plastiktüten für kleine Kinder lebensgefährlich sein können.

11. Lassen Sie keine Messer, Scheren oder Stecker elektrischer Geräte auf den Tischen oder Arbeitsflächen liegen. Dasselbe gilt für Stapel schwerer Objekte wie Bücher, die leicht runterfallen können. Kinder können höher hinaufreichen, als Sie denken.

12. Kochen Sie auf den hinteren Platten und drehen Sie die Topf- und Pfannengriffe zur Herdmitte.

13. Stellen Sie sicher, dass alle Türen, die nicht geöffnet werden dürfen, gesichert sind. Das gilt für Türen in der Küche, im Badezimmer und vor der Hausbar, für solche, die in den Keller oder in die Garage führen, und für Treppensicherungen. Denken Sie daran, auch an zwei Stufen können sich kleine Kinder verletzen. Alle Türen, die sich von innen verschließen lassen, sollten sich auch von außen öffnen lassen. Nichts vermasselt

einen Tag mehr als ein kleines Kind, das sich im Badezimmer eingesperrt hat. Kindern zu erklären, dass bestimmte Räume, Ihr Schlafzimmer etwa oder der Keller, tabu sind, macht diese unter Umständen noch geheimnisvoller. Sie haben natürlich ein Recht darauf, dass Ihre Wünsche respektiert werden, doch verlassen Sie sich niemals darauf, dass Sie die Kinder gewarnt haben.

14. Lassen Sie nie eine Katze oder einen Hund mit kleinen Kindern allein. Selbst das sanfteste Tier wehrt sich, wenn es lange genug geärgert wird. Vögel, Fische und andere Kleintiere sollten außerhalb ihrer Reichweite gestellt werden.

15. Vergewissern Sie sich, dass Sie Paracetamolzäpfchen, ein Fieberthermometer, Pflaster und die Adresse eines guten Kinderarztes haben.

Finden Sie heraus, was Ihre Gäste brauchen

Mit Kindern zu verreisen heißt auch, ein Gleichgewicht zwischen Unbekanntem und Bekanntem zu erreichen. Aller Wahrscheinlichkeit nach sind die Kinder, vor allem die jüngeren, am Anfang ganz aufgekratzt. Überwältigen Sie sie bei ihrer Ankunft nicht noch zusätzlich mit Geschenken, neuen Spielen oder anderen Angeboten. Erst wenn etwas Ruhe eingekehrt ist, können Sie den Kindern mit Überraschungen und Geschenken Freude machen.

Sollte Ihre Familie mit dem Flugzeug gekommen sein, musste sie sich gut überlegen, was sie mitnehmen wollte. Eine große Erleichterung ist es, wenn es bei Ihnen Bücher, Kuscheltiere, Spiele oder dergleichen gibt. Falls Sie noch keine Kinderbücher haben, können Sie sich welche von Freunden ausleihen. Machen Sie eine Liste der ausgeliehenen Bücher, damit Sie sie nachher nicht durcheinander bringen. Oder Sie leihen sich welche aus Ihrer Bibliothek aus. Und wenn Sie schon da sind, können Sie auch die Videos unter die Lupe nehmen, obwohl Sie die natürlich auch in der Videothek bekommen können.

Natürlich werden Sie den Grundeinkauf schon gemacht haben, wenn Ihr Besuch eintrifft, aber niemand erwartet von Ihnen, dass Sie alle Spiele und Aktivitäten der ganzen Woche durchdenken und vorbereiten. Ein Gang zur Bibliothek, zum Spielzeugladen oder zur Videothek an der Ecke kann allen viel Spaß machen und außerdem haben Sie eine viel höhere Trefferquote, wenn Ihre Enkel mitkommen.

Nehmen Sie Ihre Erkundigung nach Spielzeug zum Anlass, die Eltern nach dem Notwendigen zu fragen. Wie sieht es mit Windeln, Lappen, Hochstühlen, Autositzen aus? Sie werden vieles mitbringen und manches kann später gekauft werden, aber sicherlich nicht gleich in den ersten Stunden ihres Aufenthalts. Wenn Sie herausgefunden haben, was sie brauchen, dann leihen Sie ein Babybett, einen Hochstuhl oder einen Autositz aus. Vor allem letzteres ist sehr wichtig. Sollte Ihre Familie mit dem Flugzeug anreisen und von Ihnen mit dem Auto abgeholt werden, dann müssen die Kindersitze schon installiert sein. Auch wenn Ihre Kinder mit dem Auto kommen, wäre es für Sie unter Umständen praktischer, wenn Sie einen Kindersitz im eigenen Auto hätten, damit Sie nicht dauernd die Autos wechseln müssen beziehungsweise nur eingeschränkt bewegungsfähig sind.

Auch das Essen muss bedacht werden

Wenn Ihre Familie wie viele ist, die ich kenne, dann wird ein Großteil des Tages von der Zubereitung des Essens, dem Essen selbst und dem Saubermachen danach in Anspruch genommen – oder davon, Plätze zu reservieren, zum Restaurant zu fahren, zu bestellen, zu essen und wieder nach Hause zu kommen. Beim Besuch Ihrer Enkel wird sich vieles um Mahlzeiten und kleine Imbisse drehen.

Was schmeckt ihnen? Kleine Kinder können unglaublich wählerisch sein. Sie selbst wissen wahrscheinlich ganz genau, dass der Gouda in der roten Verpackung so wie der in der blauen schmeckt, aber wollen Sie darüber einen Streit vom Zaun brechen? Die Mahlzeiten sind wahrscheinlich auch ohne solche Probleme schon chaotisch genug. Uns wurde immer gesagt, dass das Frühstück die wichtigste Mahlzeit des Tages ist. Und es ist tatsächlich wichtig. Deswegen ist es eine gute Idee, wenn Sie die Lieblingscerealien Ihrer Enkel dahaben. Fragen Sie die Eltern nach anderen Vorlieben oder Abneigungen. Mit Fastfood, Pizza und Süßigkeiten können Sie Ihren Enkeln zwar immer eine Freude machen, aber doch wohl kaum eine ganze Woche lang.

Lassen Sie sich im Voraus in die Süßigkeitenregeln einweihen. In Zeiten des gestiegenen Ernährungsbewusstseins achten inzwischen auch mehr Eltern darauf, dass ihre Kinder nicht mehr so süß, so salzig und so fett essen. Es hat keinen Sinn, alle möglichen Süßigkeiten einzukaufen, wenn das meiste davon auf der »Verbotsliste« der Eltern steht. Selbst wenn Ihre Kinder diese Dinge nicht so genau nehmen, sollten Sie auch viel Gesundes vorrätig haben wie Obst, Joghurt und Säfte.

Wenn Sie ein Gewohnheitsmensch sind und glauben, dass das Essen immer haargenau zur selben Zeit auf dem Tisch stehen sollte, dann könnten Familienbesuche zu einem Schock für sie werden. Aus praktischen Gründen – Baden, Hausaufgaben, frühe Zubettgehzeiten – essen viele Familien mit kleinen Kinder sehr früh zu Abend. Deswegen müssen Sie Ihre Zeiten nicht grundsätzlich verändern, doch seien Sie bereit, sie zu modifizieren. Wenn Sie von

Ihren Enkeln erwarten, dass sie später essen sollen, müssen Sie die Zwischenzeit vielleicht mit einem Imbiss überbrücken.

Für manche ist die Küche ein ganz besonderer Raum. Sie würden nie auf den Gedanken kommen, dass jemand anderes als Sie persönlich dort hantiert, geschweige denn etwas kocht. Wenn Sie niemanden in Ihre Küche lassen, können Sie sich allerdings auch nicht beklagen, dass Sie alles allein kochen müssen. Im besten Fall ist es ermüdend, für so viele zu kochen. Noch schlimmer ist aber, dass Sie die Zeit, die Sie eigentlich mit Ihren Enkeln verbringen könnten, mit dem Zubereiten einer Mahlzeit oder dem Aufräumen vergeuden.

Sollten Ihre Enkel noch ganz klein sein, muss sich jemand mit ihnen beschäftigen, während die Mahlzeiten vorbereitet werden. Sind sie schon etwas älter, können Sie aus dem Kochen eine gemeinsame Sache machen. Es ist eine wunderbare Gelegenheit, Familienrezepte weiterzureichen oder kleine Tipps zu geben, wie Sie ein bestimmtes Gericht zubereiten. Lassen Sie Ihren Enkelsohn dabei mithelfen. Stellen Sie sicher, dass kleine Kinder nicht an scharfe Messer oder andere gefährliche Gegenstände kommen. Selbst wenn Sie nicht gleich ein ganzes Essen gemeinsam zubereiten, so kann es doch viel Freude machen, einen Kuchen oder ein Blech Kekse zusammen zu backen.

Auch mit der ganzen Familie essen zu gehen, kann Spaß machen, falls es richtig angegangen wird. Entgegen der landläufigen Meinung muss man sich nicht auf Hamburgerketten und Ähnliches beschränken. Doch das Restaurant sollte sorgfältig ausgesucht werden. Es sollte Kinderstühle, Kindermenüs und womöglich Spiele oder andere Ablenkungen bereitstellen, mit denen sich die Kinder in der Wartezeit beschäftigen können. Es ist wichtig, dass Sie und die Eltern klar sagen, was von den Kindern erwartet wird, dass sie geduldig auf ihr Essen zu warten haben und sich in einer ruhigen »Restaurantstimme« unterhalten müssen. Wenn Sie sich nicht sicher sind, ob ein bestimmtes Restaurant für Kinder im Alter Ihrer Enkel geeignet ist, dann fragen sie herum. Probieren Sie es nicht auf gut Glück aus!

Die Party ist vorbei

Bereiten Sie sich auf ein Tief vor, wenn Ihre Familie abreist. Nach einer Woche – oder länger – mit Gästen glauben Sie vielleicht, dass Sie sich einfach nur ruhig hinsetzen und die Ruhe genießen wollen. Tun Sie das unter allen Umständen, aber hüten Sie sich vor einer Abschiedsdepression! Planen Sie Unternehmungen, die Ihnen besonders viel Spaß machen. Treffen Sie sich mit Freunden, vor allem mit denen, die Sie wegen Ihres Familienbesuchs nicht sehen konnten. Laden Sie sich ins Kino, in ein gutes Restaurant oder zu einem Theaterstück ein. Und dann können Sie allmählich anfangen, den nächsten Besuch zu planen!

8
Schenken ist eine Kunst

Großeltern damals und heute

Wie wir schon gesehen haben, sind die Großeltern von heute im Schnitt jünger, gesünder und leben länger als je zuvor. Sie sind auch deutlich wohlhabender als früher.

Heute wird so viel über die Gesundheitsreform und die Kürzungen im Sozialbereich gesprochen, dass darüber vielfach in Vergessenheit gerät, wie es ohne die sozialstaatliche Gesetzgebung aussah. Fast ausnahmslos fiel den jüngeren Familienmitgliedern die Verantwortung für die älteren zu. In der Vergangenheit stellte sich regelmäßig die Frage, welches Familienmitglied für den Großvater aufkommen sollte, wenn dieser aufhörte zu arbeiten, beziehungsweise wer sich nach dessen Tod um die Großmutter zu kümmern hatte. Heute ist es wahrscheinlicher, dass es den Großeltern finanziell gut geht und sie sich fragen, wie sie ihren Kindern und Enkeln unter die Arme greifen können.

Eine idyllische Epoche, in der sich die jüngeren Verwandten um die älteren kümmerten, ohne dass Spannungen entstanden oder Unmut aufkam, kann weder durch historische noch durch interkulturelle Studien nachgewiesen werden. Auch wenn ältere Menschen in Zeiten der Kolonialisierung höher angesehen waren als heute, lebten sie wenig abgesichert. Wie die Familienhistorikerin Tamara Hareven feststellte: »Älter werdende Eltern mussten Verträge mit ihren Söhnen schließen, die sie beerbten, um sich für das Alter abzusichern... Die Bedeutung, die diesen vertraglichen Vereinbarungen bis hin zu Detailfragen zugemessen wurde, läßt auf die Spannungen und Unsicherheiten der Eltern in bezug auf ihre Versorgung schließen.« Mit anderen Worten: Eltern schlossen Verträge mit ihren Söhnen, weil sie sich nicht sicher waren, ob sie sich an die Vereinbarung halten und sie im Alter versorgen würden.

Und auch ältere Menschen im modernen industrialisierten Amerika des 19. und frühen 20. Jahrhunderts hatten keine Garantie, von ihren Kindern unterstützt zu werden. Es ist ein Zeichen unseres kurzen Gedächtnisses, dass sich nur wenige von uns an die Armut erinnern, die noch vor fünfzig Jahren zum Alter dazugehörte.

Doch diese Situation hat sich grundlegend verändert. In den USA hatte sich schon 1980 die Einkommenssituation älterer Menschen angeglichen – auch wenn es nach wie vor Armut unter älteren Menschen besonders Witwen und Minderheiten gibt – und verbesserte sich sogar schneller als die der anderen Haushalte. In Deutschland hatten 1991 knapp 4000 Rentner ein Einkommen von 600 bis 1200 Mark und nur 520 5000 und mehr. 1998 waren es knapp 3000 mit niedrigem und etwas über 1000 mit hohem Einkommen. Zusammen mit Veränderungen wie gesetzlichen Regelungen wie der Rentenversorgung hat das dazu geführt, dass heute weniger die ältere Generation von ihren Kindern oder Enkeln versorgt werden muss, sondern vielfach eher die Enkel von ihren Großeltern Geld zu erwarten haben.

Die Geschenkbeziehung

Ich habe schon viel über verschiedene Möglichkeiten gesprochen, wie Sie Ihren Enkeln Ihre Liebe bezeugen und Zeit mit ihnen verbringen können. Meiner Meinung nach sollten wir die Tatsache niemals aus den Augen verlieren, dass dies das Kostbarste ist, was wir unseren Enkelkindern zu geben haben. Als Großeltern sind wir in einer einzigartigen Position und niemand sonst kann unsere Stellung im Leben der Kinder einnehmen.

Eine sehr greifbare Art, wie Sie Ihre Gefühle für Ihre Enkel ausdrücken können, besteht darin, dass Sie ihnen Geschenke machen, die Ihre Liebe bekunden, den Horizont der Kinder erweitern, ihnen das Leben erleichtern oder schlicht Freude machen. Wie der französische Soziologe Marcel Mauss in seiner klassischen Studie »Die Gabe« geschildert hat, ist das Übergeben von Geschenken keineswegs einfach nur ein Austausch von Gegenständen. Geschenke symbolisieren unterschiedliche Arten von Beziehungen und sie knüpfen und verstärken Bande zwischen Menschen. Auf einer gewissen Ebene verstehen wir dieses Prinzip alle und wir richten uns fast unbewusst danach, wenn wir ein angemessenes Geschenk für einen Freund oder Verwandten aussuchen: Es soll nicht zu billig, aber auch nicht zu teuer sein, es darf nicht so unpersönlich sein, ihm aber auch nicht zu nahe treten und so weiter. Solange Sie die Geschenke, die Sie Ihren Enkeln machen, nicht als Ersatz dafür ansehen, dass Sie keine Zeit für sie haben oder sich mit ihnen nicht beschäftigen wollen, sondern als zu Ihrer Beziehung dazugehörend, sollten Sie in der Lage sein, weise zu beurteilen, wem was wann am besten geschenkt werden könnte.

Aufgeklärt schenken

Je besser Sie Ihre Enkel kennen und je mehr Sie an ihrem alltäglichen Leben teilnehmen, desto leichter wird es sein, das passende Geschenk für sie zu finden. Spielen Sie mit ihnen im Kinderzimmer und hören Sie ihnen zu, wenn sie von Ihren Interessen erzählen, das wird Sie auf viele Ideen bringen. Normalerweise sollte ein Geschenk den Anfang von etwas markieren. Ein Geschenk, von dem Sie zuletzt etwas gesehen oder gehört haben, als Sie es verschenkt haben, macht natürlich viel weniger Freude als eines, das Anlass für eine Unterhaltung oder eine gemeinsame Erfahrung wird.

Sprechen Sie mit Ihren Kindern über die Geschenke, die Sie sich für Ihre Enkel ausgedacht haben. So können Sie zu Geburts- oder Festtagen auch vermeiden, dass sie zweimal dasselbe bekommen. Und wenn Sie weit entfernt wohnen, halten die Gespräche Sie auf dem Laufenden, was die augenblicklichen Interessen und Wünsche Ihrer Enkel angeht. Eine Unterredung mit den Eltern ist vor allem dann unabdingbar, wenn ein Geschenk viel Zeit oder Energie von Seiten der Eltern oder Kinder beansprucht, ein Haustier etwa oder eine Reise. Spielen Sie den Eltern nicht den Schwarzen Peter zu nach dem Motto: »Wie gern würde ich dir einen kleinen Hund schenken. Frag deinen Vater, ob du einen haben darfst.« Es ist auch wichtig, dass Sie sich nach den Prinzipien Ihrer Kinder in Bezug auf Kriegsspielzeug erkundigen. Es sind heute viele Gewalt- und Sexvideos und -spiele auf dem Markt.

Gerecht sein

Haben Sie mehr als ein Enkelkind, bleibt es nicht aus, dass Sie sich Gedanken über eine faire Geschenkpolitik machen. Denken Sie daran, dass die Geschenke Teil einer Beziehung sind und kein Selbstzweck – das macht es einfacher. Gerecht zu sein heißt ja nicht, dass Sie allen Enkeln dasselbe schenken sollten oder allen etwas schenken müssen, wenn eines etwas bekommt. Sie müssen noch nicht einmal gleich viel ausgeben. Es heißt, dass Sie alle Kinder als Individuen behandeln und herausfinden sollten, was jedem Einzelnen die größte Freude bereiten könnte.

Allerdings ist es eine gute Idee, sich die Geschenke irgendwo zu notieren, vor allem wenn Sie einige Ihrer Enkel oft sehen, weil sie in Ihrer Nähe wohnen, und die anderen nicht. Ein New Yorker Großvater, den ich kenne, war überrascht herauszufinden, dass er zweimal so viel für seine im nahen Connecticut lebende Enkeltochter ausgab als für die im weit entfernten Florida.

Das wird Ihnen sicher kleinlich vorkommen, doch ich habe mindestens eine Freundin, die einen Groll gegen ihre Großeltern hegt, weil sie ihren Bruder vorgezogen haben. Auch Ihre erwachsenen Kinder werden es nicht gerade begrüßen, wenn Sie den Eindruck gewinnen, dass ihre eigenen Kinder wegen ihrer Cousinen und Cousins zu kurz kommen.

Apropos Konkurrenz: Lassen Sie sich nicht darauf ein, mit den Großeltern von der anderen Seite zu wetteifern, wer am meisten ausgeben kann. Es ist schwer, auf ein passendes Geschenk zu kommen, wenn Sie mehr an die Schwiegerverwandtschaft als an Ihr Enkelkind denken. Wenn Sie weniger Geld haben, müssen Sie eben kreativer und origineller beim Aussuchen sein. Seien Sie großzügig mit dem, was Sie haben, mit Ihrer Zeit und Aufmerksamkeit. Und freuen Sie sich, dass Ihre Enkelkinder von dem profitieren können, was sie von der anderen Seite der Familie bekommen.

Geschenke für jede Altersgruppe – Babys ausgenommen

Die Geschenke, die Sie Ihren Enkeln machen, hängen von deren Alter und Interessen ab sowie von dem, was die Kinder schon haben. In der Regel ist es besser, wenn Sie nachfragen, bevor Sie etwas kaufen, vor allem wenn Ihnen ein sehr großes oder teures Geschenk vorschwebt. In einen Spielzeugladen zu gehen und um Rat zu fragen, gleicht einer Einladung, etwas Überteuertes angedreht zu bekommen, was der allerneuesten Mode entspricht. Jeder hat seine Lieblingsspielsachen, Bücher und andere Geschenke. Ich möchte nun ein paar Arten von Geschenken vorstellen, die ich als besonders geeignet empfunden habe und die in allen Altersgruppen gut ankommen, außer bei Babys und Kleinkindern.

Meine Tasche

Egal wie alt Ihre Enkel sind, sie brauchen Taschen, in denen sie ihre Sachen herumtragen können. Das kann eine Schultasche für die Jüngeren oder ein Rucksack für die Teenager sein. Der Athlet in Ihrer Familie braucht eine Sporttasche, in die er Schläger, Sportzeug oder Badesachen packen kann. Ein Enkelkind, das eine große Reise plant, wird sich bestimmt über einen robusten Koffer, eine Reisetasche oder einen richtig guten Rucksack freuen. All diese Taschen gibt es in unterschiedlichen Formen, Größen und Variationen. Vielleicht gehen Sie zusammen einkaufen, damit Sie das Richtige besorgen, oder Sie verlassen sich auf Ihren Instinkt.

Schulsachen

Das klingt nicht gerade aufregend. Ich höre schon, wie es heißt: »Oh, vielen Dank für das schöne Etui, Großmama.« Doch in Wahrheit gibt es viele Geschenke, die etwas mit der Schule zu tun haben, für die Sie ein echtes Lächeln bekommen können. Eine Thermosflasche – wie für Radsportler – oder ein Tornister mit dem Lieblingscartoon oder Helden Ihrer Enkel kommen meistens gut an. Tagebücher, Rechner und Nachschlagewerke sind gut für ältere Kinder geeignet. Eine Schreibtischlampe, ein Wecker oder ein kleiner Kassettenrecorder – um Vorlesungen aufzunehmen – sind gute Geschenke für die Enkel, die mit dem Studium beginnen.

Wenn Sie mehr Geld zur Verfügung haben, können Sie Ihren Enkelsohn mit einem neuen Schreibtisch überraschen oder Ihre Enkeltochter mit einem Laptop.

Anziehsachen

Etwas zum Anziehen gehört zwar zu den schönsten Geschenken, ist aber meiner Erfahrung nach auch sehr riskant. Solange die Kinder noch klein sind, sind das eigentlich eher Geschenke für die Eltern – oder haben Sie je ein Kind sagen hören, dass es sich warme Strümpfe und einen Schal zum Geburtstag wünscht? Das heißt nicht, dass Sie so etwas nicht verschenken sollten, aber erwarten Sie nicht, dass es das Geschenk sein wird, an das sich Ihr Enkelkind lange erinnert.

Wenn Sie Kleidung für kleine Kinder kaufen, achten Sie darauf, dass sie nicht nur schön, sondern auch praktisch ist. Knopfleisten sehen ja hübsch aus, aber es kann ein Alptraum sein, das gute Stück an- und auszuziehen. Anziehsachen für die Schule müssen zudem robust genug zum

Spielen sein. Denken Sie auch an die Eltern. Bügelfreies und in der Maschine zu Waschendes dürfte mehr ihr Fall sein als Sachen, die man reinigen lassen oder bügeln muss.

Bei älteren Kindern wird es dann schwierig, die gerade angesagten Marken, Designer und nicht zuletzt – wenn sie gerade einen Wachstumsschub durchmachen – Größen zu kennen. Fragen Sie vor dem Kauf nach. Sollten Ihre Enkel mit Ihnen einkaufen gehen wollen, können Sie die Sachen zusammen aussuchen. Vielleicht kennen Sie ja auch einen Laden, in dem die Kinder besonders gern einkaufen, dann könnten Sie Ihr Glück dort probieren. Schlimmstenfalls tauschen die Kinder es eben um. Mit einem Gutschein sind Sie auf der sicheren Seite.

Bücher und Zeitschriften

Gerüchte vom Untergang der Lesekultur halten sich schon lange. Sowie eine neue technische Errungenschaft den Markt erobert, wird davon berichtet, dass die Kids zu viel Zeit vorm Fernseher, Computer oder mit einem Videospiel verbringen und aufgehört haben zu lesen.

Dabei ist es erwiesen, dass es die Lesegewohnheiten der Eltern und anderer Personen in ihrem Umfeld sind, die den größten Einfluss ausüben. Kinder, die inmitten von Lesern und Bücherliebhabern aufgewachsen sind, lesen sehr viel häufiger. Zusätzlich stürzen sie sich in all die anderen Vergnügungen, die ihnen geboten werden. Das Interesse der Kinder am Lesen erwacht schon lange bevor sie lesen können, nämlich wenn ihnen vorgelesen wird.

Die ersten Bücher, die Sie Ihren Enkeln schenken, sind wahrscheinlich Bilderbücher, die die Kinder ansehen und anfassen, während Sie sie ihnen vorlesen. Das Gefühl, mit dem Enkelkind auf dem Schoß ein neues Buch aufzuschlagen und die Geschichte vorzulesen, ist einzigartig. Wenn sie älter werden, gönnen Sie sich das Vergnügen, die Kinder mit einigen Ihrer Lieblingsbücher aus der Kindheit vertraut zu machen.

Es gibt inzwischen so überwältigend viele Bücher, dass die Auswahl schwer fällt. Die großen Buchhandlungen, die man überall findet, haben eine breite Auswahl an neuen Kinderbüchern wie auch viele Klassiker. Auch in kleineren Läden oder Antiquariaten lohnt es sich zu stöbern. Denken Sie daran, dass für die kleinen Leser die Bilder mindestens genauso wichtig sind wie die Geschichte selbst.

Wo wir gerade beim Thema Lesen sind, möchte ich auch Zeitschriften und Comichefte nicht unerwähnt lassen. Ein Zeitschriftenabonnement kann ein wunderbares Geschenk sein. Ob es sich dabei um ein Puzzlemagazin, eines über Sport oder um eine Fanzeitschrift handelt, in jedem Fall dient das Abo als wöchentlich oder monatlich wiederkehrende Erinnerung daran, dass Sie Anteil nehmen und die Interessen Ihre Enkelkindes kennen. Nachdem Sie das Abonnement eingerichtet haben, stellen Sie sicher, dass die Hefte ankommen. Kurz vor Beendigung des Abos sprechen Sie mit Ihrem Enkelkind. Vielleicht will es das nächste selbst bezahlen oder es möchte inzwischen lieber eine andere Zeitschrift beziehen.

Mir ist bewusst, dass Comics der Vorstellung, die die meisten Eltern und Großeltern von einem guten Buch haben, nicht unbedingt entsprechen. Viele sind ziemlich niveaulos und seit kurzem sind die klassischen Comichelden reichlich grauenhaften Figuren gewichen, die auch auf Videos, als Spielzeugfiguren und in Filmen vermarktet werden. Dennoch können auch Comics eine Liebe zum Lesen entfachen, und das ist wahrscheinlich besser, als gar nicht zu lesen.

Computerspiele und CD-Roms

In Kapitel 6 bin ich auf einige Gründe eingegangen, warum Sie Ihre Computerphobie überwinden sollten, wenn Ihre Enkelkinder weit von Ihnen entfernt wohnen. Glücklicherweise muss man nicht allzu viel über Computer wissen, um Computerspiele auszusuchen. Wenn Sie die technischen Daten des Computers im Kopf haben, werden Sie keine Schwierigkeiten haben, die richtige Software zu finden.

Eine eindringliche Warnung sei jedoch vorangestellt: Sprechen Sie mit den Eltern. Auf vielen CDs sind gewalttätige oder sexuelle Szenen dargestellt, die nicht für alle – oder für irgendeine – Altersgruppen angemessen sind. Lassen Sie sich von diesen CDs nicht abschrecken, denn es gibt so viele wunderbare pädagogische CDs und Unmengen anderer, die einfach nur Spaß machen. Es gibt Spiele, mit denen man die Farben erlernen kann oder schreiben und rechnen. Für ältere Kinder werden Naturwissenschaften, Geschichte, Astronomie oder Erdkunde auf CD angeboten. Enzyklopädien auf CD-Roms bestehen nicht nur aus Texten, sondern haben auch Musik, Geräusche und Videoclips zu bieten.

Sportsachen: Nicht nur für die Jungen!

Ich kann mich noch gut daran erinnern, dass man früher in einen Laden ging und sich Turnschuhe kaufte, ohne genau sagen zu müssen, ob man sie nun zum Joggen oder zum Tennisspielen benutzen wollte – und man brauchte auch nicht 160 Mark dafür auszugeben. Ich weiß auch noch, dass »Sportausrüstung« damals praktisch ausschließlich ein Geschenk für Jungs war.

Die Zeiten haben sich geändert. Heute ist die Sportartikelindustrie einer der florierendsten Wirtschaftszweige, die Männer und Frauen gleichermaßen mit ständig wechselnden Trends überrascht und beiden Geschlechtern etwa gleich viel anzubieten hat. Der Erfolg von Frauensportarten, sowohl der traditionellen wie Eiskunstlauf, Gymnastik und Schwimmen als auch derjenigen, die früher den Männern vorbehalten waren wie etwa Fußball und Basketball, hat eine große Nachfrage nach Ausrüstung geschaffen. Sportkleidung und Accessoires eignen sich sehr gut zum Verschenken. Lassen Sie sich beim Einkauf nicht von traditionellen Geschlechterrollenzuweisungen leiten – auch nicht beim Kaufen von anderen Sachen. Es ist schon lange her, dass es Mädchen etwas ausgemacht hätte, als wild und frech zu gelten. Wenn Ihre Enkeltochter gern Sport treibt, teilen Sie ihre Leidenschaft und unterstützen Sie sie mit einem Geschenk, genauso wie Sie es bei Ihrem Enkelsohn tun würden.

In den letzten Jahren wurde viel Wert auf Sicherheit bei der Sportausrüstung gelegt. Früher trugen nur wenige zum Radfahren oder Rollschuhfahren Helme, aber Sportärzte raten heute dringend dazu, bei diesen Sportarten den Kopf zu schützen und auch Knie- und Ellbogenschoner anzulegen. Wenn Sie Geschenke wie Räder, Skatebords oder Inlineskates kaufen, fragen Sie auch nach der dazugehörigen Sicherheitsausrüstung. So wird Ihr Geschenk nicht nur komplett, Ihr Enkelkind kann es auch sofort benutzen und muss nicht darauf warten, dass die Eltern erst einen Helm oder Gelenkschoner kaufen.

Für einige Sportarten wie Skifahren, Kampfsport oder Klettern braucht man nicht nur Ausrüstung, sondern auch Unterricht. Auch Unterrichtsstunden sind eine gute Geschenkidee, sei es für Anfänger oder Fortgeschrittene.

Oldies but Goldies: Brettspiele, Kartenspiele und Puzzles

In unserer Zeit der Übersättigung mit Computerspielen, CD-Roms und Videos kann es einem vielleicht so vorkommen, als seien Geschenke wie Monopoly, für die man überhaupt keine technische Ausrüstung benötigt, nicht besonders gefragt. Spiele scheinen jedoch gegen das Fortschreiten der Zeit immun zu sein. Viele Eltern und Großeltern schätzen Karten- und Brettspiele, weil hier keine Gewalt dargestellt wird, man sich stattdessen aber mit seinen Mitspielern auseinander setzt und die Spiele zudem relativ billig sind. Solche Spiele eignen sich nicht nur hervorragend zum Verschenken, es ist auch sehr gut, sie im Haus zu haben, wenn Ihre Enkelkinder zu Besuch kommen. Viele Familien machen ihre Kinder in den Ferien mit diesen Spielen vertraut. Sie ziehen es vor, ihren Laptop zu Hause zu lassen, denn ohne Computerspiele sind die Kinder viel eher bereit, sich um den Tisch zu setzen und Scrabble oder Memory oder irgendetwas anderes zu spielen – und es dauert nicht lange, bis sie süchtig danach werden. Viele Spiele gibt es in besonderen Reiseausstattungen, die man ihnen vor ihrer Abfahrt schenken kann. Ob bei Karten- oder Brettspielen, beim Schach oder etwas anderem, viele Familien sitzen an verregneten oder verschneiten Tagen beisammen, trinken heiße Schokolade, reden und spielen.

Es gibt Spiele für alle Altersgruppen und es kann durchaus passieren, dass Ihren Enkelkindern das eine Spiel besser gefällt als Ihnen. Dann müssen Sie endlose Runden durchstehen, aber das ist wohl nur ein kleiner Preis für die vielen Stunden, die sie mit den Kindern verbringen dürfen.

In vielen Familien werden vor allem für die jüngeren Kinder Spiele vorgezogen, in denen man relativ wenig Geschick und sehr viel Glück braucht. Wenn Ihre Enkelkinder größer werden, können sich Fähigkeiten und Glück in etwa die Waage halten. Eine Großmutter, die ich kenne, brachte ihrem Enkel das Bridgespielen bei und manchmal spielt er jetzt mit ihr und ihren alten Damen, wenn er zu Besuch kommt. Und sie haben immer ein Gesprächsthema, wenn sie ihn über ihre wöchentlichen Spiele auf dem Laufenden hält. Ein Großvater, der gern Schach spielt, brachte seiner Enkeltochter die Grundregeln dieses Spiels bei. So können sie nicht nur bei Besuchen zusammen spielen, sondern sie können sich auch über wichtige Partien austauschen und die Ergebnisse diskutieren.

Auch Puzzles gehören zu den Klassikern unter den Spielen, die in allen Altersgruppen gut ankommen. Kleine Kinder beginnen meistens mit Puzzles, in denen es nur ein paar große Teile gibt, während Kinder, die kurz vor der Pubertät stehen, oft riesige Puzzles mögen, je mehr Teile, desto besser.

Campingausrüstung

Selbst wenn Ihnen Aktivitäten im Freien nicht so viel Spaß bereiten, geht es Ihren Kindern und Enkeln vielleicht ganz anders. Ein Schlafsack ist ein besonders vielseitiges Geschenk. Jüngere Kinder können ihn benutzen, wenn sie irgendwo zum Übernachten eingeladen sind oder wenn sie draußen im Garten zelten. Ältere Kinder brauchen vielleicht einen Schlafsack, wenn sie zu einem Sommercamp aufbrechen oder einen Rucksacktrip vorhaben. Auch Zelte – die es in verschiedenen Größen gibt – sind hilfreich. Rucksäcke habe ich zwar bereits erwähnt, trotzdem möchte ich es hier noch einmal tun.

Wenn Sie selbst gern wandern, Kanu fahren, zelten oder etwas anderes draußen unternehmen, kann es durchaus sein, dass Sie nicht nur die entsprechenden Geschenke machen, sondern mit Ihren Enkelkindern die Erfahrung teilen, sie auch zu benutzen. Eine Camping- oder Wandertour kann eine wunderbare Art sein, sich dem Lärm und den Ablenkungen des Verkehrs, des Fernsehens und der Arbeit zu entziehen. Vorausgesetzt, die Lage des Campingplatzes und die geplanten Aktivitäten sind für alle Altersgruppen angemessen, kann ein solcher Ausflug alle Beteiligten zur Ruhe bringen. Vielleicht wollen Sie selbst Gastgeberin eines solchen Trips sein, indem Sie die Buchungen machen, den Trip planen und im Voraus für die Unterbringung auf dem Campingplatz bezahlen.

Musik: Instrumente, Unterricht, Konzerte

Auch wenn Musik eines der Gebiete ist, in denen die Kluft zwischen den Generationen am tiefsten zu sein scheint, ist es doch möglich, mit einer Auswahl verschiedener Geschenke diesen Graben zu überbrücken. Auch wenn Kinder durch Radio und Fernsehen immer früher der Popmusik ausgesetzt werden, gibt es ein Alter, in der Kinderlieder ihre großen Hits sind, die man heutzutage auf CD oder Kassette bekommt. Diese fabelhaften Geschenke kann man nicht nur zu Hause anhören, sondern auch beim Autofahren.

Mir persönlich gefällt das Bild, dass die ganze Familie ein- und derselben Musik zuhört oder gemeinsam ein Lied singt, wenn die Reise losgeht – auch wenn es nur ein Kurztrip zu den Großeltern sein sollte. Aber natürlich weiß ich, dass das heute nicht mehr oft vorkommt. Leider ist es ja häufig so, dass das Radio oder die Kassette von der Auseinandersetzung übertönt wird, welcher Sender oder welches Band gehört werden sollte und in welcher Lautstärke. Wenn Sie einen tragbaren Kassettenrecorder oder einen CD-Spieler verschenken, so wird das besonders willkommen sein und den Streit ersparen, welchen Sender man nun hören sollte oder welche Musik allen recht ist. Es entspricht zwar nicht dem klassischen Bild der glücklichen Familie, wenn zwei Teenager ihre Lieblingsmusik über Kopfhörer auf ihren eigenen Recordern hören, doch es ist immer noch deutlich besser als der Lärm zweier Schreihälse, die sich die ganze Reise über beschweren.

Je älter Ihre Enkelkinder werden, desto mehr wird sich ihr Musikgeschmack wahrscheinlich von Ihrem unterscheiden. Versuchen Sie, offen zu bleiben. Erinnern Sie sich daran, dass Ihre Eltern und Großeltern wahrscheinlich Sinatra, Elvis, die Beatles und Bob Dylan ziemlich unmöglich fanden, als Sie diese Musik gehört haben. Ihnen muss die Musik Ihrer Enkelkinder nicht notwendigerweise gefallen, um sie ihnen zu schenken. Nur sehr wenige Teenager haben all die CDs, die sie haben möchten, und neue kommen so schnell heraus, dass Sie fast immer eine gute Auswahl haben.

Einem Trend folgend werden viele CDs und Kassetten heute mit einem Sticker versehen, das die Eltern darauf hinweisen soll, dass die Songtexte zu beachten sind. Da diese Warnung jedoch kein Verbot beinhaltet, nimmt man an, dass mehr Teenager dadurch angezogen als abgestoßen werden. Wenn auf dem Album, das sich Ihr Enkelsohn gewünscht hat, ein solcher Aufkleber haftet, sprechen Sie mit seinen Eltern darüber, bevor Sie es ihm überreichen.

Nur wenige Geschenke machen so viel Spaß und erzielen über die Jahre eine größere Wirkung als Musikinstrumente. Ob es sich um eine Gitarre oder eine Geige, um eine Flöte oder ein Saxophon handelt, ein Musikinstrument ist vielleicht das beste Beispiel eines Geschenks, das weite Kreise zieht, denn es macht nicht nur dem unmittelbaren Empfänger Spaß, sondern mit den Jahren schließlich auch anderen. Ich schlage nicht vor, dass Sie loseilen sollten, um Ihrem Enkelsohn ein Klavier zu kaufen, nur weil Sie ihn spielen hören wollen. Und nur jemand, der wirklich auf Ärger aus ist, kauft seiner Enkeltochter ein Schlagzeug, ohne mit den Eltern gesprochen zu haben. Aber ich bin fest davon überzeugt, dass man die kindliche Liebe zur Musik unterstützen sollte.

Wenn Sie etwas aus dem musikalischen Bereich verschenken, ist es ja mit dem Kauf eines Instruments nicht getan. Monate oder meistens sogar Jahre von Unterrichtsstunden müssen nun folgen. Viele Eltern schrecken davor zurück, sich auf etwas derart Langfristiges einzulassen, vor allem wenn die Entfernung zum Unterrichtsort groß ist. Es wird ihnen sicherlich leichter fallen, wenn Sie sich dazu verpflichten, die Kosten der Unterrichtsstunden mitzutragen, oder sich sogar am Hin- und Zurückfahren zu beteiligen, wenn Sie in der Nähe wohnen.

Vielleicht möchten Sie Ihrem Enkelkind auch eine Konzertkarte schenken. Wenn es Ihre Art von Musik ist, können sie zusammen hingehen, doch selbst wenn sie nicht Ihrem Geschmack entsprechen sollte, sind Konzertkarten heute so teuer, dass sie sicherlich ein willkommenes Geschenk sind.

Geld

In vielerlei Hinsicht lässt sich Geld am leichtesten verschenken. Sie müssen sich keine Gedanken darüber machen, ob es Ihren Enkelkindern gefallen wird, einen Scheck kann man leicht verschicken und Geld kommt nie aus der Mode. Wenn Geld eine Modeerscheinung ist, so ist es die längste und erfolgreichste, die wir je hatten.

Viele empfinden das Verschenken von Geld allerdings als zu unpersönlich. Wenn Sie immer nur Schecks schicken, kann daraus die Botschaft entstehen, dass Sie sich keine Mühe geben wollen, über ein gutes Geschenk nachzudenken, oder dass Sie Ihr Enkelkind nicht gut genug kennen, um eine Idee zu haben. Achten Sie deshalb darauf, dass Geld nicht das einzige Geschenk ist, das Sie je gemacht haben, und bleiben Sie dran, damit es Ihnen nicht zur Gewohnheit wird, Geld statt anderer Geschenke zu verschicken.

Wenn Sie kreativ damit umgehen, kann Geld durchaus ein persönliches Geschenk sein. Nehmen wir an, Ihr Enkelsohn spart für eine Gitarre, so wäre ihm eine Beteiligung sicherlich nicht nur willkommen, sie würde ihm auch zeigen, dass Sie seine Pläne kennen und unterstützen. Eine Rücksprache mit seinen Eltern wird Ihnen auch helfen einzuschätzen, wie viel Geld im Hinblick auf seine Pläne, Möglichkeiten und Erwartungen angemessen ist. Ein Geschenkgutschein für einen bestimmten Laden, in dem es Bücher, CDs oder Spiele gibt, bietet auch die Möglichkeit, ein Geldgeschenk mit dem Ausdruck persönlichen Interesses zu verbinden. Geschenkgutscheine fürs Kino sind auch eine gute Idee. Falls Sie einen Gutschein verschenkt haben, sollten Sie sich in jedem Fall danach erkundigen, welche CDs, Bücher oder Videos Ihre Enkelkinder gekauft haben. Nicht um sie zu kontrollieren, sondern um beim nächsten Mal, wenn Sie ihnen etwas schenken möchten, schlauer zu sein.

Ich weiß, dass viele Großeltern nicht gern Geld verschenken, weil sie Angst haben, dass Ihre Enkelkinder es einfach nur verplempern könnten. Vorausgesetzt Sie drücken Ihren Enkelkindern nicht enorme Summen in die Hand, für die sie noch viel zu klein sind – und wenn Sie das bisher getan haben, sollten Sie Ihre Geschenkpolitik überdenken –, so ist das Einzige, was passieren kann, dass die Kinder dabei die wichtige Lektion über den Narren und sein Geld lernen. Es ist vollkommen in Ordnung, wenn Sie Ihren Enkelsohn danach fragen, was er mit dem Geld von Ihnen getan hat, aber wie bei jeder anderen Gabe gilt auch hier: Das Geld gehört dem Beschenkten. Ein Freund von mir, der heute über vierzig ist, erinnert sich immer noch gut an das Missfallen seines Großvaters, als er einen Dollar für Comics und Baseballtickets ausgegeben hatte. Der Sohn eines anderen Freundes kaufte sich ein Handy von dem geschenkten Geld. Nach ein paar Monaten hatte er genug davon, aber er bekam kein »siehst du, ich hab's dir ja gleich gesagt« zu hören und es tat ihm auch nicht Leid. Auf jeden Fall kann man daraus lernen, ein Geschenk nicht im Nachhinein durch Kritik zu zerstören.

Manche Großeltern eröffnen Konten für ihre Enkelkinder und zahlen darauf an Geburtstagen und bei besonderen Gelegenheiten gewisse Summen ein. Aktien hören sich nicht wie ein besonders interessantes Geschenk an, aber wenn man sich in eine besonders interessante Gesellschaft einkauft, können sie richtig aufregend sein – zudem eine Einführung in die Welt des Investments und der Finanzen. Ernsthaftere Geschenke wären etwa Fondsanteile, vor deren Kauf zunächst ein Finanzexperte konsultiert werden sollte. Ich finde, dass es eine sehr gute Idee ist, Geld auf diese Art und Weise abzuzweigen, aber denken Sie immer daran, dass das kein Ersatz für unmittelbarere und persönliche Geschenke sein darf.

Liebe Großmama, vielen Dank ...

Es gab einmal eine Zeit, in der jedes Geschenk mit einem handschriftlichen, persönlichen Dankesbrief honoriert wurde. Heutzutage erzählen viele Großeltern – und nicht nur sie –, dass sie sich sehr freuen würden, wenn sie überhaupt irgendein Dankeschön erhielten, sei es schriftlich oder telefonisch. Leider sind es nicht nur Enkelkinder, die sich nicht mehr für Geschenke bedanken. Das Schreiben von Dankesbriefen ist wie die meisten Aspekte guten Benehmens und der Etikette etwas, was die Kinder von ihren

Eltern und den anderen Menschen ihrer Umgebung lernen müssten. Wenn Ihre Enkelkinder sich bei Ihnen nicht brieflich für ein Geschenk bedanken – oder es das nächste Mal erwähnen, wenn sie anrufen –, so heißt das wahrscheinlich, dass ihre Eltern ihnen die Wichtigkeit solcher einfachen Gesten nicht beigebracht haben. Es sollte Ihnen nicht peinlich sein, dieses Ihren Kindern gegenüber zu erwähnen.

Wenn Sie sich auch sonst mit Ihren Enkelkindern schreiben – sei es per E-Mail oder mit ganz normaler »Schneckenpost« –, dann haben Sie wahrscheinlich eine bessere Chance, ein besonderes Dankeschön zu bekommen oder zumindest einen Dank in dem nächsten regulären Brief, den Sie erhalten. Regelmäßige Unterhaltungen bieten auch eine Gelegenheit. Wie auch immer, sollten Sie überhaupt nichts hören, gibt es keinen Grund, schüchtern zu sein. Erkundigen Sie sich einfach, ob das Geschenk angekommen ist, und wenn ja, ob es dem Enkelkind gefallen hat.

Einige Großeltern haben sich einen originellen und direkten Weg ausgedacht, um sicherzugehen, dass ihr Geschenk ihr Enkelkind erreicht hat. Sie legen eine an sich selbst adressierte Postkarte bei, auf der die folgenden Angaben anzukreuzen beziehungsweise auszufüllen sind:

> Das Geschenk traf ein: Monat/Tag/Jahr
> Es war in einem guten/schlechten Zustand
> Was mir am besten daran gefällt, ist ...

Jüngeren Kindern macht es vielleicht Spaß, die Karte zusammen mit ihren Eltern auszufüllen. Ältere Kinder finden diese Postkarte wahrscheinlich nicht mehr besonders interessant, aber zumindest erfahren Sie so, ob das Geschenk angekommen ist.

Mit warmer Hand

Die Geschenke, von denen ich bisher gesprochen habe, hielten sich preislich im Rahmen und waren zu besonderen Anlässen gedacht. Wenn es Ihnen liegt und Ihre Mittel es erlauben, möchten Sie vielleicht größere, substantiellere Geschenke machen. Sie wollen einen Hauskauf unterstützen, Schulgeld für ein Internat bezahlen, Grundbesitz oder ein Auto.

Bei dieser Art großer Geschenke werden sie unausweichlich mit dem Problem, gerecht zu sein, konfrontiert. Auch wenn es in einigen Familien üblich ist, dass alle Enkelkinder gleich viel bekommen, ist das gar nicht so einfach, wie es sich anhört. Schon allein weil sich die Preise für Grundstücke enorm unterscheiden oder auch die Qualität der Schulen, was die Erziehung in einer privaten Einrichtung oder einem Internat nahe legt. Wenn Sie für die Enkel ihrer allein erziehenden Tochter eventuell anfallendes Schulgeld, die Schulbücher oder auch Nachhilfeunterricht bezahlen, so kann das für sie den Ausschlag geben, ob sie eine erstklassige Ausbildung und beste Startbedingungen für den Einstieg ins Berufsleben bekommen oder nicht. Wenn Sie den Kindern eines Anwaltes und einer Ärztin hingegen dieselbe Summe zukommen lassen, ist sie für die Eltern lediglich ein zusätzliches Einkommen, mit dem sie nicht gerechnet haben.

Ich selbst bin mit der Einstellung groß geworden, dass eine gute Ausbildung das beste Geschenk ist, das man jemandem machen kann. Eine finanzielle Zuwendung während des Studiums oder einer Lehre zeigt Ihrem Enkel nicht nur genau, was für einen Stellenwert Sie einer guten Berufsausbildung beimessen, sondern ebnet ihm auch den Weg zu persönlichem Erfolg und finanzieller Unabhängigkeit.

9
Familien heute: Alles ist möglich

»Man hört viel über den Tod der amerikanischen Familie. Familien sterben nicht aus. Sie werden einfach zu großen, zusammengewürfelten Haufen.«
Erma Bombeck, San Francisco Examiner, 1. Oktober 1978

Es gab eine Zeit, zu der jeder wusste oder zumindest zu wissen glaubte, was eine Familie war: ein Vater, eine Mutter und ein paar Kinder, und dieses Bild wurde auch in den Medien propagiert. Großeltern, so sie überhaupt auftauchten, standen undeutlich im Hintergrund. Familien, deren Mitglieder verschiedene Hautfarben hatten oder unterschiedlichen Religionsgemeinschaften angehörten, waren unsichtbar; Familien anderer ethnischer Herkunft wurden praktisch nie abgebildet. Alleinerziehende, Geschiedene, Familien mit Mitgliedern unterschiedlicher ethnischer Zugehörigkeit, Schwule und Lesben waren Tabuthemen. Während auch heute noch viele Menschen ein ganz bestimmtes Bild dessen, was eine Familie ist, mit sich herumtragen, gibt es ein viel größeres Bewusstsein dafür, dass Familien in vielen verschiedenen Formen und Größen vorkommen.

Es überrascht nicht, dass solche aus der Reihe fallenden Familien in den meisten Fernsehsendungen und Büchern mit komödiantischen Mitteln dargestellt werden. Und der Grund für ihre Popularität liegt – so ist anzunehmen – wohl vielmehr in den humorvollen und bizarren Situationen, die sich hier leichter präsentieren lassen, als darin, der Wirklichkeit Rechnung tragen zu wollen.

Und auch wenn diese Familienserien vielleicht in guter Absicht produziert werden, so machen sie doch die Familien unfreiwillig zu Fällen – und dies trifft noch weit mehr auf die Bücher zu, die es über nicht traditionelle Familien gibt. Sie behandeln sie nicht zunächst und vor allem als Familien – als eine Gruppe von Menschen, die sich durch eine Mischung aus Liebe, Verpflichtung, Zusammenwohnen, Blutbande und Erinnerungen verbunden fühlen –, sondern als Problem. Tatsächlich geraten viele Kinderbücher über Scheidung, Adoption und Stiefeltern, wie bewundernswert ihre Intentionen und wie positiv die Botschaft, die sie vermitteln wollen, auch immer sein mögen, zu Problembüchern. Die Charaktere müssen sich aufgrund ihrer besonderen Situation mit Kritik oder Ablehnung auseinander setzen – das Problem –, und Sie und die anderen lernen, die Situation zu akzeptieren – die Lösung. Wenn also Alleinerziehende die Bildfläche betreten, dann werden sie vor allem als *allein* vorgestellt (das Problem) und erst in zweiter Linie als Mutter oder Vater. Adoptierte Kinder sind zunächst adoptiert und dann auch noch Kinder, schwule Paare sind schwul und dann erst Paare. Selbst heutzutage ist es ganz ungewöhnlich, wenn in einem Buch eine allein erziehende Mutter, ein schwuler Vater oder ein adoptiertes Kind auftauchen – und es dann eben nicht um die Besonderheiten ihrer Situation geht.

Indem ich einigen besonderen Familientypen ein Kapitel dieses Buches widme, ist es nicht meine Absicht, diesen Ansatz fortzuschreiben. Die Familiengegebenheiten, die ich in diesem Kapitel bespreche, sind nichts Ausgefallenes, Besonderes oder Problematisches. Und Sie kommen auch nicht gerade selten vor. Diese Konstellationen betreffen Millionen von Kindern, Eltern und Enkeln. Die Eltern, die hier besprochen werden, teilen die meisten Sorgen mit allen anderen Eltern. Die Kinder, die in diesem Kapitel auftauchen, sind zuerst und vor allem Kinder. Und was hier vielleicht am wichtigsten ist: Großeltern zu sein ist gar nicht so unterschiedlich, egal, in was für einem Familienverhältnis Ihre Enkel leben. Sie müssen sich für die Rolle oder die Rollen entscheiden, die Sie ausüben möchten, die Geschenke, die Sie machen möchten, und die Traditionen, die Sie weiterreichen wollen. Nichtsdestotrotz hat jeder der Familientypen, die in diesem Kapitel beschrieben werden, ganz besondere Sorgen und muss sich ganz eigenen Herausforderungen stellen, die Sie als Großeltern kennen sollten.

Das angenommene Kind

Im ersten Kapitel haben wir über jene Großeltern gesprochen, die ihrer Meinung nach zu früh Großeltern geworden sind. Andere mussten eine Ewigkeit auf das erste Enkelkind warten, was häufig auf die Entscheidung Ihrer Kinder zurückzuführen ist, die Elternschaft aufzuschieben, bis sie mit der Uni fertig sind oder sich beruflich etwas etabliert haben. Ob es Ihnen gefällt oder nicht, Sie müssen diese Entscheidung akzeptieren.

In anderen Fällen kann die Verspätung damit zusammenhängen, dass das Paar Probleme hat, ein Kind zu bekommen. Vor nicht allzu langer Zeit hatten solche Paare wenig Möglichkeiten, aber die Medizin hat in dem Bereich der Fruchtbarkeitsbehandlung große Fortschritte gemacht und so haben immer mehr Paare nach einer solchen Behandlung Kinder bekommen. Ist ein Paar jedoch infertil, gibt es eine Reihe anderer Möglichkeiten, sich den Wunsch nach einem Kind zu erfüllen. In einigen Fällen, wenn zum Beispiel Spendersamen eingesetzt werden, teilt das Kind das biologische Erbe seiner Mutter, oder, wenn fremde Eier benutzt werden, das seines Vaters.

Andere Paare entscheiden sich für eine Adoption. 1998 wurden in Deutschland 7119 Kinder und Jugendliche adoptiert. Dabei wurden 55 Prozent der Adoptivkinder vom Stiefvater, der Stiefmutter oder Verwandten adoptiert. Doch auch Adoptionen durch Fremde kommen häufig vor und nehmen gar zu. Adoption ist heute ein weit verbreitetes Phänomen, mit dem sehr viele Menschen direkt oder indirekt in Verbindung kommen. Umso erstaunlicher ist es, dass es für die meisten immer noch nicht zum typischen Bild einer Familie passt.

Wenn Ihre Kinder sich wegen der Unmöglichkeit, eigene biologische Nachkommen hervorzubringen, für eine Adoption entscheiden, sollten sie sich über ihre Bedürfnisse im Klaren sein. Unfruchtbarkeitsbehandlungen sind sehr frustrierend und setzen viele Paare außerordentlich unter Druck. Viele setzen sich erst nach langen Jahren quälender Versuche, ein eigenes Kind zu bekommen, mit der Möglichkeit einer Adoption auseinander.

Die Adoption selbst ist ein langwieriger und mitunter teurer Prozess. Auch wenn die Jugendämter sicher gut daran tun, die Bewerber sehr genau zu überprüfen, kommentieren potentielle Eltern oft verbittert die endlosen Formulare mit all den Fragen, die sie beantworten müssen, nur um ein Kind zugeteilt zu bekommen. Sie beschweren sich darüber, dass sie in die Mangel genommen werden, nur um etwas zu erreichen, das anderen Paaren in den meisten Fällen einfach so gelingt: ein Kind zu haben, das bei ihnen aufwächst.

Selbst nachdem sie alle Anforderungen der Jugendämter erfüllt haben, kann der Prozess noch sehr nervenaufreibend sein. Manchmal sind die potentiellen Eltern unruhig, weil sie Angst haben, dass die biologischen Eltern sich in der letzten Minute umentscheiden und das Kind dann doch behalten wollen. In anderen Fällen folgt auf den positiven Adoptionsbescheid unverzüglich die Aushändigung des Kindes und das Paar wird von jetzt auf gleich zu Eltern.

Da unter zukünftigen Adoptiveltern eine große Nachfrage nach gesunden weißen Neugeborenen herrscht und es nicht genug von ihnen gibt, um diese Wünsche zu erfüllen, sehen sich viele außerhalb des eigenen Landes um. Doch Adoptionen in fremden Ländern unterliegen den Risiken einer fremden Bürokratie und manchmal werden potentielle Eltern Opfer skrupelloser Agenturen.

Auf jeden Fall bedeutet eine Adoption, dass Sie und Ihre Kinder der Erfahrung der Schwangerschaft, der Vorbereitung und der Entbindung beraubt werden. Doch so genannte »offene« Adoptionen, wie in den USA möglich, und damit die Chance, die biologischen Eltern ihres Kindes kennen zu lernen und unter Umständen am Prozess der Schwangerschaft und Geburtsvorbereitung teilzunehmen, gibt es in Deutschland für minderjährige Kinder nicht. Hier ist lediglich eine Volladoption – eine Adoption ohne Einschränkung – möglich.

Einige Großeltern haben genau wie bei Ihren Stiefenkeln Angst, dass sie nicht in der Lage sein werden, ein Kind wirklich zu lieben, das nicht ihr biologischer Nachkomme ist, vor allem wenn das Kind eine andere Hautfarbe hat. In den meisten Fällen lösen sich diese Sorgen schnell in Luft auf.

Unzählige Großeltern berichten, dass ihre Vorbehalte in dem Moment weggefegt wurden, in dem sie ihr neues Enkelkind in den Armen hielten.

Es kann jedoch durchaus hilfreich sein, sich vor Augen zu führen, dass Großeltern in vielen Kulturen nicht notwendigerweise blutsverwandt mit ihren Enkeln sind. So kann zum Beispiel in China eine ältere Frau ohne nahe Verwandte von einem Paar adoptiert werden. Sie hat dann dieselbe Beziehung und dieselbe, auf Gegenseitigkeit beruhende Verantwortung wie eine biologische Mutter und Großmutter. Es wird auch oft berichtet, dass eine Fremde die Rolle der Großmutter und deren Namen annimmt, wenn es niemanden gibt, der sich um ein Kind kümmert. Generationen afroamerikanischer Frauen waren »Großmütter« für ihre Nichten und Neffen, für Cousins und Cousinen und sogar für Kinder, mit denen sie nicht verwandt waren.

Adoptierte Kinder bringen meistens ihre eigenen Probleme mit sich. Ausgewählt worden zu sein bedeutet für viele, dass sie zunächst ausgesetzt wurden. Andere spüren einen starken Druck, dem Ausgewähltsein auch gerecht zu werden. Es spielt keine Rolle, wie sehr die Eltern ihr Kind unterstützen und lieben, es gibt immer Zeiten, in denen die Adoptivkinder sich mehr mit den sozialen Konventionen ihrer biologischen Eltern identifizieren als mit denen ihrer Adoptiveltern. Dies passiert oft im Teenageralter, wenn viele Kinder gegen die elterliche Autorität rebellieren. Für Eltern, die sich sein ganzes Leben lang um das Kind gekümmert haben, ist nichts verletzender, als gesagt zu bekommen: »Du hast mir gar nichts zu sagen, du bist ja noch nicht einmal mein wirklicher Vater.« Zu solchen Zeiten können Großeltern geschätzte Vermittler werden, indem sie sowohl dem Teenager als auch den Eltern ihre Liebe, Zuneigung und all die Erinnerungen, die sie teilen, vor Augen führen: »Du bist ihr Kind und sie sind deine Eltern.«

Jedes auserwählte Kind ist auch ein ausgestoßenes Kind, das sollte man nie vergessen. Auch wenn die meisten Adoptivkinder etwas über die Umstände ihrer Adoption von ihren Eltern erfahren, so ist das in den seltensten Fällen ausreichend oder emotional befriedigend. Viele fantasieren über ihre »wirklichen« Eltern und es kommt nicht selten vor, dass Adoptivkinder sich auf die Suche nach ihren biologischen Eltern machen. Die kann sich allerdings als extrem schwierig herausstellen, oft dürfen oder wollen die Ämter nicht helfen. Hilfeleistungen und Beratung sind für das Kind und leider nur in Ausnahmefällen für die Familie da. Adoptiveltern fühlen sich aber oft von der Suche ihres Kindes nach den biologischen Eltern zutiefst bedroht. In diesem Fall hätten Sie in der Tat eine sehr wichtige Rolle zu spielen, sowohl als Berater Ihrer Kinder als auch Ihrer Großkinder.

Natürlich müssen Sie sich daran halten, was Ihre Kinder Ihrem Enkelkind über die Umstände der Adoption erzählt haben – und erinnern Sie sich immer daran, wenn Sie mit Ihren anderen Enkelkindern über ihr neues Geschwisterchen oder über ihren neuen Cousin oder Cousine sprechen. Das Gleiche gilt natürlich für Themen wie zum Beispiel die ethnische Herkunft.

Als Großeltern eines adoptierten Kindes sollten Sie immer daran denken, wie sehr Ihre Kinder sich ein Kind gewünscht haben. In den meisten Fällen haben sie sich nicht nur durch medizinische Schwierigkeiten, sondern auch durch einen administrativen und bürokratischen Dschungel hindurchgekämpft. Wahrscheinlich gab es Zeiten, in denen sie vollkommen verzweifelt waren. Wenn Ihre Kinder wie die Adoptiveltern sind, die ich kenne, dann haben sie die ganzen Schwierigkeiten nur dazu gebracht, ihre Kinder noch mehr zu schätzen. Dasselbe sollten auch Sie tun!

Schwule und lesbische Paare

Seit den achtziger Jahren, in denen ich als Dr. Ruth bekannt wurde, habe ich viele Briefe und Telefonanrufe von schwulen oder lesbischen Zuhörern bekommen. Ich habe auch viele homosexuelle Paare beraten, die schon seit Jahren zusammen waren. Dabei habe ich bemerkt, dass die Probleme, mit denen sie konfrontiert waren, im Großen und Ganzen dieselben waren wie die zweier Partner in einer heterosexuellen Beziehung. Doch angesichts der Vorurteile, mit denen sie sich auseinander setzen müssen, und den immer noch anwährenden Schwierigkeiten einer Legalisierung ihrer Beziehung ist das Leben für homosexuelle Partner schwieriger als für andere Paare. Diese Schwierigkeiten sind oft nicht nur auf die Gesellschaft im Allgemeinen beschränkt, sondern sie beginnen bereits bei den nächsten Angehörigen.

Homosexuelle finden es häufig schwierig, ihre Familien dazu zu bringen, ihr Leben und ihre Partner zu akzeptieren. Dies passiert zwar auch heterosexuellen Paaren, vor allem wenn sie einen Partner heiraten, der eine andere Religion, Hautfarbe oder ethnische Herkunft hat, doch bezieht sich bei Schwulen und Lesben der Widerstand normalerweise nicht nur auf diesen bestimmten Partner, sondern auf ihre sexuelle Orientierung als Ganzes.

Selbst diejenigen Eltern, die sich mit der sexuellen Orientierung ihrer Kinder abgefunden haben, sind oft traurig darüber, dass sie dadurch keine Chance haben, Großeltern zu werden. Auch wenn in der Vergangenheit grundsätzlich angenommen wurde, dass schwule und lesbische Haushalte kinderlos blieben, so hat es hier in den letzten zwei Jahrzehnten ganz wesentliche Veränderungen gegeben: Die Zahl homosexueller Paare, die Kinder großziehen, ist gewachsen. In vielen Fällen handelt es sich um geschiedene Frauen, die ihre Kinder mit ihrer lesbischen Partnerin aufziehen. In anderen Fällen haben lesbische Paare Kinder durch künstliche Befruchtung bekommen. Schwule leben seltener mit Kindern zusammen, und wenn, dann sind es meistens entweder Kinder aus einer früheren Beziehung oder später adoptierte.

Ich weiß, dass viele Menschen von dem Gedanken abgestoßen werden, dass Männer oder Frauen, die homosexuell sind, irgendetwas mit Kindern zu tun haben, geschweige denn, sie großziehen. Frauen, die Kinder zur Welt gebracht und sich dann haben scheiden lassen, müssen sich oft erbitterten Sorgerechtsstreitigkeiten mit ihren Ehemännern stellen, wenn sie erkennen lassen, dass sie Interesse an Frauen als Sexualpartnerinnen haben.

Ein Fall, der in der Öffentlichkeit für Furore gesorgt hat und auch in unserem Zusammenhang nicht unwesentlich ist, hat sich 1993 in Virginia ereignet. Kay Bottoms klagte für das Sorgerecht für ihren zweijährigen Enkelsohn, den sie aus der Obhut der Mutter, Sharon Bottoms, nehmen wollte, weil diese eine Lesbierin ist. Das Gericht gab ihrem Antrag statt und übertrug das Sorgerecht auf Kay Bottoms. Der Oberste Gerichtshof von Virginia hielt dieses Urteil im Juni 1994 für rechtens, aber der Fall muss noch vor dem Obersten Gerichtshof der USA gehört werden. Bis dahin bleibt der Junge von seiner Mutter getrennt. Das ist absurd. Tatsache ist, dass Vorbehalte gegen homosexuelle Eltern genau das sind – Vorbehalte. Einige Leute mögen die Idee einfach nicht, dass ein kleiner Junge von zwei Müttern erzogen wird, aber keine wissenschaftliche Untersuchung hat je einen psychologischen Nachteil belegt, den Kinder von homosexuellen Eltern hatten, und schon gar keine Auswirkung auf die sexuelle Orientierung der Kinder – und dies ist die Angst, um die es eigentlich geht. Tatsächlich zeigt John Lairds kürzlich erschienener Überblick über den Stand der Forschung zu schwulen und lesbischen Eltern, dass »eine ganze Generation von Forschern versäumt hat zu zeigen, dass Schwule oder Lesben als Eltern weniger geeignet sind als Heterosexuelle. Die Studien haben keinerlei Hinweise darauf ergeben, dass Kinder von lesbischen oder schwulen Eltern in irgendeiner Weise gefährdet seien.« Ein Apellationsgericht in New Jersey hat nahe gelegt, dass Kinder, die von lesbischen oder schwulen Eltern großgezogen werden, unter Umständen besser dazu in der Lage sind, »die eigenen Maßstäbe dessen zu finden, was richtig und was falsch ist. Sie sind auch besser dazu imstande zu erkennen, dass die Mehrheit mit ihren moralischen Urteilen nicht immer Recht hat, und sie können besser verstehen, wie wichtig es ist, auf Vernunft und erwiesenen Tatsachen basierende Meinungen zu haben und keine, die sich an derzeitig populären Gefühlen und Vorurteilen orientieren.«

Es liegt auf der Hand, wie wichtig es für ein Kind ist, von einem Elternteil – oder besser von Eltern – großgezogen zu werden, die es lieben und für es sorgen können. Doch lässt sich die Familie auch nicht künstlich aufrechterhalten, wenn wir darauf bestehen, dass sie dem altmodischen und in vielen Fällen aus der Mode gekommenen Modell entsprechen muss. Unsere Vorstellung von Familie muss nicht nur Großeltern – und Vätern und Stieffamilien –, sondern auch Schwulen und Lesben eine wichtige Rolle einräumen.

Ich habe den Eindruck, dass Homosexuelle, gerade weil sie so viele Hindernisse überwinden müssen, um Kinder auf die Welt zu bringen oder großzuziehen, und weil ihnen die Aids-Tragödie ein Bewusstsein dafür gegeben hat, dass man das Leben bejahen und weiterführen muss, in der Mehrheit aller Fälle außerordentlich gute Eltern sind.

Auf jeden Fall kann ich das über eine Frau namens Julie sagen, eine Verwaltungsangestellte eines Krankenhauses, die zusammen mit ihrer Partnerin Ellen, einer Anwältin, zwei Kinder großzieht. Nach neunjähriger Beziehung ließ sich Julie künstlich befruchten und brachte Katie zur Welt. Drei Jahre später war Ellen mit Max an der Reihe. Die Kinder nennen beide Mütter Mami, und wenn sie es spezifizieren müssen, sagen sie einfach Julie oder Ellen.

Julie und Ellen sind sich über die Wichtigkeit männlicher Rollenmodelle im Klaren, vor allem für Max. »Ellens Eltern zogen von New York nach Philadelphia, als Katie anderthalb war«, sagt Julie, »und ihr Großvater ist im Leben beider Kinder ganz wichtig.«

Auch wenn man natürlich aus einem Einzelfall nichts verallgemeinern sollte, so denke ich doch, dass Julies und Ellens Situation einige Dinge unterstreicht, die in Kapitel 4 über Großväter gesagt wurden. Angesichts der großen Anzahl von Familien, die von weiblichen Haushaltsvorständen geführt werden, von allein erziehenden Müttern oder Lesben, haben Großväter eine besondere Rolle in der modernen Familie zu spielen. Mit diesen Worten beabsichtige ich in keinster Weise, die Anstrengungen und Errungenschaften dieser Mütter zu schmälern; Großmütter haben übrigens eine ähnliche Rolle in frauenlosen Familien zu spielen. Alles, was ich sagen möchte, ist, dass beide Geschlechter in der Erziehung unserer Kinder etwas ganz Wesentliches zu geben haben und Männer sehr viel öfter als Frauen das abwesende Element sind.

Besondere Bedürfnisse

Es gibt wenige Dinge, die für Eltern oder Großeltern schockierender sind als die Geburt eines Kindes mit physischen, mentalen oder emotionalen Problemen. Wenn wir in die Zukunft geblickt und uns unsere Enkelkinder vorgestellt haben, so haben wir immer angenommen, dass sie in jeder Hinsicht vollkommen sein würden. Es ist nicht leicht, auf den Boden der Tatsachen zu kommen und ein Enkelkind zu akzeptieren, dessen Erscheinen oder zu erwartende Leistung vollkommen anders ist. Viele Großeltern sind enttäuscht, sie hadern mit der Situation und zudem ist es ihnen peinlich. Zögern Sie nicht, diese Gefühle mit einer Freundin oder einem professionellen Berater zu besprechen – aber bestimmt nicht mit den Eltern. Für viele Menschen ist Wissen eine mächtige Waffe im Kampf gegen Verzweiflung und die Angst vor dem Unbekannten. Versuchen Sie, soviel über die Situation Ihres neuen Enkelkindes herauszufinden, wie irgend möglich ist, und entdecken Sie die Möglichkeiten und Chancen, die das Kind und seine Familie nutzen können.

Denken Sie daran, ob Ihr Enkelkind nun schlecht hört, ein emotionales Problem oder eine Lernstörung hat, oder ob es geistig zurückgeblieben ist, es ist ein besonderes Kind und braucht Ihre Liebe genauso wie alle anderen Enkel. Auch wenn diese Kinder inzwischen nicht mehr wie früher weggeschlossen oder sogar, noch schlimmer, zum Sterben ausgesetzt werden, so ist unsere schnelllebige, unter Hochdruck stehende Wettbewerbsgesellschaft eine feindliche Umgebung für Behinderte.

Was können Sie tun? Als Eltern haben Sie eine besondere Rolle zu spielen, indem Sie Ihre Kinder – die Eltern Ihres Enkelkindes – unterstützen. Sie werden Verständnis und Mitgefühl brauchen, um den Schock zu überwinden und die Realität akzeptieren zu lernen. Seien Sie nicht überrascht, wenn Ihre Kinder durch eine Phase der Verdrängung oder der Selbstbezichtigung gehen oder wenn sie sich sogar gegenseitig anklagen, wessen »Fehler« das ist. Helfen Sie ihnen, ihre neue Situation zu meistern.

Auf einer praktischen Ebene finden Eltern besonderer Kinder den Alltag oft erschöpfend und freuen sich sehr über jede Erleichterung. Alles, was Sie tun können, um Ihren Kindern in ihrem normalen Tagesablauf beizustehen oder ihnen sogar eine kleine Pause von ihren alltäglichen Pflichten zu gönnen, wird allen, nicht zuletzt Ihrem Enkelkind helfen. Selbst wenn Sie nicht in Ihrer Nähe wohnen, können Sie doch eine Quelle der Unterstützung und des Trostes sein. Eltern sind oftmals dermaßen von ihren alltäglichen Pflichten, für ihr behindertes Kind sorgen zu müssen, in Anspruch genommen, dass sie keine Zeit mehr haben, sich über die relevanten Informationen auf dem Laufenden zu halten oder einer Selbsthilfegruppe beizutreten. Indem Sie in eine solche Organisation eintreten, die sich für die Interessen von Kindern wie Ihrem Enkelkind stark macht, tun Sie beides.

Um nur ein Beispiel zu nennen: In den vergangenen zwei Jahrzehnten hat die Erforschung von Lernschwierigkeiten und Verhaltensauffälligkeiten wie zum Beispiel Aktivitäts- und Aufmerksamkeitsstörungen große Fortschritte gemacht. Zehntausenden, vielleicht sogar Hunderttausenden Kindern, die noch vor kurzem als schwierig oder langsam abgestempelt wurden, kann nun geholfen werden. Oft sind es die Großeltern, die als Erste vorschlagen, dass ein Treffen mit einem Experten sowohl dem Kind als auch den Eltern hilfreich wäre.

Vielleicht kann Ihr behindertes Enkelkind niemals solch ein Leben führen, wie Sie es sich für das Kind erträumt hatten, aber mit Ihrer Hilfe und Ihrer Liebe kann es vielleicht Dinge erreichen, die Sie mit einer Wärme und einem Stolz erfüllen, die Sie sich nie vorgestellt hätten.

Es gibt heute so viele verschiedene Arten von Familien, dass in diesem Kapitel nur einige von den üblicheren der späten neunziger Jahre erwähnt werden können. Vielleicht betrifft dies Ihre Familie erst in der nächsten Generation, wenn Ihr Enkelkind ein Kind adoptiert oder Ihr Urenkelkind mit einem gleichgeschlechtlichen Partner ein Kind großzieht. Hoffentlich werden Sie dann dazu imstande sein, das Kind und seine Eltern so lieb zu haben wie eh und je – während die jungen Generationen Ihnen eine Brücke in die Zukunft bauen.

10
Auf sich gestellt: Alleinerziehende

Jede fünfte Familie in Deutschland ist eine Familie mit nur einem Elternteil. 1998 gab es 2,8 Millionen Alleinerziehende und die Tendenz ist steigend. In den USA geht man bereits davon aus, dass 61 Prozent der 1987 geborenen Amerikaner eine gewisse Zeit in einem Single-Haushalt verbringen werden, bevor sie achtzehn werden.

Wenn es in Familien nur ein Elternteil gibt, ist das meistens auf eine Scheidung, Trennung oder einen Todesfall zurückzuführen; Themen, die in Kapitel 11 und 12 besprochen werden. In diesem Kapitel wende ich mich den Haushalten mit nur einem Elternteil zu, die Resultat dessen sind, was wir einmal uneheliche Geburten nannten. Zunächst möchte ich allerdings betonen, dass es einen großen Unterschied gibt zwischen Kindern, die von Teenagern geboren werden, und solchen, die von älteren unverheirateten Frauen zur Welt gebracht werden.

Alleinerziehende Mütter im Teenageralter: Kinder ziehen Kinder groß

Wenige Faktoren des Familienlebens sind kulturell stärker determiniert als das Alter, in dem wir uns verloben, heiraten oder schwanger werden. Unter zwanzig zu heiraten und Mutter zu werden kommt bei anderen Völkern nicht nur häufig vor, sondern ist in vielen Fällen die Regel. Als ich mich mit den äthiopischen Juden in Israel beschäftigt habe, habe ich unter anderem bemerkt, dass Verlobungen unter Kindern sehr häufig waren und dass fast alle Frauen verheiratet waren und Kinder hatten, bevor sie zwanzig Jahre alt wurden. Die unverheirateten äthiopischen Frauen Anfang zwanzig, die man heute in Israel finden kann, bilden die erste in diesem Alter unverheiratete Generation ihrer Gesellschaft. Wenn wir uns unsere eigene Familiengeschichte genauer ansehen, verbirgt sich dort häufig eine Großmutter oder eine andere nahe Verwandte, die ihr erstes Kind im Alter von fünfzehn oder sechzehn Jahren bekommen hat.

Leider sind solche Vergleiche irreführend und dürfen schon gar nicht als Hinweis darauf verstanden werden, dass die heutigen minderjährigen Mütter eine lange Tradition fortsetzen. In vielen Gesellschaften heiraten Frauen sehr früh; dort sind Mütter unter zwanzig also auch verheiratet.

In den letzten Jahrzehnten ist das durchschnittliche Heiratsalter stetig gestiegen. Lag es 1950 in Deutschland noch bei 27,4 Jahren, heiratete der Bundesbürger 1998 im Durchschnitt erst mit 31,2 Jahren. Die Anzahl der Kinder, die von minderjährigen Müttern zur Welt gebracht werden, ist in den vergangenen Jahrzehnten zwar zurückgegangen, diese Mütter sind heute normalerweise aber nicht verheiratet – im Gegensatz zu früheren Zeiten und anderen Gesellschaften.

Trotz all dieser Statistiken ist die Schwangerschaft der minderjährigen Tochter etwas, von dem die meisten Menschen – genau wie von einer Scheidung – annehmen, dass es in anderen Familien passiert. Wenn Sie erfahren, dass Ihre eigene Tochter schwanger ist, werden Sie wahrscheinlich beunruhigt und verwirrt sein. Vielleicht fragen Sie sich: »Welchen Fehler habe ich gemacht?« Oder Sie fragen Ihre Tochter: »Wie kannst du mir das antun?« Vielleicht schämen Sie sich auch: Niemand soll davon erfahren. Oder

Sie sind felsenfest davon überzeugt, dass das Kind zur Adoption freigegeben werden sollte oder dass Sie das Kind behalten und großziehen möchten, entweder allein oder mit Ihrer Tochter zusammen.

Sie sollten auf jeden Fall vermeiden, die Zügel in die Hand zu nehmen und eine Entscheidung zu treffen, ohne Ihre Tochter hinzuzuziehen. Auf den ersten Blick scheinen die Möglichkeiten, die Ihrer Tochter und Ihrer Familie offen stehen, wenn Sie sich plötzlich mit einer unerwarteten Schwangerschaft konfrontiert sehen, ziemlich klar auf der Hand zu liegen. Doch im Hinblick auf die langfristigen Implikationen gibt es sehr verschiedene Optionen.

Während der Schwangerschaft

Es gibt eine Reihe praktischer Dinge, die Sie bedenken sollten, während Sie auf die Geburt Ihres Enkelkindes warten. Dabei kann eine gute Kommunikation mit Ihrem Kind vieles erleichtern. Sehr junge Mütter haben doppelt so häufig wie ältere Mütter untergewichtige Babys. Auch das Risiko einer Frühgeburt mit den damit verbundenen gesundheitlichen Problemen ist höher als sonst. Deswegen ist es ganz besonders wichtig, dass Sie die beste Schwangerschaftsbetreuung für Ihre Tochter organisieren.

Auch wenn Sie vielleicht zögern werden, ihre Situation in aller Offenheit zu diskutieren, weil es Ihnen vielleicht peinlich ist oder Sie sich schämen, so ist es doch wichtig, dass Sie sich und Ihr Kind nicht von Ihren Freunden und der Familie isolieren, die Ihnen moralische und praktische Unterstützung gewähren könnten. Wenn es noch andere Kinder in der Familie gibt, müssen sie über die Umstände und Pläne ihrer Schwester umfassend informiert werden. Das Letzte, was Sie möchten, ist doch, dass sie von jemandem außerhalb der Familie erzählt bekommen, was bei

Ihnen los ist. Selbst die jüngsten Kinder werden wahrscheinlich bemerken, dass irgendetwas Ungewöhnliches passiert. Ältere Kinder und Jugendliche werden die Situation schwierig finden. Wenn sie erfahren, dass ihre Schwester, mit der sie sich vielleicht eng verbunden fühlten, Geschlechtsverkehr hatte und schwanger geworden ist, reagieren sie eventuell mit Scham, Ärger oder Unmut. Vernachlässigen Sie Ihre anderen Kinder nicht, weil Sie sich derart große Sorgen um Ihre schwangere Tochter machen.

Und vergessen Sie bei alldem nicht, an sich selbst zu denken. Auch wenn minderjährigen Müttern normalerweise alle möglichen Beratungsstellen zur Verfügung stehen, für werdende Großeltern gibt es in diesen Situation kaum welche. Tatsache ist, dass viele Berater das Engagement von Eltern der Schwangeren misstrauisch beäugen. Auch wenn es bestimmt wichtig ist, sicherzustellen, dass die minderjährige Mutter das Recht hat, ihre eigene Entscheidung zu treffen, so sollte das doch nicht auf Kosten Ihres Rechtes auf eine vernünftige Beratung gehen. Wenn die Ämter und Berater, die sich um Ihre Tochter kümmern, nicht sensibel auf Ihre Sorgen und Nöte reagieren, gehen Sie woandershin. Selbsthilfegruppen, Priester oder Pfarrer und andere professionelle Berater können Ihnen in Ihrer Situation helfen.

Die Alltagsgewohnheiten aufrechterhalten

Egal, was Sie tun, die neun Monate der Schwangerschaft werden geprägt sein von emotionalem Aufruhr und Stress. Aus diesem Grund ist es wichtig, dass Sie alles tun, um Ihrer Tochter dabei behilflich zu sein, eine Art von Stabilität in ihrem Leben aufrechtzuerhalten. Für die meisten Mädchen in dem Alter sind die Schule und der Kontakt zu ihren Schulfreunden das Kernstück ihrer täglichen Gewohnheiten. Deshalb überrascht es auch nicht, dass die meisten Berater der Ansicht sind, dass die werdende Mutter weiterhin regelmäßig zur Schule gehen sollte. Früher war es üblich war, eine schwangere Schülerin von der Schule zu verweisen, heute ist das nicht mehr legal. Es ist auch illegal, schwangere Minderjährige vom Schulbesuch fern zu halten. Wenn die Schule Ihrer Tochter Schwierigkeiten macht, wenden Sie sich an die übergeordnete Behörde. Oft hilft es, wenn sich die Behörde mit einem individuellen Fall auseinander setzen muss, der sie vielleicht daran erinnert, dass minderjährige Mütter nicht notwendigerweise schwierig oder gar straffällig sein müssen, sondern dass darunter auch gute Schülerinnen, Klassensprecherinnen oder herausragende Sportlerinnen sind.

Für manche jungen Mütter und ihre Familien ist ein Mutter-und-Kind-Heim die beste Lösung. Auch wenn solche Institutionen immer noch das Stigma eines »Heims für gefallene Mädchen« tragen, ist in den meisten die Atmosphäre durch Herzlichkeit und Fürsorge geprägt. In manchen Fällen übernimmt der Staat die Kosten für die Unterbringung.

Setzen Sie sich mit der Möglichkeit einer Adoption auseinander

In den seltensten Fällen denken minderjährige Mütter und deren Eltern als Erstes an die Möglichkeit einer Adoption. Für viele ist es einfach ganz selbstverständlich, dass sie diejenigen sind, die ihr Kind oder Enkelkind großziehen werden. Doch ist es wichtig, sich mit allen Möglichkeiten auseinander zu setzen, bevor man eine endgültige Entscheidung trifft. Beratungsstellen, die Ihnen dabei zur Seite stehen, gibt es in den meisten Städten.

Wenn Sie und Ihr Kind sich dafür entscheiden, das Baby zur Adoption freizugeben, wird das wahrscheinlich das Ende Ihres Kontaktes mit Ihrem Enkelkind bedeuten. Sie werden auch nichts mehr von Ihrem Enkelkind erfahren, in vielen Fällen kennen Sie noch nicht einmal seinen Namen. Bis auf wenige Ausnahmen lässt sich dieser Prozess nicht wieder rückgängig machen. Deswegen muss Ihre Tochter sich mit dieser Entscheidung ernsthaft auseinander setzen und sich der Konsequenzen in ihrer ganzen Tragweite bewusst sein. Die Beratungsstelle beziehungsweise das Jugendamt, das dafür zuständig ist, wird Ihnen eine ausführliche Erklärung des Adoptionsprozesses geben. (Die andere Seite der Medaille, nämlich Großeltern eines adoptierten Kindes zu werden, haben wir uns im vorangegangenen Kapitel angesehen.)

Damit die Adoption rechtens wird, braucht man die Einwilligung der leiblichen Eltern. Sie müssen immer daran denken, dass das Kind Ihrer Tochter zwei Großmütter und zwei Großväter hat. Vielleicht wollen die Eltern des Vaters das Kind großziehen, und selbst wenn Ihnen diese Möglichkeit nicht gefällt, so sollten Sie sie zumindest überdenken. Auf jeden Fall können die anderen Großeltern – und deren Sohn – Ihre Bemühungen, das Kind zur Adoption freizugeben, unterwandern.

Nach der Adoption

Auch wenn biologischen Eltern oft gesagt wird: »Sie werden es vergessen! Sie werden darüber hinwegkommen!«, ist es schlichtweg unmöglich, eines der einschneidendsten Ereignisse seines Lebens auszulöschen. Wenn die Aussagen, die die Concerned United Birthparents (CUB), einer Organisation von Eltern, die ihre Kinder zur Adoption freigegeben haben, repräsentativ sind, können die meisten »die tief gehendste Erfahrung unseres Lebens« nicht vergessen, genauso wenig wie »der Schmerz, unsere Kinder verloren zu haben, nachlässt«. Sollte sich Ihre Tochter für die Möglichkeit der Freigabe ihres Kindes zur Adoption entschieden haben, so erwarten Sie nicht von ihr, dass sie schnell und mühelos wieder in den Alltag zurückfindet. Gestatten Sie ihr, zu trauern und ihre schmerzlichen Gefühle zum Ausdruck zu bringen. Die kinderlose Mutter hat nicht nur physisch ihr Kind während der Schwangerschaft ausgetragen, in vielen Fällen bleibt das Kind psychisch viele Jahre lang bei ihr. Geburtstage und andere Daten, die wesentliche Meilensteine sind, können ganz besonders schwer sein. Selbst wenn Sie die Entscheidung Ihrer Tochter, Ihr Enkelkind zur Adoption freizugeben, mit ganzer Kraft unterstützt haben, bedeutet das nicht notwendigerweise, dass es leicht für Sie werden wird. Manchmal überkommt es Sie erst, wenn Sie ohne Enkelkind aus dem Krankenhaus nach Hause kommen oder wenn eine Freundin anfängt, über ihre Enkelkinder zu sprechen.

Und es kann auch passieren, dass Ihr Enkelkind viele Jahre nach der Adoption – normalerweise, wenn es erwachsen geworden ist – versucht, seine Mutter und damit auch Sie ausfindig zu machen. In dem jüngsten Film des Regisseurs Mike Leigh »Lügen und Geheimnisse« ist überzeugend dargestellt, wie das Wiederauftauchen eines zur Adoption freigegebenen Kindes sich auf das Leben der Mutter und ihrer Familie auswirken kann.

Minderjährige Väter und die Großeltern väterlicherseits

Bisher habe ich mich in diesem Kapitel mit meinen Informationen an die Eltern der minderjährigen Mutter gewandt. Aber dies ist nur die eine Seite der Geschichte. Wenn es auch Ihre Tochter sein mag, die das Kind erwartet, so hat dieses Kind, wie alle anderen, zwei Elternteile. Deswegen ist es wichtig, dass Sie an die Rolle des Vaters denken, bevor Sie sich zu weit vorwagen. Selbstverständlich ist das noch nahe liegender, wenn es um Ihren eigenen Sohn geht.

Das stereotype Bild des minderjährigen Vaters ist das eines promiskuitiven, unreifen Halbkriminellen, der nicht willens ist, die Verantwortung für sein Verhalten oder das Schicksal seines Kindes auf sich zu nehmen. Einige junge Väter mögen diesem Bild entsprechen, die meisten tun es nicht. In der Mehrzahl der Studien wurde herausgestellt, dass heranwachsende Väter Geburtsvorbereitungskurse besuchen, die werdende Mutter zumindest ein klein wenig unterstützen und ihr helfen, indem sie Besorgungen übernehmen, bevor und nachdem das Baby geboren ist. Doch selbst wenn der junge Vater etwas mit der Schwangerschaft und dem Kind zu tun haben möchte, ist das nicht immer leicht. Die Eltern mütterlicherseits sind vielleicht von dem stereotypen Bild überzeugt und nehmen einfach an, dass er sich nicht blicken lassen wird, oder vielleicht sind sie auch so wütend auf ihn, dass sie ihm die ganze Diskussion vorenthalten. Oft ist es auch die werdende Mutter, die ihn auszuschließen versucht, und allzu häufig unterstützen sie die sozialen Einrichtungen auch noch dabei. Die meisten Seminare für Mütter im Schulalter schenken den Vätern wenig oder gar keine Aufmerksamkeit. Selbst in Fällen, in denen es keine direkte Aggression gegen den Vater gibt, gehen er und seine Eltern oft in dem ganzen Aufruhr unter.

Nachdem Sie mit Ihrem Sohn gesprochen und seine Sorgen und Wünsche wirklich verstanden haben, ist es eines der ersten Dinge, die Sie für ihn tun müssen, als sein Anwalt zu agieren. Lassen Sie nicht zu, dass seine Verwirrung und Unsicherheit ihn zu einem bloßen Zuschauer bei der Geburt und den Lebensentscheidungen seines Kindes macht, Ihres Enkelkindes. In vielen Fällen sind die Großeltern mütterlicherseits und sogar die Mutter sehr viel eher dazu bereit, sich mit Ihnen zusammenzusetzen als mit ihm. Professionelle Berater haben häufig festgestellt, dass Gruppensitzungen mit den Großeltern beider Seiten und den werdenden Eltern sehr gut dazu geeignet sind, Konflikte zu lösen und die Entscheidungsfindung zu erleichtern.

Um das Beste daraus zu machen, müssen Sie sich über Ihre eigenen Intentionen klar werden. Welche Rolle wollen Sie, die Großeltern väterlicherseits, einnehmen? Leider ist das Engagement der Großeltern väterlicherseits ganz allgemein eher eine Erwartung als eine Norm. Und doch kann man sagen, dass Ihre aktive Beteiligung an dem Prozess nicht nur die emotionalen Bedürfnisse des Vaters auffängt, sondern auch das potentielle Unterstützungssystem für die minderjährige Mutter und ihr Baby ausweitet.

Noch bevor Ihr Enkelkind geboren wird, gibt es eine Reihe von Dingen, die Sie tun können, um Ihren Sohn auf die Vaterschaft vorzubereiten. Er sollte zum Beispiel Bücher über Schwangerschaft und Geburt lesen, außerdem sollte er sich über Empfängnisverhütung besser informieren und verantwortungsbewusster damit umgehen. Vielleicht gibt es auch ein situationsbezogenes Seminar, an dem er als werdender minderjähriger Vater teilnehmen kann, und dann ist es natürlich überaus wichtig, dass er die Bedingungen vorfindet, unter denen er seine Ausbildung fortführen kann, so dass er in Zukunft für sein Kind aufkommen kann.

Mit einem Wort, ob Sie nun die Großeltern mütterlicher- oder väterlicherseits sind, in jedem Fall möchte ich Sie dazu ermutigen, sich ganz aktiv in die Schwangerschaft, Geburtsvorbereitung, in die Entbindung und all die anderen Entscheidungen, die Ihr Enkelkind angehen, einzumischen. Es wird von Fall zu Fall unterschiedlich sein, wie ein solches Engagement auszusehen hat, aber sicher ist, dass es niemandem dient, wenn Sie den minderjährigen Vater ausschließen.

Wenn Teenager heiraten

Früher erwartete man, dass ein Mann, der ein Mädchen geschwängert hatte, sich wie ein Ehrenmann verhielt und sie heiratete. Niemand weiß, wie viele Kinder »zu früh geboren wurden«, weil Paare erst geheiratet haben, nachdem sie entdeckten, dass ein Kind unterwegs war. Das war auch bei meinen Eltern der Fall.

Die immer zahlreicher werdenden Alleinerziehenden zeugen davon, dass sich dies mittlerweile geändert hat. Die Scheidungsrate für Teenager unter achtzehn, die wegen einer Schwangerschaft geheiratet haben, ist viermal so hoch wie die von Paaren in ihren Zwanzigern. Selbst unter den besten Bedingungen finden minderjährige Paare das Leben schwer und haben mit ihrem Hinübergleiten ins Erwachsenenleben zu kämpfen. Wenn dieser Übergang dann so plötzlich kommt, erschwert durch eine Schwangerschaft und die Notwendigkeit, sich um ein Kleinkind zu kümmern, so ist das Risiko einer Scheidung noch größer.

So endet die überwiegende Mehrheit der Teenagerehen, die wegen einer Schwangerschaft geschlossen wurden, mit einer Scheidung. Unter diesen Umständen ist eine Heirat im besten Fall eine sehr riskante Lösung – wenn sie überhaupt als Lösung bezeichnet werden kann. Minderjährigen Müttern wird nach der Heirat rasch klar, dass sie nicht nur die Verantwortung für ein Kind, sondern für einen Haushalt übernommen haben, zu dem auch ein Ehemann gehört, der erwartet, dass sie die alleinige oder hauptsächliche Verantwortung fürs Kochen, Saubermachen, Einkaufen und die Kinderbetreuung übernehmen. Minderjährige Väter haben oft die größten Schwierigkeiten, sich zugleich mit dem Erwachsenwerden und der Elternschaft auseinander zu setzen.

Da junge Eltern normalerweise kaum Zeit und Geld haben, sind ihre Erwartungen an Sie als Großeltern wahrscheinlich gar nicht so anders als die, die eine minderjährige Alleinerziehende hat. Vielleicht nehmen die Eltern an, dass sie mit Ihrer Unterstützung rechnen oder sogar bei Ihnen leben können. Es ist eine gute Idee, dies alles mit ihnen zu diskutieren, während die Pläne für die Hochzeit Gestalt annehmen.

Der Drei-Generationen-Haushalt

Wenn Sie Ihr Enkelkind großziehen wollen, sei es allein oder mit beiden Eltern zusammen, so bringt das kurz- und langfristige Veränderungen mit sich. Sie können Ihr Enkelkind allein großziehen, zumindest so lange, bis die Mutter selbst dazu imstande ist. In Kapitel 12 bespreche ich die vielen Themen und Möglichkeiten, die in einer solchen Situation entstehen.

Wenn Sie in Erwägung ziehen, Ihr Enkelkind zusammen mit Ihrem Sohn oder Ihrer Tochter großzuziehen, so müssen Sie an eine Reihe praktischer Fragen denken. Haben Sie genug Platz und Geld? Können Sie die medizinische Versorgung des Kindes gewährleisten? Wie wird sich die Anwesenheit eines Babys, ihrer Nichte oder ihres Neffen auf Ihre anderen Kinder, die noch zu Hause wohnen, auswirken?

Denken Sie auch daran, dass es immer gut ist, so viele Grundregeln wie möglich zu erarbeiten, bevor die frisch gebackenen Eltern und das Enkelkind einziehen. Vor allem müssen Sie ihnen Ihre finanzielle Unterstützung und Hilfestellung im Einzelnen darlegen: Babysitting, Betreuung tagsüber und Fahrten. Erwarten Sie, dass Ihre Tochter oder Ihr Sohn wieder zur Schule geht oder sich Arbeit sucht?

Erwachsene allein erziehende Mütter: »Und wann wird geheiratet?«

Im letzten Viertel des 20. Jahrhunderts hat sich das durchschnittliche Alter der ersten Eheschließungen erhöht und immer mehr Menschen heiraten gar nicht mehr.

Früher wollten diejenigen, die nicht geheiratet haben, normalerweise auch keine Kinder haben. Heute ist das keineswegs so. Im vorangegangenen Abschnitt habe ich mich auch mit der Erhöhung der Geburten bei unverheirateten Frauen im letzten Viertel des 20. Jahrhunderts beschäftigt und mich dabei auf die Schwangerschaften Minderjähriger konzentriert. Doch das ist nur ein kleiner Teil der ganzen Geschichte. Immer mehr unverheiratete Frauen über dreißig bekommen heute Kinder, darunter auch viele, die schon über fünfunddreißig sind. Auch wenn einige von ihnen bereits Babys bekommen haben, als sie noch jünger waren, kann man eine zunehmende Anzahl dieser Frauen »überzeugte Mütter« nennen. Frauen, die in den Dreißigern und Vierzigern sind und Kinder haben wollen, bevor ihre biologische Uhr abläuft, aber keinen Mann gefunden haben oder keinen wollen, bekommen zunehmend Babys (für eine Diskussion lesbischer Mütter siehe Kapitel 9). Während viele von ihnen Kinder adoptieren, versuchen es andere mit künstlicher Befruchtung.

Viele Themen, die aufkommen, wenn Ihre minderjährige Tochter ein Baby erwartet, sind natürlich nicht relevant, wenn Ihre über dreißigjährige Tochter Mutter wird – auch allein stehende Männer adoptieren manchmal, wenn auch deutlich seltener, Kinder. In vielen Fällen älterer allein stehender Mütter ist die Schwangerschaft also eine bewusste Entscheidung und nicht das Ergebnis einer Verhütungspanne. Viele ältere Alleinstehende haben das Mutterwerden aufgeschoben, um sich ihrer Karriere zu widmen, und stehen deswegen ökonomisch auf ziemlich sicherem Boden oder sind zumindest beruflich abgesichert. Unter den Prominenten, die diesen Weg gegangen sind, waren in den letzten Jahren Madonna und Jodie Foster.

Trotz dieser bekannten Beispiele und der allgemeinen Zunahme der Mütter aus Überzeugung ist dieses Phänomen immer noch verhältnismäßig selten und macht nur einen kleinen Anteil der Millionen Mütter aus, die nie heiraten. Leider gibt es noch immer das Stigma der illegitimen Geburt und die praktischen Probleme, die das Aufziehen eines Kindes für Alleinerziehende mit sich bringt, egal, wie alt sie sind oder wie viel Geld sie haben. In Norwegen, Schweden oder Dänemark sind fast die Hälfte aller Kinder unehelich geboren – viele von zwanzig- oder dreißigjährigen Frauen, die sich entschieden haben, nicht zu heiraten. Auch wenn Sie einer älteren Tochter nicht dieselbe Art von Unterstützung zukommen lassen müssen wie einer jüngeren Mutter, so braucht sie doch immer noch bergeweise Hilfe von Ihnen. Zumindest wird Sie von Ihnen Unterstützung und Verständnis für Ihre Entscheidung erwarten. Auf einer praktischeren Ebene erhofft sie sich vielleicht eine Art logistischer Hilfe, zum Beispiel Kinderbetreuung, wenn sie arbeitet, Babysitten, wenn sie ausgehen will, und dass Sie einmal einspringen, wenn sie krank oder verhindert ist.

11
Bis dass die Scheidung uns trenne

1986 veröffentlichten Andrew J. Cherlin und Frank F. Furstenburg ihre Studie »The New American Grandparent«. Damals war das Buch ein Meilenstein in der Forschung über Großeltern in den Vereinigten Staaten und bis heute ist es das in vielerlei Hinsicht auch geblieben. Es war eine der ersten Untersuchungen, die darauf hinwiesen, dass sich Scheidung nicht nur auf die Kinder und deren Eltern, sondern auch auf die Großeltern auswirkt. Der Titel, den sie für ihr Kapitel über dieses Thema wählten, »Ein besonderer Fall: Großeltern und Scheidung«, scheint jedoch ziemlich überraschend, vor allem im Hinblick auf die Tatsache, dass dieselben Autoren nur fünf Jahre später ein Buch mit dem Titel »Divided Families: What Happens to Children When Parents Part« schrieben.

Weit davon entfernt, etwas Besonderes zu sein, gehört Scheidung zumindest seit den sechziger Jahren zum amerikanischen Familienleben dazu. Auch wenn Amerikaner sich sehr viel häufiger scheiden lassen als andere Völker, so haben die Westeuropäer in den letzten beiden Jahrzehnten fast aufgeschlossen. Sogar in Japan kommen gegenwärtig auf hundert Eheschließungen vierundzwanzig Scheidungen. Mehr als die Hälfte aller Ehen endet in den Vereinigten Staaten durch Scheidung. Viele von ihnen sind, was die *New York Times* »Anfängerehen« genannt hat – kurze, kinderlose Vereinigungen von ein oder zwei Jahren Dauer.

Doch selbst die freundschaftlichste aller Trennungen kann von den Kindern einen schweren Tribut fordern. Es ist ganz egal, wie oft Eltern zu erklären versuchen, dass die Scheidung nichts mit ihren Gefühlen für ihre Kinder zu tun hat – »Wir beide werden euch immer lieben!« –, wie könnten Kinder nicht eine Verbindung von Zurückgestoßensein und Schuld empfinden, wenn ihre Eltern ihnen erzählen, dass sie sich trennen? – »Wenn du ein besseres Mädchen gewesen wärst und besser gehorcht hättest, dann wären Mami und Papi immer noch zusammen.«

Judith Wallerstein, eine Expertin auf diesem Gebiet, schrieb in ihrem 1980 erschienenen Buch »Surviving the Breakup: How Children and Parents Cope with Divorce«: »Kinder fühlen sich oft verlassen oder von dem Elternteil zurückgestoßen, der das Heim der Familie verlässt: Vor allem jüngere Kinder erleben das als Beweis für ihren eigenen fehlenden Wert. Es untergräbt ihren Stolz und ihr Selbstwertgefühl und macht viele Scheidungskinder wütend.«

Verglichen mit der Gesamtbevölkerung machen heranwachsende Kinder geschiedener Eltern seltener Abitur, sie tendieren dazu, früher oder aber niemals zu heiraten, und wenn sie es doch tun, lassen sie sich mit größerer Wahrscheinlichkeit wieder scheiden.

Vielleicht meinen Sie, bei all diesen schwerwiegenden Problemen sei es besser, Ihre erwachsenen Kinder davon zu überzeugen, um jeden Preis zusammen zu bleiben. Dieser Meinung bin ich jedoch nicht. Alle Studien und Aussagen über die negativen Folgen von Scheidung kranken an einem zentralen Problem: Da man nie nachweisen kann, was passiert wäre, wenn sich die Eltern nicht hätten scheiden lassen – »wegen der Kinder« –, kann man unmöglich sagen, welche Symptome die Kinder in einem solchen Fall entwickelt hätten. Die Gruppe geschiedener Eltern besteht aus Paaren, deren Probleme schließlich so groß wurden, dass sie sich zu einer Scheidung entschlossen haben. Wenn es möglich wäre, eine Gruppe von Paaren mit ebenso großen Problemen zu finden, die zusammen geblieben sind, dann hätte man tatsächlich eine wichtige Untersuchungsgrundlage.

Es besteht kein Zweifel darüber, dass es kaum gut für ein Kind sein kann, in einem Haushalt mit ständigem Stress und Konflikten leben zu müssen. Kürzlich hat eine Umfrage ergeben, dass Menschen, deren Eltern geschieden wurden, signifikant öfter angaben, mit der folgenden Aussage übereinzustimmen: »Streiten Eltern dauernd miteinander, dann geht es Kindern besser, wenn die Eltern sich scheiden lassen.«

Eine andere Studie hat das Selbstwertgefühl von Kindern in unterschiedlichen Familienstrukturen untersucht. Wenn Armut als Faktor fehlte, gab es keine wesentlichen Unterschiede. Kinder mit dem niedrigsten Selbstwertgefühl kamen aus intakten Familien mit zwei Elternteilen, in denen die Eltern wenige oder gar keine Interessen hatten.

Cherlin und Furstenberg haben festgestellt: »Scheidung ist für Kinder nicht gut. (...) Aber der negative Effekt ist wiederum nicht so schlimm, wie manche Leute behaupten. Wie die meisten, die sich mit dem Thema auseinander gesetzt haben, bemerken, ist es besser, mit einem liebevollen Elternteil aufzuwachsen als mit zwei sich streitenden Eltern.«

Einige harte ökonomische Wahrheiten

Es gibt einen unbestreitbar negativen Effekt der Scheidung: die Finanzen. In einer amerikanischen Studie wurde nachgewiesen, dass der Lebensstandard von Frauen nach der Scheidung um 73 Prozent sinkt, während der von Männern um 42 Prozent steigt. Wenn man dabei noch bedenkt, dass erstens Frauen fast immer das Sorgerecht für das Kind oder die Kinder zugesprochen wird, es zweitens einen starken Trend weg von der Zahlung der Alimente gibt, Frauen drittens weniger verdienen als Männer, selbst wenn sie genau dieselben Arbeiten ausführen, und viertens die Männer, wie hinlänglich dokumentiert, nur nachlässig den Unterhalt für die Kinder zahlen – dann hat man die Katastrophe. In den USA fallen mehr als 25 Prozent der Frauen – und ihre Kinder, wenn sie welche haben – innerhalb der ersten fünf Jahre nach einer Scheidung unter die Armutsgrenze.

Auch wenn ich selbst nie solch harte Zeiten durchmachen musste wie diese Frauen, so ist mir ihre heikle Lage doch durchaus bekannt. Nach meiner Scheidung von Miriams Vater Dan war meine größte Herausforderung finanzieller Art. Ich hatte einen Job, wo ich Marktforschung betrieb, indem ich Leute anrief und sie zu ihrer Meinung über dieses oder jenes befragte. Ich bekam einen Dollar die Stunde. Davon musste ich unsere Monatsmiete von 75 Dollar bezahlen, uns etwas zum Anziehen und zu essen kaufen. Ich weiß immer noch nicht genau, wie ich das geschafft habe. Wir haben spartanisch gelebt. Ich habe nie neue Kleider gekauft. Miriam wurde von mir und meinen wunderbaren Freunden sehr geliebt, doch frage ich mich, was wohl geworden wäre, wenn ich nicht wieder geheiratet hätte. Wie hoch wäre der Lebensstandard gewesen, den ich ihr hätte bieten können? Hätte sie wohl auf die besten Schulen gehen und in einem Haushalt ohne finanzielle Dauersorgen leben können? Und natürlich frage ich mich auch, welche Auswirkungen diese Unwägbarkeiten auf sie gehabt hätten.

Eine Organisation, die sich Jewish Family Service nannte, zahlte dafür, dass Miriam in einer Pflegefamilie unterkam, während ich arbeitete und zweimal die Woche meine Seminare an der New School for Social Research belegte. Die Familie lebte etwa zehn Blocks von unserer Wohnung entfernt. Morgens fuhr ich Miriam in ihrem Buggy dorthin, abends holte ich sie ab, und das war nicht immer leicht bei Regen, Schnee und Eis. In der Familie bekam sie zu essen, aber wenn ich sie abholte, hatte ich noch nichts gegessen. Ich werde nie vergessen, wie hungrig ich damals immer war. Als sie drei Jahre alt wurde, bezahlte der Jewish Family Service einen deutschjüdischen orthodoxen Kindergarten, was wunderbar war. Die Menschen dort liebten sie – sie waren wie Großeltern zu ihr – und es war eine sehr schöne Atmosphäre für Miriam. Nicht jeder hat das Glück, solch eine großartige Unterstützung zu bekommen. Selbst wenn Sie Ihren Großkindern nicht unmittelbar helfen können, können Sie vielleicht ähnliche Anlaufstellen ausfindig machen wie die, die für mich und Miriam in der Zeit, in der wir es wirklich nötig hatten, so hilfreich gewesen sind.

Es ist schwer, sich zu trennen

Trotz der Tatsache, dass Scheidung so häufig ist, scheinen alle zu glauben, dass es in ihrer Familie nicht passieren kann – bis es dann passiert. Eine Scheidung trifft die Familie wohl immer wie ein Schock. Wir alle kennen Paare, die glücklich verheiratet zu sein schienen, bis zu dem Tag, an dem sie ihre Trennung oder Scheidung verkünden. Alle Paare haben Probleme und manchmal kommt es einem so vor, als blieben gerade diejenigen zusammen, die sich am lautesten und am meisten streiten. Welche Gründe es dafür auch immer geben mag, die meisten Eltern berichten, dass sie die Trennung ihrer erwachsenen Kinder ohne Vorwarnung traf.

Mit Ausnahme des Todes gibt es wahrscheinlich kein Ereignis, das das Familienleben so aufwühlt wie eine Scheidung. So berichtet Joan Schrager Cohen, Autorin des exzellenten Buches »Helping Your Grandchildren Through Their Parent's Divorce«, dass viele Großeltern eine Trauerphase durchleben, wenn sich ihre Kinder scheiden lassen, beinahe so, als verlören sie einen Elternteil oder einen Ehepartner. Andere ertappen sich plötzlich dabei, dass sie ihre eigene Ehe vor dem Hintergrund der Entscheidung ihrer Kinder unter die Lupe nehmen. Auch wenn Scheidung nicht mehr das Stigma hat, das ihr noch vor einigen Jahrzehnten anhaftete, werden Sie vielleicht doch eine gewisse Scham empfinden: »Wie konnte das in unserer Familie nur passieren?« Sie sollten diese Gefühle auf keinen Fall unterdrücken. Sprechen Sie sie mit Ihren Freunden oder einem professionellen Berater durch. Aber denken Sie daran, wie schlecht Sie sich auch fühlen mögen und wie schwer es auch sein mag, es Ihren Freunden zu erzählen, so ist das Scheitern der Ehe Ihres Kindes und die Auflösung der Familie Ihrer Enkelkinder nicht in erster Linie Ihre Geschichte. Es gibt viele Leute, mit denen Sie Ihre Gefühle teilen können, aber Ihre Kinder und Enkelkinder brauchen Ihre Unterstützung. In dieser Situation ist es nicht sonderlich hilfreich, wenn Sie Ihnen erzählen, wie verstört und enttäuscht Sie sind, oder wenn Sie Buch führen über die angeblichen Verfehlungen der einen oder anderen Seite.

Seien Sie behutsam

Wie gut Sie sich in Ihrer Rolle als Großeltern auch eingerichtet haben mögen und wie erfreulich Ihre Beziehung zu Ihren Kindern und Enkelkindern sein mag, durch die Scheidung Ihrer Kinder wird sich alles grundsätzlich ändern. Wenn Ihrem Kind das Sorgerecht nicht übertragen wird, werden Sie wahrscheinlich schnell bemerken, dass Sie

Ihre Enkel von jetzt an sehr viel seltener und in einigen Fällen vielleicht überhaupt nicht mehr sehen können. Hat Ihr Kind jedoch das Sorgerecht und kümmert sich um Ihre Großkinder mehr oder weniger allein, sollten Sie nun vielleicht eine zupackendere Rolle übernehmen und sehr viel unterstützender als in der Vergangenheit agieren. Vielleicht geht es Ihnen sogar so, dass viele Aspekte, die Ihnen am Großelterndasein gefallen haben, nun von den täglichen Forderungen unmittelbarer Hilfeleistungen überschattet werden. Bevor ich zu den Dingen komme, die Sie tun können, um zu helfen, möchte ich ein warnendes Wort aussprechen. Wenn Sie schon immer dazu geneigt haben, die Zügel in die Hand zu nehmen und sich zu engagieren, ist es vielleicht auch jetzt Ihre erste Eingebung, mit einzuziehen – entweder physisch oder emotional – und alles unter Ihre Kontrolle zu bringen. Aber sich sofort ins Auto zu setzen oder das erste Flugzeug zu nehmen kann von Ihrem Kind schnell als mangelndes Vertrauen in seine Fähigkeiten interpretiert werden. Gehen Sie sicher, dass Ihr Kind zunächst selbst die Probleme und Herausforderungen – mit Ihrer Unterstützung im Hintergrund – löst, bevor Sie selbst sich daranmachen. Sonst passiert es Ihnen, dass Sie sich beim Kochen und Saubermachen wieder finden und sich auch noch Sorgen um Ihr Kind und Ihre Enkelkinder wegen der Krise machen. Ihre Kinder und Enkelkinder sind vielleicht zu benommen, um die von Ihnen angebotene Hilfe abzulehnen. Und Sie folgen Ihrem Bedürfnis, irgendetwas zu tun in einer Situation, die tatsächlich außer Kontrolle geraten zu sein scheint.

Auch wenn jede Familie anders ist, so herrscht doch eine relativ einhellige Meinung darüber, dass man sehr vorsichtig vorgehen sollte, um sich nicht zu schnell zu sehr einzumischen. Zu viel Hilfe kann ebenso schaden wie gar keine. Nur weil die Ehe Ihres Kindes gescheitert ist, heißt das noch lange nicht, dass Ihr Kind plötzlich nicht mehr erwachsen ist. Behalten Sie immer im Hinterkopf, dass es Ihr Hauptziel während des Scheidungsprozesses sein sollte, Ihrem Kind dabei zu helfen, als Erwachsener und als Mutter oder Vater zu funktionieren. Überschütten Sie Ihr Kind nicht mit Ratschlägen und Anweisungen. Ganz wichtig ist, dass Sie Ihr Kind emotional unterstützen und Ihrer Zuversicht Ausdruck verleihen, dass es in der Lage ist, mit den Herausforderungen und Schwierigkeiten, die vor ihm liegen, fertig zu werden. Erinnern Sie es an andere Krisen, die es bereits erfolgreich gemeistert hat, und an die Techniken, die ihm dabei geholfen haben.

Interpretieren Sie meinen Ratschlag, vorsichtig zu sein, jedoch nicht als Einladung, sich zurückzuziehen und die Situation zu übergehen. Sie gewinnen nichts, wenn Sie die Realität ausblenden. Es kommt darauf an, die richtige Mischung aus emotionaler Unterstützung und praktischer Hilfestellung zu finden.

Als Steve und ich uns mit den Familien äthiopischer Juden in Israel beschäftigten, fiel uns ihre hohe Scheidungsrate auf; sie lag um ein Mehrfaches über der, die man unter anderen Israelis fand – war jedoch nicht höher als die der Vereinigten Staaten. Auch wenn wir nicht ganz sicher sein können, deutet nur wenig darauf hin, dass die Rate tatsächlich höher war als die in Äthiopien. Sehr unterschiedlich waren allerdings die Konsequenzen einer Scheidung. In Äthiopien, wo große Familienverbände und Haushalte die Norm sind, finden sich Scheidungskinder unter Umständen in einer Familie mit nur einem Elternteil wieder, aber sicherlich nicht in einer Familie mit nur einem Erwachsenen. Egal wie die Situation der Eltern – normalerweise der Mutter – aussah, immer waren sie von sehr vielen anderen Erwachsenen umgeben: Tanten, Onkel, älteren Brüdern oder Schwestern und natürlich von Großeltern. Diese traditionelle Umgebung hält für uns heute einige wesentliche Lektionen parat. In Amerika fiel der

Anstieg der Scheidungsrate mit der Idealisierung der Kernfamilie zusammen und Paare, die sich scheiden lassen, tun sich oft schwer damit, die Unterstützung entfernterer Angehöriger anzunehmen. Ich weiß natürlich, dass wir keine erweiterten Familienverbände aus dem Hut zaubern können, um denjenigen zu helfen, die sich scheiden lassen, aber dennoch haben Großeltern eine wesentliche Rolle zu spielen, wenn sich ihre erwachsenen Kinder trennen. Das trifft ganz besonders auf Großväter zu, da in vielen Familien mit nur einem Elternteil, die durch Scheidung entstehen, kein männliches Rollenvorbild mehr vorhanden ist.

Finanzielle Hilfe

Wenn Eltern sich scheiden lassen, wird von Großeltern oft erwartet, dass sie ihrem Kind noch mehr unter die Arme greifen als bisher, vor allem wenn ihm das Sorgerecht zugesprochen wird. Dies bedeutet oft auch finanzielle Hilfe. Bevor Sie sich darauf einlassen, befassen Sie sich lieber erst ausführlich mit Ihren Finanzen und seien Sie realistisch, was die Zugeständnisse, sowohl die lang- als auch die kurzfristigen, angeht. Oft wird empfohlen, dass man sich mit einem Finanzexperten treffen sollte, um sich ein klares Bild zu verschaffen, bevor man Einzelheiten mit dem Sohn oder der Tochter bespricht. Häufig wird in einem frühen Stadium eine schnelle Finanzspritze benötigt, um für die Umzugskosten des Sohnes aufzukommen oder um der Tochter auszuhelfen, bis sie einen neuen Job gefunden hat. Langfristig werden Sie sich vielleicht dafür entscheiden, bestimmte Ausgaben zu übernehmen, vielleicht die Raten für das Haus, die Miete, die Kosten der Kinderbetreuung oder das Urlaubsgeld für die Sommerferien. In jedem Fall ist es wichtig, ganz klare Grenzen zu setzen in Bezug auf die Höhe des Geldes, das Sie erübrigen können, seine Verwendung und wie lange Sie auf diese Summe verzichten können.

Denken Sie daran, selbst wenn Sie wohlhabend sind und ohne weiteres eine geraume Zeit für Ihr Kind und Ihr Enkelkind aufkommen könnten, so ist das doch nicht im Interesse beider Seiten. Aus Abhängigkeit entsteht Verachtung und so bequem es auch für Ihren erwachsenen Sohn sein mag, von Ihrem Geld zu leben, auf Dauer wird er es Ihnen doch übel nehmen. Sollten Ihnen jedoch die finanziellen Mittel fehlen, um auszuhelfen, Sie aber in der Nähe Ihres Kindes leben, können sie natürlich helfen, indem Sie die Enkelkinder betreuen, Ihr Auto zur Verfügung stellen und ganz allgemein Ihre Verbundenheit mit Ihren Enkelkindern stärken.

Zusätzlich zu den unmittelbaren Bedürfnissen Ihrer Kinder und Enkelkinder sollten Sie auch die langfristigen Folgen der Scheidung bedenken. Lassen Sie Ihren Rechtsanwalt Ihr Testament prüfen und Ihnen einen Rat geben, welche Änderungen möglicherweise notwendig sind, um sicherzustellen, dass das, was Sie Ihren Erben hinterlassen wollen, auch tatsächlich in Ihrer Familie bleibt. Leider kann man in den meisten Fällen wenig tun, wenn man bereits Dinge verschenkt hat, auch wenn es sich um Familienerbstücke oder Darlehen handelt. Aber ein fundierter rechtlicher Rat sollte gewährleisten, dass die zukünftigen Interessen Ihrer Enkelkinder gewahrt bleiben.

Zurück ins Elternhaus

Vielleicht möchte Ihre erwachsene Tochter nun wieder bei Ihnen einziehen, entweder mit oder ohne ihre Kinder. Das ist sicherlich keine ideale Situation, denn ohne Zweifel wird der Einzug Ihren Alltag und den Ihrer anderen Kinder, sofern sie noch zu Hause wohnen, ziemlich durcheinander bringen. Außerdem birgt dies die Gefahr, dass Ihre Tochter wieder zum Kind wird. Genau zu einem Zeitpunkt, in dem ihr Selbstbewusstsein ohnehin angeknackst ist, wird die Botschaft vermittelt, dass die Tochter unfähig ist, ihr eigenes Leben in die Hand zu nehmen. Wann immer es möglich ist, sollten erwachsene Kinder ermutigt werden, ihre Unabhängigkeit und Autonomie aufrechtzuerhalten. Die finanzielle Seite mag aussehen, wie sie will, der Rückzug ins Haus der Eltern kann nur ganz kurzfristig als Lösung angesehen werden. Sollte es bei Ihnen so weit kommen, einigen Sie sich auf die Hausregeln, bevor Ihr Kind mit Ihren Enkelkindern einzieht.

Zu den wichtigsten Themen, die Sie mit Ihrem erwachsenen Kind besprechen sollten, gehören Regelungen darüber, wann es abends ausgehen will, die Aufteilung der Hausarbeit, eine finanzielle Beteiligung, Trinken, Rauchen, Fernsehen, Musik und Übernachtungsgäste. Wenn Sie diese grundlegenden Dinge vorab klären, kann man sich auch mit den Einzelheiten des Alltags »zu Hause« schon beschäftigen, bevor sie eingezogen sind. Viele erwachsene Kinder schrecken in dem Moment vor der Entscheidung zurück, in dem sie sich darüber klar werden, was so ein Umzug eigentlich bedeutet. Auch wenn es sich vielleicht kalt oder herzlos anhört, so ist es doch wichtig, diese Dinge vor dem Einzug klarzustellen, bevor im anderen Fall der Alltag aller Beteiligten durch andauernde Streitigkeiten durcheinander gebracht wird.

Was Ihre Enkel anbelangt, so sollten Sie und die Mutter oder der Vater sich im Voraus auf Ihre Verantwortlichkeiten im Hinblick auf die Kinderbetreuung einigen. Das ist ganz besonders wichtig hinsichtlich der Disziplin. In Kapitel 12 bespreche ich das Thema Großeltern als Eltern etwas ausführlicher. In gewisser Weise ist es leichter, die ganze Verantwortung für Ihre Enkelkinder zu übernehmen, als sie plötzlich mit Ihren Kindern im Haus zu haben und gemeinsam Kompromisse erarbeiten zu müssen.

Wenn Väter das Sorgerecht haben

Bisher habe ich vielleicht etwas unfairerweise angenommen, dass die Mutter – Ihre Tochter – nach der Scheidung die hauptsächliche Verantwortung für Ihre Enkelkinder übernommen hat. Auch wenn die Anzahl der Väter, die das Sorgerecht haben, stärker ansteigt als die allein erziehender Mütter, so stellen sie doch immer noch einen relativ geringen Prozentsatz unter den Alleinerziehenden. Nichtsdestotrotz ist die Anzahl der Väter, die die »Paparolle« spielen möchten, wahrscheinlich im Ansteigen begriffen und so ist es erforderlich, sich mit einigen der Themen zu beschäftigen, mit denen sich Ihr Sohn konfrontiert sieht, wenn er das Sorgerecht für Ihre Enkelkinder bekommen hat.

Auch wenn gemeinhin angenommen wird, dass Väter, die das Sorgerecht erhalten, besser als ihr Gegenpart darauf eingestellt sind, sich um die Kinder zu kümmern, gibt es doch wenig Hinweise, die diese Annahme unterstützen würden. Untersuchungen über Väter mit Sorgerecht haben immer wieder hervorgehoben, dass die Väter vor ihrer Scheidung weder in der Kinderbetreuung noch bei der

Hausarbeit besonders engagiert waren. Laut Geoffrey L. Grief, Autor von »The Daddy Track And the Single Father«, sind allein erziehende Väter »keine außergewöhnlichen Männer, die eine außergewöhnliche Kindheit oder Ehe gehabt hätten. ... Sie sind auch keine Experten für die vielen Aufgaben Alleinerziehender, denen sie sich nun gegenüber sehen. Deswegen sind ihre Erfolge noch befriedigender und ermutigender, weil sie zeigen, dass Männer sich auch mit wenig Erfahrung darauf einstellen können, Kinder großzuziehen.«

Auf der praktischen Ebene bedeutet das, dass Ihr Sohn – oder Schwiegersohn – zusätzlich zu all den anderen Veränderungen, mit denen er sich jetzt beschäftigen muss, wahrscheinlich sehr viel mehr über das Führen eines Haushalts lernen muss als bisher: Kochen, Saubermachen, Wäschewaschen und so weiter. Wer kann die wunderbare Szene in dem Film »Kramer gegen Kramer« vergessen, in der Dustin Hoffman am Morgen, nachdem ihn seine Frau verlassen hat, damit kämpft, einen Toast mit Eiern zuzubereiten? Oder die Leichtigkeit, mit der er dieselbe Aufgabe wenige Monate später löst? In jedem Fall wird Ihr Sohn in der Anfangszeit als Alleinerziehender eine Menge Unterstützung und Hilfe brauchen, wenn er gerade erst lernt, einen Haushalt zu führen.

Wiederum gilt, dass es keine gute Idee ist, sich allzu schnell einzumischen. Warten Sie darauf, gefragt zu werden. Vielleicht haben Sie eine genaue Vorstellung davon, welche hausfraulichen Fähigkeiten Ihr Sohn hat und welche ihm fehlen, doch er könnte in den Jahren, die er allein und als verheirateter Mann verbracht hat, sein Repertoire erweitert haben. Die meisten allein erziehenden Väter berichten, dass die ersten Monate des Haushaltführens die schwierigsten waren. Wenn sich allmählich Routine einstellt, wird Ihr Sohn gern Ihre Tipps annehmen. Er wird vor allem daran interessiert sein, wie Sie eigentlich diese leckeren Gerichte zubereiten, die seine Kinder so sehr zu mögen scheinen.

Denken Sie daran, dass jeder Hausmann und jede Hausfrau seinen oder ihren besonderen Stil und eigene Prioritäten hat. Und erwarten Sie nicht, dass ein Alleinerziehender, egal welchen Geschlechts, die Zeit oder Energie hat, um die aberwitzigsten Maßstäbe des Saubermachens oder Kochens zu befriedigen. Selbst wenn die Bettlaken vielleicht nicht so oft gewaschen werden, wie Sie es für nötig halten, oder der Teppich nicht häufig gesaugt wird, wichtig ist, dass Ihre Enkelkinder in einer geborgenen und stabilen häuslichen Umgebung aufwachsen.

Die praktischen Aspekte des Haushaltführens bilden nur einen kleinen Teil der Anforderungen an allein erziehende Väter. Leider gibt es keine Patentrezepte, wie man mit dem emotionalen Chaos der Situation klarkommen kann. Viele Väter, denen das Sorgerecht übertragen wurde, haben erstaunlich wenig Erfahrungen im Umgang mit dem Gefühlsleben ihrer Kinder. Es ist daher unnötig zu sagen, dass das Durcheinander, das eine Scheidung mit sich bringt, kaum die ideale Situation für den Beginn eines solchen Unterfangens ist. Viele Männer hängen immer noch der Vorstellung an, dass der Austausch von Zärtlichkeiten und das Großziehen von Kindern überhaupt »unmännlich« seien.

Ermutigen Sie Ihren Sohn dazu, seine Kinder bedingungslos zu lieben – sie in den Arm zu nehmen, mit ihnen zu schmusen und ihnen zu sagen, wie sehr er sie liebt. Helfen Sie ihm, an sich selbst als Vater zu glauben und seinen Instinkten und Gefühlen zu vertrauen. Stehen Sie ihm und Ihren Enkelkindern zur Seite und lassen Sie sie wissen, wie stolz Sie auf sie sind. Langfristig befriedigt viele Väter die Beziehung, die sie zu ihren Kindern nach der Scheidung aufgebaut haben, ganz ungemein.

Es überrascht wohl kaum, dass die Jahre, in denen ihre

heranwachsende Tochter in der Pubertät ist, zu den größten Herausforderungen gehören, denen sich viele allein erziehende Väter gegenübersehen. Ich erinnere mich noch lebhaft daran, wie eine junge afroamerikanische Frau in einer Talkshow von den Versuchen ihres Vaters berichtete, sie allein aufzuziehen. Halb lachend und halb weinend erzählte sie davon, wie ihr Vater ihre Haare zu frisieren versuchte, mit ihr die richtigen Anziehsachen kaufen und ihr sowohl Mutter als auch Vater sein wollte.

Wenn die Mutter Ihrer Enkeltochter noch nicht von der Bildfläche verschwunden ist, dann ist es für alle Beteiligten am besten, wenn sie so viel wie möglich einbezogen wird.

Trotzdem fällt Großmüttern oft eine besondere Rolle zu, wenn es um die so genannten »weiblichen Themen« geht, seien es Fragen der Pubertät, des Aufwachsens oder praktische Tipps in den Bereichen Hygiene, Kleidung, Make-up und Frisuren. In vielen Fällen wird der Vater Ihrer Enkeltochter wahrscheinlich erleichtert aufatmen, wenn Sie Ihre Hilfe anbieten, indem Sie mit Ihrer Enkeltochter den ersten BH kaufen oder zusammen ein Partykleid aussuchen. Verwahrt er sich jedoch dagegen oder meint er, dass Ihre Hilfestellung eine Einmischung oder Kritik an seiner Elternrolle ist, seien Sie nicht beleidigt. Machen Sie ihm behutsam deutlich, dass Ihr Engagement aus dem Bedürfnis entsteht, mit Ihrer Enkeltochter etwas Schönes zu erleben, und keineswegs ein Versuch sein soll, ihm etwas wegzunehmen oder ihn zu kritisieren. Was Sie auch tun mögen, setzen Sie Ihrer Enkeltochter nicht die Daumenschrauben an, indem Sie sagen: »Lassen wir doch sie entscheiden.« Es ist allen Beteiligten gegenüber unfair, sie zu bitten, zwischen Ihnen und ihrem Vater zu wählen.

Noch ein letztes Wort über Enkeltöchter im Teenageralter und Väter, die das Sorgerecht haben: Von Kindern, vor allem von Heranwachsenden, kann man erwarten, dass sie ihre Aufgaben haben und im Haushalt mithelfen. In der

Regel sollten diese Dinge zwischen Vater und Kind ausgehandelt werden, selbst wenn Sie meinen, dass eines Ihrer Enkelkinder deutlich mehr Verantwortlichkeiten auf sich nimmt als die anderen. Es ist jedoch eine gute Idee, wenn Sie sich die Rolle der älteren Mädchen genau ansehen. Für ältere Kinder ist es zwar selbstverständlich, dass sie mal einspringen und den Einkauf, das Kochen oder das Saubermachen übernehmen, doch sollte von ihnen nicht erwartet werden – und man sollte sie auch keineswegs dazu ermuntern –, die Rolle ihrer (abwesenden) Mutter zu übernehmen und den ganzen Haushalt zu schmeißen. Selbst wenn Ihre Enkeltochter beteuert, wie viel Spaß es ihr macht, die Familie zu versorgen, tun Sie Ihr Möglichstes, um ihren Vater zu ermutigen, sie das Leben eines normalen Teenagers führen zu lassen.

Sprechen Sie mit Ihrem Enkelkind

Wenn Ihre Enkel keine Kleinkinder mehr sind, werden sie sicher mit Ihnen über die Scheidung ihrer Eltern sprechen wollen. Denken Sie jedoch daran, dass dies eine Gelegenheit ist, um Liebe, Unterstützung und Stabilität zu vermitteln und nicht Ihre Gefühle weiterzugeben oder Ihre Sichtweise der Trennung darzustellen. Sicherlich ist es auch für Sie nicht immer leicht, trotzdem sollten Sie jede Anstrengung auf sich nehmen, um neutral zu bleiben, wenn Sie die Ereignisse besprechen. Welche Probleme mit Ihrem Kind oder dessen Partner Sie in der Vergangenheit auch gehabt haben mögen, es ist jetzt nicht die Zeit, um sie wieder aufzuwärmen. Von Ihnen sollten die Enkelkinder weder Einzelheiten noch Gründe für den Scheidungsprozess ihrer Eltern erfahren. Sie sind auch nicht die Ansprechpartnerin

Ihrer Enkelkinder, was das Fortschreiten der Verhandlung angeht.

Ihre Enkelkinder, vor allem die jüngeren unter ihnen, fühlen sich möglicherweise, als würde die Welt auseinander brechen. Versichern Sie sie Ihrer Liebe.

Viele Fragen, die man mir als Dr. Ruth, der Sexualtherapeutin, gestellt hat, begannen so: »Ich habe eine Freundin, die …« Auch wenn es jedes Mal eine Versuchung war, zu antworten: »Gut, dann sagen Sie Ihrer Freundin, dass sie mich anrufen kann, damit wir das Problem besprechen …«, habe ich inzwischen verstanden, dass sich viele Menschen von ihren Fragen distanzieren müssen, um die Peinlichkeit zu überspielen, die sie bei sexuellen Angelegenheiten empfinden. Diese Art der Distanzierung – professionelle Berater sprechen hier von Verschiebung – kann eine wirkungsvolle Technik sein, wenn Sie mit Ihren Enkelkindern über deren Gefühle in Bezug auf die Scheidung ihrer Eltern sprechen. Auch wenn Sie wahrscheinlich eher Schuld, Schmerz und Ärger als Peinlichkeit empfinden, ist es doch eine hilfreiche Fragetechnik. Statt Ihren Enkel direkt zu fragen, wie er sich in seiner veränderten Situation fühlt, können Sie das Thema anschneiden, indem Sie bemerken: »Ich habe ein Buch gelesen, in dem stand, dass viele Kinder sich wegen der Scheidung ihrer Eltern schuldig fühlen.« Oder Sie sagen: »Meine Freundin hat mir erzählt, dass ihr Enkel nach dem Auszug seines Vaters Schwierigkeiten hatte, sich in der Schule zu konzentrieren.« Auch wenn solche Fragen nicht jedes Mal in eine ernsthafte Unterhaltung münden, hat man mit ihnen langfristig doch meistens Erfolg.

Auf dieselbe Art könnten Sie Ihrem Enkelkind auch wichtige Informationen vermitteln, die seine Isolation durchbrechen könnten. Trotz der Tatsache, dass Scheidungen häufig sind, fühlen sich viele Kinder, genau wie Eltern und Großeltern, verlassen beziehungsweise allein gelassen mit ihren Gefühlen. Erinnern Sie Ihr Enkelkind daran, dass ganz viele Kinder, die Sie kennen oder von denen Sie gehört haben, durch ähnliche Erfahrungen hindurchgehen mussten. Selbstverständlich nicht in der Absicht, dadurch seinen großen Schmerz verkleinern zu wollen. Es ist auch eine gute Gesprächstechnik, Ihrem Enkelkind klarzumachen, dass, ganz egal mit wem es zusammenlebt – mit Ihnen, seiner Mutter, seinem Vater oder in einer anders zusammengewürfelten Familie –, Familien nicht notwendigerweise aus den biologischen Eltern und deren Kindern bestehen.

Das Besuchsrecht

Bisher habe ich über Großeltern gesprochen, die in der Lage waren, den Kontakt mit Ihren Großkindern aufrechtzuerhalten. Herausforderungen ganz anderer Art tauchen auf, wenn Großeltern das Recht verwehrt wird, ihre Enkel zu sehen. Das betrifft normalerweise die Eltern des Elternteils, dem das Sorgerecht nicht zugesprochen wurde, und zwar vor allem, wenn die Scheidung besonders erbittert geführt wurde.

Cherlin und Furstenberg schreiben dazu: »Wenn die Ehe Ihrer Tochter auseinander bricht, wird Ihre Beziehung zu Ihren Enkelkindern wahrscheinlich bestehen bleiben oder sich sogar intensivieren; wenn jedoch die Ehe Ihres Sohnes auseinander bricht, so ist es wahrscheinlich, dass sich Ihre Beziehung zu Ihren Enkelkindern sowohl in der Quantität als auch in der Qualität vermindert.« Zu der Zeit, als die Autoren diese Sätze schrieben, bekam fast immer die Mutter das Sorgerecht zugesprochen. Bis zu einem gewissen Grad hat sich das verändert – auch kommt das gemeinsame Sorgerecht häufiger vor –, aber noch immer sind es üblicherweise die Großeltern väterlicherseits, die besonders zu leiden haben.

Wenn Sie eine gute Beziehung zu Ihrer Schwiegertochter oder Ihrem Schwiegersohn und auch mit den Großeltern der anderen Seite pflegen, so wird Ihnen das helfen, nicht außen vor gelassen zu werden. Je besser Ihre Kommunikation mit ihnen ist, desto leichter wird es Ihnen fallen zu erklären, dass die Bande zwischen Großeltern und Enkelkind zu wichtig sind, um durch eine Trennung in der mittleren Generation durchschnitten zu werden. Denken Sie jedoch daran, dass alle leiden und sich in einem Prozess der Erholung befinden, und stellen Sie nicht zu früh zu viele Forderungen. Kurzfristige Schwierigkeiten geben sich vielleicht mit der Zeit von ganz allein.

Ihre Geduld ist erschöpft und trotzdem haben Sie keinen Zugang zu Ihren Enkelkindern gefunden? Überdenken Sie Ihre Möglichkeiten und Rechte. Bevor Sie sich auf einen Rechtsstreit einlassen, loten Sie die Chancen der Vermittlung durch einen Freund der Familie, einen Verwandten oder einen professionellen Berater aus. Wenn Sie eine gute Beziehung zu den anderen Großeltern aufgebaut haben, sind diese vielleicht willens und in der Lage, ihren Einfluss geltend zu machen, um Sie mit Ihren Großkindern zusammen zu bringen. Vielleicht sind Sie der Ansicht, dass ein Profi effektiver arbeitet. Solche Mediatoren, die sich in den Gelben Seiten finden lassen, sind speziell dafür ausgebildet, Familien bei der Konfliktlösung beizustehen, ohne die Gerichte in Anspruch zu nehmen. Sie sind meistens nicht nur effektiver als Amateure – so wohl wollend diese auch sein mögen –, sondern auch billiger und führen zu weniger schmerzhaften Konfrontationen als die Gerichte. In Deutschland ist es so, dass die letzte Entscheidung über den Umgang der Großeltern mit ihren Enkelkindern beim Familiengericht liegt. Das neue Kindschaftsrecht vom Juli 1998 räumt Großeltern einen gesetzlich garantierten Anspruch auf Umgang mit ihren Enkeln ein, doch können Eltern diesen aus Gründen des Kindeswohls nach wie vor verbieten.

Wiederverheiratung und Stiefenkelkinder

Jede dritte Ehe in Deutschland wird geschieden und sehr viele Geschiedene heiraten erneut oder leben ohne Trauschein mit einem Partner zusammen. Der Scheidungs- und Wiederverheiratungszyklus hat Millionen von neuen Stieffamilien geschaffen. Wenn Sie aufgrund einer Scheidung sehr viel mehr am Leben Ihres Kindes und Ihrer Enkelkinder teilgenommen haben als bisher, könnte eine Wiederverheiratung durchaus dazu führen, dass Sie sich abermals zurückziehen müssen. In mancher Hinsicht mag Ihnen das vielleicht willkommen sein. In den meisten Fällen bedeutet der Eintritt in eine neue Ehe eine wesentliche ökonomische Verbesserung für die Mutter und ihre Kinder. Es gibt auch andere positive Aspekte. In Märchen kommen Stiefeltern zwar meistens schlecht weg und niemand würde behaupten wollen, dass zweite Ehen konfliktfrei sind, aber immerhin ist mit dem neuen Stiefvater oder der Stiefmutter noch ein zweiter Erwachsener im Haus, der mit anpackt. Ein Teil der Verantwortung, die Sie vor der Wiederheirat getragen haben, wird Ihnen jetzt wahrscheinlich abgenommen.

Vielleicht ist Ihnen die Chance, einfach wieder Großeltern zu sein, sehr willkommen und dennoch finden Sie es gar nicht so leicht loszulassen. Oder Sie wollen die zusätzliche Zeit mit Ihren Großkindern nicht missen. Sie werden außerdem mit neuen Großeltern auf der anderen Seite konfrontiert. Wenn Ihr neuer Schwiegersohn keine eigenen Kinder mit in die Ehe bringt, müssen Sie sich eigentlich gar nicht so sehr umstellen. Sollte Ihr neuer Schwiegersohn oder Ihre neue Schwiegertochter jedoch Kinder aus einer früheren Ehe mitbringen, so haben Sie plötzlich neue Stiefenkelkinder dazugewonnen.

Wenn Ihr Kind jemanden heiratet, der schon Kinder hat, bevor Ihr Kind selbst welche bekommt, könnte Ihre erste Erfahrung mit Enkelkindern die mit Ihren Stiefenkelkindern werden. So war es für Freds Eltern. Als Fred und ich heirateten, wurde Miriam ihr erstes (Stief)enkelkind und sie wurden zu ihren einzigen (Stief)großeltern. Ich habe immer bedauert, dass sie keine Großeltern hatte – die Eltern ihres Vaters Dan waren nie Teil ihres Lebens gewesen. Freds Eltern trafen Miriam zum ersten Mal auf unserer Hochzeit und ich erinnere mich noch genau an den Augenblick, in dem sich das starke Band zwischen ihr und Freds Vater zu entwickeln begann.

Meist ist das Leben für neu zusammengewürfelte Familien in unserer Gesellschaft trotz ihrer offensichtlichen Allgegenwart nicht gerade einfach. Stiefeltern müssen sich meistens mit einer Bandbreite von Hindernissen auseinander setzen, die für sich genommen zwar unwesentlich sind, einen aber alle zusammen rasend machen. Vielen von ihnen sind symptomatisch für die vorherrschenden engen Definitionen von Familie. Sie werden auch Ihnen als Großeltern bekannt vorkommen, wenn Sie sich in der Zeit zwischen zwei Ehen Ihrer Kinder um Ihre Enkelkinder gekümmert haben. So kann ein Arzt einem Stiefelternteil unter Umständen den Befund eines Kindes vorenthalten, im Kindergarten gestatten sie den Stiefeltern nicht, das Kind abzuholen, oder eine gemeinsame Versicherung gilt nicht für die Stiefkinder.

Nur ein Teil der Spannungen und Ambivalenzen, denen sich neu zusammengefundene Familien gegenübersehen, wird durch Probleme von außen verursacht. Die neue Situation verlangt von allen enorme Anpassungsleistungen. Die Eltern müssen sich mit den Tücken einer gemeinsamen Haushaltsführung herumschlagen. Ein Haus oder eine Wohnung miteinander zu teilen, zusammen die Finanzen zu besprechen und Kinder großzuziehen, das alles muss man erst lernen. Ihre neue Schwiegertochter wird sich wahrscheinlich selbst viel Druck machen, um von Ihren Enkelkindern nicht als die böse Stiefmutter gebrandmarkt zu werden. Die meisten Experten sind sich darüber einig, dass es etwa zwei bis fünf Jahre dauert, bis sich eine neu zusammengesetzte Familie in einen einigermaßen angenehmen Alltag eingefunden hat.

Sie müssen immer eins bedenken: Wenn Ihr Kind erneut geheiratet hat, heißt das nicht, dass Ihre Enkelkinder Sie jetzt nicht mehr brauchen. Es bedeutet einfach nur einen nochmalige Rollenwechsel. In vielen Fällen schiebt sich jetzt Ihre Rolle als Vertraute oder als Vorbild in den Vordergrund, während die praktische tägliche Hilfeleistung, die von Ihnen zuvor erwartet wurde, weniger wichtig wird. Die meisten Kinder fühlen sich durch die Gegenwart eines neuen Erwachsenen in ihrem Haushalt gestört, vor allem wenn sie – gegen alle Vernunft – gehofft haben, dass sich ihre Eltern wieder zusammentun. Sie werden sich wahrscheinlich nicht wohl fühlen, wenn sie das ihrer Mutter oder ihrem Vater gegenüber zum Ausdruck bringen, und deswegen wäre es gut, wenn sie sich bei Ihnen ausweinen könnten. Dann ist es wichtig, dass Sie Ihnen versichern, dass die Entscheidung des einen Elternteils, wieder zu heiraten, weder ein Verrat des anderen noch eine Bedrohung ihrer eigenen Position ist. Auf eine ähnliche Art und Weise können Sie Ihren Enkelkindern ein Vorbild sein, was herzliche Familienbeziehungen in einer Zeit der Veränderungen angeht, indem Sie sich offen und bereit zeigen, Ihren neuen Schwiegersohn oder Ihre Schwiegertochter voll und ganz zu akzeptieren.

Sie und Ihre Stiefenkelkinder

Die Art der Beziehung, die Sie mit Ihrem Stiefenkelkind entwickeln können, hängt von einer ganzen Reihe von Dingen ab. Zunächst einmal ist die Beziehung, die Ihr erwachsenes Kind – die Stiefmama oder der Stiefpapa – zu seinem neuen Kind aufbaut, entscheidend. Das soll nicht unterstellen, dass Sie keine Beziehung schaffen können, die in gewisser Weise unabhängig davon ist, aber es gibt ein paar praktische Überlegungen. Wenn Ihr Kind nicht mit dem Elternteil verheiratet ist, bei dem das Sorgerecht liegt, oder wenn die Stiefenkel schon in der Uni sind oder bereits junge Erwachsene, die allein leben, so haben Sie vielleicht nicht viele Gelegenheiten, eine Beziehung zu ihnen zu entwickeln. Wenn Ihre Stiefenkel bereits Großeltern haben – vielleicht sogar vier –, haben Sie vielleicht kein besonders großes Bedürfnis nach zwei weiteren.

Das Alter Ihrer Stiefenkel zu dem Zeitpunkt, in dem Sie in ihr Leben treten, ist auch von Bedeutung. Im Allgemeinen fällt es über zehnjährigen Kindern schwerer, sich an die neue Familiensituation zu gewöhnen, als jüngeren. Vor allem Jugendliche können außerordentlich große Umgewöhnungsschwierigkeiten haben. Während Säuglinge, Krabbelkinder und Kinder im Vorschulalter sie ganz selbstverständlich in ihr Leben mit aufnehmen, sind die älteren Kinder vielleicht nicht so offen für die Veränderung.

Übereilen Sie nichts! Kinder haben einen siebten Sinn für unechte Gefühle, also überrennen Sie sich nicht, indem Sie so tun, wie Sie meinen, dass es von Ihnen erwartet wird, oder indem Sie Gefühle vorspielen, die Sie nicht empfinden. Lesen Sie Bücher über Stieffamilien und seien Sie geduldig, bis Sie wissen, wie Sie der Familie am effektivsten helfen können. Glauben Sie nicht, dass etwas nicht stimmt, wenn nicht sofort ein Funke von Ihrem Stiefenkelkind auf

Sie überspringt. Wie bei so vielen Dingen im Leben ist auch hier das Timing der ausschlaggebende Faktor.

Denken Sie auch daran, dass Liebe unbegrenzt ist. Sie haben Ihren anderen Enkelkindern nicht weniger zu geben, wenn Sie sich für Ihre Stiefenkel erwärmen. Doch anstatt zu versuchen, mit Ihren Stiefenkeln dieselbe Vertrautheit wie mit Ihren anderen Enkelkindern zu erreichen, konzentrieren Sie sich einfach darauf, die bestmögliche Beziehung zu schaffen. Ich habe weiter vorne bereits darüber gesprochen, dass es unmöglich ist, Kinder identisch zu behandeln. Und sie gleich zu behandeln, heißt nicht, genau Buch zu führen. Das trifft auch auf Ihre neuen Stiefenkel zu. Es ist sehr viel wichtiger, jedes Ihrer Enkelkinder als ein Individuum zu begreifen, als ihnen allen immer genau dasselbe Geschenk zu machen.

Vielleicht sind Sie davon überzeugt, dass Sie sich nie wirklich von Herzen für ein Kind erwärmen können, mit dem Sie nicht blutsverwandt sind. Doch ist dies eher eine kulturell überlieferte Annahme als eine unverrückbare Wahrheit. In modernen westlichen Gesellschaften wird sehr oft unterstellt, dass Blutsbande die einzig tragende Grundlage einer Familie sein können. Wie ich bereits in dem Kapitel über Familien besprochen habe, zeigen Erfahrungen mit adoptierten Kindern, Kindern als Resultat von künstlicher Befruchtung und andere Familienkonstellationen, dass diese Vorstellung falsch ist.

Wenn sich Großeltern scheiden lassen

Scheidungen, Wiederverheiratungen, neu zusammengewürfelte Familien und Stiefenkel verschwinden nicht irgendwann, sie entwickeln sich weiter und treten in die folgenden Stadien des Familienzyklus ein. Stiefenkel werden groß, heiraten und bekommen selbst Kinder, geschiedene Eltern und Stiefeltern werden Großeltern. Ein Resultat der hohen Scheidungsraten seit den sechziger Jahren ist, dass Enkelkinder sehr häufig in komplexe Familiensituationen mit mehreren Paaren von Groß- und Stiefgroßeltern hineingeboren werden.

Hinzu kommt, dass sich zunehmend mehr Paare erst zu einer Scheidung entschließen, nachdem ihre Kinder erwachsen geworden sind oder sogar nachdem ihre Enkelkinder geboren wurden. Viele Regeln, die ich in Bezug auf die Scheidung Ihrer Kinder erwähnt habe, lassen sich auch auf Ihre eigene Scheidung anwenden. Vor allem müssen Sie vermeiden, Ihre Kinder und Enkel zu Schiedsrichtern zu machen. Sie gewinnen nichts, wenn Sie über Ihren Expartner herziehen oder unnötige Konfliktsituationen schaffen. Ferien und andere Familienereignisse werden sowieso für alle schwer genug. Wenn Sie Ihren Kindern mitteilen, dass Sie nicht zur Taufe Ihres Enkelkindes kommen oder zu einer anderen großen Feier, falls Ihr ehemaliger Gatte anwesend ist, dann haben Sie eine Pattsituation geschaffen. Selbst wenn Ihre Kinder Ihren Expartner nicht einladen, wird seine Abwesenheit Ihnen zur Last gelegt werden.

Auch wenn die Scheidung der Großeltern normalerweise viel weniger traumatisch als die der Eltern ist, brauchen Ihre Enkelkinder doch die Versicherung, dass Ihr Auseinandergehen nichts mit ihnen zu tun hat. Sollten Sie ein wesentlicher Stabilitätsfaktor in anderen Familienkrisen gewesen sein, kann Ihre Scheidung die Kinder sehr verwirren.

Schaffen Sie sich ein neues Leben! Sicherlich können Sie sich an Ihre Familie wenden, wenn Sie Unterstützung und Verständnis brauchen, aber fallen Sie ihnen nicht zur Last. Wenn Sie sich Hals über Kopf in deren Leben stürzen, wird es Ihre Probleme nicht lösen. Vielleicht konnte Ihr Ehemann nie etwas mit Opern anfangen, Sie aber lieben sie, dann suchen Sie sich doch jetzt jemanden, der mit Ihnen in die Oper geht. Vielleicht wollen Sie auch mit dem Gärtnern anfangen oder Sie schreiben sich noch mal an der Uni ein. Nehmen Sie an Seminaren der Erwachsenenbildung teil. Wenn Sie sich der Trauer hingeben und in Selbstmitleid versinken, werden Sie keine neuen Freundschaften schließen. Und ich spreche gar nicht mal unbedingt von neuen romantischen Beziehungen, sondern einfach von Leuten, mit denen Sie gern zusammen sein möchten.

Ob es nun die Ihre oder die Ihrer Kinder ist, eine Scheidung ist eine der leidvollsten Erfahrungen für eine Familie. Und auch wenn Sie noch nicht so unausweichlich wie der Tod oder die Steuern geworden ist, wird sie doch immer häufiger. Was auch immer Sie tun, es wird nie leicht sein. Aber indem Sie gut nachdenken und weise handeln, können Sie Ihren Enkelkindern die Bürde vielleicht ein wenig erleichtern.

12
Auf ein Neues: Wenn Großeltern Eltern werden

Ellen war acht Jahre alt, als ihr Vater erkrankte. Sie wurde zu den Großeltern väterlicherseits geschickt und blieb dort ein Jahr, während der Krankheit und dem Tod ihres Vaters. Ihr Großvater brachte ihr das Schachspielen bei. Nach dem Tod ihres Vaters ging sie zurück, um wieder bei ihrer Mutter zu leben. Aber die Erinnerung an das Jahr mit ihren Großeltern blieb ihr.

Die zweiundvierzig Jahre alte Afroamerikanerin Ray ist eine unglaublich warmherzige Frau. Sie hat nicht nur ihre eigenen vier Kinder großgezogen, sondern auch noch ein Mädchen adoptiert, das Kind einer Freundin, die dauernd im Gefängnis war und immer wieder Drogen nahm. Zahlreiche andere Kinder haben bei Ray gewohnt, einige nur für ein paar Tage oder Wochen, andere für Monate oder sogar länger. Deswegen war es für Ray ganz selbstverständlich, als ihre Tochter sie aus der Uni anrief, um ihr zu sagen, dass sie schwanger sei, die Verantwortung für das erwartete Enkelkind zu übernehmen, jedenfalls, bis es die Schule beendet habe. Natürlich ist immer wenig Geld da. Und bisweilen sagt Ray: »Ich habe mich jetzt seit vierundzwanzig Jahren um Kinder gekümmert. Manchmal habe ich keine Lust mehr dazu.«

Ungeplante Elternschaft

Manchmal kommt es nach und nach, als eine Aneinanderreihung tragischer Ereignisse, und manchmal ganz ohne Vorwarnung: ein Anruf mitten in der Nacht oder eine Sozialarbeiterin, die an Ihrer Haustür klingelt. Vielleicht werden Sie zunächst nur darum gebeten, sich ein paar Tage um Ihr Enkelkind zu kümmern; und dann wird diese Zeit immer länger. Eines Tages bemerken Sie, dass Sie gar kein Babysitter mehr sind. Wie die Umstände auch sein mögen, immer mehr Großeltern finden sich in einer Situation wieder, in der sie sich rund um die Uhr um ihre Enkelkinder kümmern.

Während einige Autoren diese zum zweiten Mal Eltern Gewordenen romantisch verklären und auf eine lange Tradition der großelterlichen Hilfe bei der Kinderbetreuung verweisen, stimmen die meisten Betreuer der dritten Generation darin überein, dass es nicht gerade großartig ist, noch einmal Eltern zu werden. Das liegt auch daran, dass die Kinder, um die sie sich kümmern, meistens Opfer eines der fünf folgenden erschütternden Ereignisse sind: Drogen, Tod, Krankheit, Scheidung oder Verlassenwerden. Und auch Inhaftierung, Teenagerschwangerschaften oder Kindesmissbrauch sind häufige Ursachen. Um es ganz einfach auszudrücken: Großeltern ziehen ihre Enkel groß, weil ihre Enkel jemanden brauchen, der sich um sie kümmert. Nur in den seltensten Fällen entspricht dies dem, was sie für sich in diesem Lebensabschnitt geplant hatten, und fast immer ist es das Resultat einer großen Tragödie.

Sie sind nicht allein

Wenn Sie eines oder mehrere Ihrer Enkelkinder betreuen, durchleben Sie wahrscheinlich emotionale Höhen und Tiefen. Oft fühlen sich Großeltern, die wieder Eltern werden, isoliert. Das ist ganz normal. Doch Sie sollten immer daran denken, dass Sie nicht allein sind. Es gibt Millionen von Menschen in derselben Situation.

In diesem Kapitel geht es mir um die Großeltern, die entweder zeitweise oder dauerhaft die Elternrolle übernehmen. Eine positive Entwicklung stellt dabei der enorme Anstieg an Hilfsorganisationen in Amerika und das gewachsene Verständnis für Großeltern, die Eltern sind, dar. Wenn es in Ihrer Nähe keine Selbsthilfegruppe gibt, so tun Sie sich doch mit anderen Menschen in Ihrer Situation zusammen und gründen eine.

Verschaffen Sie sich Klarheit über Ihre Möglichkeiten

Wenn Ihre Familie einen Schicksalsschlag erlitten hat, wollen Sie vielleicht instinktiv sofort einspringen und sich um Ihre Enkelkinder kümmern. Lassen Sie sich nicht von Ihrem Pflichtgefühl überrumpeln. Prüfen Sie die verschiedenen Möglichkeiten genau. Es sollte eine bewusste Entscheidung sein, wenn Sie Ihre Enkelkinder großziehen, und nicht etwas, das Ihnen einfach so widerfahren ist. Wenn Sie verheiratet sind, muss es eine gemeinsame Entscheidung sein und kein *fait accompli*, mit dem Sie Ihren Partner überraschen oder umgekehrt. Vielleicht gibt es andere Familienmitglieder, noch einen Sohn oder eine Tochter mit

Kindern, die sich an Ihrer Stelle um das Kind kümmern oder mit denen Sie sich zumindest die Verantwortung teilen können.

Wenn Sie für Ihr Enkelkind die Elternrolle einnehmen, müssen Sie das meiste von dem aufgeben, was die spaßige Seite der Großelternschaft ausmacht: Sie können Ihre Enkelkinder nicht mehr verwöhnen oder kurzerhand nach Hause schicken, wenn sie Sie ermüden. Sie müssen alle Konflikte durchstehen und sind verantwortlich für die Disziplin, das körperliche Wohlergehen und für ihre Ausbildung. Und aus welchen Gründen auch immer sich Ihre erwachsenen Kinder nicht um ihre Kinder kümmern können, Ihre Enkelkinder werden wahrscheinlich eine Unmenge von Aufmerksamkeit und Hilfe benötigen. Kinder, die von ihren Großeltern großgezogen werden, fallen in der Schule häufig durch Lern- und Verhaltensschwierigkeiten auf, auch wenn sich die Forschung über die Ursachen noch nicht im Klaren ist. Sind die Schwierigkeiten auf die Zeit zurückzuführen, in der die Kinder noch bei den Eltern lebten, oder sind sie erst das Resultat des Auseinanderbrechens der Familie und des darauf folgenden Durcheinanders?

Das Erste, was Sie sich fragen müssen, ist: Schaffe ich das? Kann ich mich wirklich um mein Enkelkind kümmern, bis es erwachsen ist? Bevor Sie diese Frage beantworten, sollten Sie sich vielleicht mit einigen Experten beraten. Auch wenn Ihnen niemand Garantien geben kann, könnten Sie vielleicht mit Ihrer Ärztin oder Ihrem Arzt beginnen. Sie haben nicht mehr so viel Energie wie die Eltern, aber Sie müssen gesundheitlich relativ gut beieinander sein, um sich um ein lebhaftes Kind oder um einen Heranwachsenden kümmern zu können. Lassen Sie sich von Ihrem Arzt durchchecken und fragen Sie ihn nach einem angemessenen Bewegungsprogramm. Auch wenn viele Großeltern vielleicht schon damit begonnen haben, sich mehr um sich selber zu kümmern – indem sie vielleicht das Rauchen aufgegeben haben –, gibt es andere, die, um ihrer Sorgerechtsfunktion besser nachzukommen, damit anfangen, ihre Schwierigkeiten einfach zu ignorieren. Es ist also nicht verkehrt, wenn Sie mit dem Einholen einer objektiven medizinischen Meinung zu Ihrem gesundheitlichen Zustand beginnen.

Ihr Steuer- oder Finanzberater – sollten Sie noch keinen haben, ist jetzt die Zeit dafür gekommen – kann Ihnen wahrscheinlich eine Vorstellung davon vermitteln, ob Sie sich diese finanzielle Zusatzbelastung leisten können. Die schwankenden Kosten, die ein Kind mit sich bringt, können Sie sehr unter Druck setzen, vor allem, wenn Ihr Einkommen niedrig ist. In dem Film »Homecoming« (1996) kommentiert Anne Bancroft, die eine verwitwete Großmutter spielt, die sich um ihre vier verwaisten Enkelkinder kümmert, zynisch: »Ich hatte etwas Geld für das Alter zur Seite gelegt, aber nach meinem letzten Lebensmitteleinkauf ist mir klar geworden, dass ich jetzt einen Monat früher sterben muss, als ich geplant hatte.« Auch wenn es diverse staatliche Zuschüsse gibt, kommen diese normalerweise kaum für Ihre tatsächlichen Kosten auf.

Sie sollten sich auch Klarheit darüber verschafffen, ob Ihr Haus oder Ihre Wohnung, die Nachbarschaft und nähere Umgebung all die Dinge bereit stellen, die Kinder brauchen, wie Schulen oder eine ausreichende ärztliche Versorgung.

Das Unerwartete erwarten

Großeltern, die die Elternrolle übernehmen, finden sich auf einer emotionalen Achterbahn wieder. Gerade in dem Moment, in dem ihr Leben ruhiger wird, werden ihre Träume zerschlagen; ihr Arbeits- und Sozialleben wird vollkommen durcheinander gebracht, ihre Ruhe ist dahin.

Die Anspannung, sich ständig um kleine Kinder kümmern zu müssen, fordert ihren Tribut, vor allem in Bezug auf die Ehe der Großeltern. Selbst wenn beide Partner damit einverstanden waren, sich um ihr Enkelkind zu kümmern, kann der täglich anfallende Stress, mit kleinen Kindern fertig zu werden, für jede Ehe zur Nagelprobe werden. Waren Sie sich früher uneinig, wie man Kinder erziehen sollte, dann kommt das bei den Enkelkindern wieder zur Sprache und wird durch neue Vorfälle noch verschärft. Wenn einer von Ihnen die behütende Großelternrolle weiterspielen will und die Rolle der strengen elterlichen Figur dem anderen überlässt, ist das ein sicheres Rezept für eine ernsthafte Verstimmung. »Guter Bulle, schlechter Bulle« mag vielleicht eine effektive Befragungstechnik sein, aber wenn derjenige von Ihnen, der die Grenzen setzt, dauernd vom anderen konterkariert wird, ist niemandem damit gedient. In dem Film »Entscheidung des Herzens« (1994 mit Carol Burnett und George Segal) wird ein besonders anrührendes Bild eines lebhaften Paares gezeichnet. Beide sind Anfang sechzig und ihre erst vor kurzem geschlossene Ehe gerät in Gefahr, als ihre drogensüchtige Tochter ihren kleinen Sohn bei ihnen lässt. Obwohl sie finanziell abgesichert und gesundheitlich fit sind, bringt das Ereignis ihr Leben völlig durcheinander und bedroht ihre Beziehung. Der flüchtige Versuch der Tochter, ihren Sohn wieder zu sich zu holen, führt nur dazu, dass sowohl er als auch die Großmutter noch verwirrter sind.

Wenn Sie sich dazu entschlossen haben, sich um Ihr Enkelkind zu kümmern, wird diese neue Situation Ihre Ehe wahrscheinlich sehr oft auf die Probe stellen. Viele empfinden dabei den Umgang mit ihrem erwachsenen Kind als schwierigsten Teil. Wenn Großeltern ein Enkelkind aufziehen, kommt es vor, dass sich die Mutter oder der Vater dieses Kindes wie ältere Geschwister verhalten und die Aufmerksamkeit der Großeltern auf sich lenken wollen. Im Umgang mit Ihrem erwachsenen Kind sollten Sie sich in jedem Fall einig sein, ob es nun darum geht, wann beziehungsweise ob es wieder nach Hause zurückkehren kann, wie oft es sein Kind sehen darf und ob sie unter Umständen vor Gericht gehen sollten, um ihm das Sorgerecht zu entziehen.

Auch wenn der Begriff »Sandwich-Generation« für erwachsene Kinder, die zwischen ihren Kindern und ihren Eltern eingequetscht sind, angewendet wird, sind es de facto die Großeltern, die sich um ihre Enkel kümmern, die in der Mitte eingezwängt werden. Normalerweise werden sie nämlich zwischen ihrem Bedürfnis, ihr Enkelkind zu beschützen und ihr erwachsenes Kind nicht im Stich zu lassen, hin und her gerissen. Oft bemerken sie auch, dass sie sich so intensiv mit ihrem Enkelkind und ihrem Kind beschäftigen, dass es auf Kosten ihrer Beziehung mit ihren anderen erwachsenen Kindern und Enkelkindern geht. Großeltern, die das Sorgerecht haben, berichten, dass sie ihre anderen Enkel nicht so oft sehen, wie sie gern würden, und dass sie aufgrund dieses Mangels an Nähe und Engagement Schuldgefühle entwickeln.

Es überrascht nicht, dass Unruhe, Depression und Einsamkeit häufige Beschwerden dieser Großeltern sind. Und obwohl viele Großeltern eine enorme Erleichterung verspüren, wenn sie sich dann nicht mehr um die tägliche Sicherheit und das Wohlergehen ihrer Enkel sorgen müssen, berührt sie das Schicksal ihrer erwachsenen Kinder doch sehr. Wenn Sie sich um Ihr Enkelkind kümmern, ist es ganz wichtig, dass Sie sich ein verlässliches und weit verzweigtes Netz von Unterstützung aufbauen.

Schuldgefühle: Es ist nicht Ihr Fehler. Die moderne Psychologie hat bestimmt sehr viel zu unserem Verständnis des menschlichen Verhaltens beigetragen. Seit ihrer großen Verbreitung hat sich jedoch auch eine weniger positive Eigenschaft eingebürgert, und das ist die Flucht vor der Verantwortung. Manchmal kommt es einem so vor, als ob die Menschen, immer wenn sie unverantwortlich handeln, die Schuld irgendjemand oder irgendetwas anderem zuschieben. Sie können nichts dafür, denn das Fernsehen, ein Film, die Schule, die Uni und die Eltern – natürlich – sind schuld.

Wenn Ihrem Kind etwas zustößt und es nicht ein Unfall oder eine Krankheit ist, werden Sie sich unterschwellig immer fragen: »Was habe ich nur falsch gemacht?« Richter, Sozialarbeiter, Freunde und Sie selbst werden sich mit Sicherheit Gedanken über ihren Anteil an dem Unglück machen. Lassen Sie sich nicht darauf ein. Mit der Sozialarbeiterin, Autorin und Gründerin von »Grandparents as Parents« Sylvie de Toledo gesprochen: »Niemand zwingt jemand anderen dazu, Drogen zu nehmen, ein Baby zu verlassen oder ein Kind zu missbrauchen. Wie auch immer Sie als Eltern gehandelt haben, das ist vorbei. Sie haben es so gut gemacht, wie Sie konnten. Jetzt sind Ihre Kinder erwachsen und treffen ihre eigenen Entscheidungen.«

Wenn Sie sich um Ihr Enkelkind kümmern: Ein paar Tipps

Wenn Sie für Ihr Enkelkind sorgen, als seien Sie seine Eltern, tun Sie genau das und nicht weniger. Es würde ein ganzes Buch oder sogar mehrere füllen, um Sie über alles, was Sie über das Aufziehen von Kindern heutzutage wissen müssen, zu informieren. Sie müssen die gängigen Meinungen kennen, ob es sich nun um Schnuller oder um Kinderärzte handelt. Sie müssen sich mit Ihrem örtlichen Schulsystem so intensiv auseinander setzen, wie Sie es sich nie vorgestellt hätten. Und das ist nur der Anfang. Am besten, Sie kontaktieren eine Selbsthilfegruppe und fragen dort nach Tipps und dann kaufen Sie sich einige der empfohlenen Bücher.

Und einige besondere Hinweise sollten Sie auf jeden Fall berücksichtigen: Eine umfassende medizinische Untersuchung ist genauso wichtig für Ihr Enkelkind wie für Sie. Sie sollten unbedingt mit ihm zum Kinderarzt gehen, um es gründlich untersuchen zu lassen. Bemühen Sie sich darum, seine medizinischen Befunde einsehen zu können. Sicher ist das nicht immer möglich. Wenn Ihr Enkelsohn vernachlässigt worden ist, wurde er unter Umständen nicht regelmäßig geimpft. In diesem Fall ist es erforderlich, die Impfungen nachzuholen. Sollte er missbraucht worden sein, ist eine medizinische Untersuchung wichtig, um die Verletzungen und Spuren der Misshandlung zu dokumentieren. Und schließlich sollte er durchgecheckt werden, damit eventuell bereits bestehende Krankheiten erkannt werden.

Wenn Ihr Enkelkind bereits im Mutterleib Drogen ausgesetzt wurde, kann es Ihnen schier das Herz brechen. Doch wenn Ihre Tochter oder Ihre Schwiegertochter bis zum Zeitpunkt der Geburt Drogen genommen hat, muss man dem Neugeborenen das nicht unmittelbar anmerken. Wenn Sie vermuten, dass das der Fall sein könnte, sollten Sie auf jeden Fall so schnell wie möglich mit einem Arzt sprechen. Erst später merkt man diesen Kindern ihre Beeinträchtigungen an, darunter oft neurologische Schäden und Hyperaktivität.

Das psychische Wohlbefinden Ihres Enkelkindes ist nicht weniger wichtig als ihr physisches. So schmerzhaft Sie selbst die Krise Ihres erwachsenen Kindes empfinden mögen, für Ihre Enkel ist es noch viel schwerer. Sie haben einen Erfahrungsschatz gesammelt, auf den Sie zurückgreifen können, wenn Sie sich dieser Situation stellen müssen, aber Ihre Enkelkinder sind noch sehr viel verwundbarer. Während Sie selbst wahrscheinlich gelernt haben, Ihren Kummer und Ärger, Ihre Schuldgefühle und Ängste auf angemessene Art und Weise zu äußern, hat Ihr Enkelkind außer mit diesen Gefühlen mit weiteren zu kämpfen, die es sich vielleicht gar nicht erklären kann. Viele Kinder, die verlassen oder missbraucht worden sind, verhalten sich so, als seien sie viel jünger. Sie werden zu Bettnässern, reden in Babysprache oder klammern. Auch Schlaf- und Essstörungen kommen häufig vor.

Selbst wenn Ihr gemeinsames Leben zu Hause relativ gut gehen sollte, kann Ihr Enkelkind Schwierigkeiten in der Schule haben. Stabilität und Kontinuität sind in solchen Situationen zwar fast lebensnotwendig, aber oft gibt es keine andere Lösung, als Ihr Enkelkind in eine neue Schule an Ihrem Wohnort zu schicken. Die Neue in der Schule zu sein ist nie leicht, vor allem, wenn das Schuljahr schon angefangen hat, sich Gruppen gebildet haben und Freundschaften bereits geschlossen worden sind. Wenn es irgend möglich ist, belassen Sie Ihre Enkeltochter lieber in ihrer alten Schule, selbst wenn das für Sie bedeutet, dass Sie ein paar Monate lang ziemlich weit fahren müssen. Sie können die Veränderung herbeiführen, wenn sich das Kind bei Ihnen eingelebt hat oder zum Beginn des nächsten Schuljahres. Natürlich haben Sie in diesen Dingen oftmals gar keine Wahl.

Selbst wenn Ihre Enkeltochter in derselben Schule bleiben kann, muss das nicht unbedingt gut verlaufen. Kinder sind oft sehr grausam. Wenn keine Erwachsenen dabei sind, ist es gut möglich, dass sie erbarmungslos über die Mutter oder den Vater eines Kindes herziehen. In Schulen wird darüber hinaus fast immer unterstellt, dass die Kinder zu Hause bei ihren Eltern wohnen, deswegen sollte die Schulleitung so schnell wie möglich von der veränderten Situation in Kenntnis gesetzt werden. Dann werden sich auch alle bemühen, Verhaltensproblemen wie Aggressionen, Schwänzen, plötzlicher Schüchternheit oder dem dramatischen Nachlassen der schulischen Leistung aufmerksam zu begegnen. Störer fallen immer mehr auf als ruhige Kinder, die leicht im Gewirr untergehen, also halten Sie Ihre Augen und Ohren offen.

Leider gibt es keine einfachen Lösungen für diese Probleme. Doch oft tritt eine Verbesserung ein, wenn sich Ihr Enkelkind eingelebt hat und langsam merkt, dass es in einer sicheren und liebevollen häuslichen Atmosphäre lebt, in der es sich geborgen fühlt. Bei Ihnen sollte Unterstützung und Stabilität zum täglichen Leben dazugehören. Umarmungen, regelmäßige Mahlzeiten und Zubettgehzeiten, unendlich viel Geduld und Verständnis sind erst der Anfang. Niemand erwartet von Ihnen, dass Sie das alles allein bewältigen, also sehen Sie sich ruhig um: Andere Familienmitglieder, Freunde, Selbsthilfegruppen und professionelle Berater können Ihnen eine Hilfe sein.

Alle Großeltern müssen sich in dieser Situation die Frage stellen, was sie ihren Enkelkindern über deren Eltern erzählen wollen. Hier rate ich wie in vielen Bereichen – darunter auch die Sexualerziehung oder das Thema Tod (siehe Kapitel 13) – zu einer moderaten Version der Wahrheit. Damit meine ich, dass Sie einen Weg finden sollten, um die Wahrheit auf eine Art und Weise zu erzählen, die dem Alter und Verständnis Ihres Enkelkindes angemessen ist. Wenn Sie einem Dreijährigen erzählen, dass seine Mutter oder sein Vater drogensüchtig ist, wird ihm das wenig sagen, aber Ihrer heranwachsenden Enkeltochter wird es vielleicht etwas bestätigen, was sie bereits vermutet hatte.

Wenn Sie die Wahrheit sagen, kommen Sie später in keine Verlegenheit. Sie brauchen sich auch keine Sorgen darüber zu machen, ob irgendjemand anderes schließlich die Katze aus dem Sack lässt. Lügen Sie Ihr Enkelkind in diesem wichtigen Punkt nicht an, es führt unweigerlich irgendwann zu Problemen. Kinder haben Mittel und Wege, Geheimnisse herauszufinden, und wahrscheinlich ist Ihr Enkelsohn von den Erwachsenen schon so oft enttäuscht worden, dass Sie nicht noch einmal in dieselbe Kerbe hauen sollten. Natürlich müssen Sie taktvoll und sensibel dabei vorgehen.

Machen Sie es sich leicht

Die Themen, die ich in diesem Kapitel bisher behandelt habe, können Ihnen höchstens eine Ahnung von den Herausforderungen vermitteln, denen Sie sich stellen müssen. Alles, was Sie tun können, um sich Ihren Alltag zu erleichtern, ohne die Sicherheit Ihrer Enkelkinder zu gefährden, empfehle ich Ihnen hiermit wärmstens. Regelmäßigkeit, das Übertragen von Arbeiten im Haushalt und klar festgelegte Zubettgehzeiten tragen wesentlich dazu bei. Vielleicht ist es Ihnen, als Sie Ihre eigenen Kinder großzogen, nie in den Sinn gekommen, etwas Italienisches oder Chinesisches zu bestellen oder Tiefkühlgerichte in der Mikrowelle aufzuwärmen, aber es kann Ihnen eine Menge Arbeit ersparen – und Ihr Enkelsohn wird es wahrscheinlich ganz toll finden.

Sicher wird Ihnen auffallen, wie sehr sich Ihr Alltag von Ihrem früheren mit Ihren eigenen Kindern unterscheidet. Ihre Kinder haben wahrscheinlich nach der Schule an zahlreichen Aktivitäten teilgenommen und Sie haben sehr viel Zeit damit verbracht, sie in der Gegend herumzufahren. Vielleicht fehlt Ihnen bei Ihren Großkindern die Zeit dafür oder Sie haben nicht mehr dieselben Möglichkeiten. Es ist keine Schande, das zu sagen. Vielleicht hatten Sie damals gegenüber einer Ganztagsbetreuung oder Schülerläden Berührungsängste, aber jetzt könnten sie die einzige Möglichkeit sein, dass auch Sie etwas Freizeit haben, in der Sie sich ausruhen und entspannen können, Freunde besuchen oder sich einfach um sich selber kümmern. Es ist wichtig, sich von der Vergangenheit nicht einholen zu lassen und sich nicht mit früheren Maßstäben zu geißeln.

Selbst wenn Ihnen der Arzt grünes Licht gegeben hat, Ihre Enkelkinder bei sich aufzunehmen, ist es sinnvoll, sich regelmäßig durchchecken zu lassen. Sie sollten auch genug Ruhezeiten für sich selbst einplanen. Eine gute Möglichkeit dazu besteht darin, Ihr Enkelkind zu einer Vorstellung zu bringen, zum Beispiel wenn in der Bücherei etwas vorgelesen wird oder eine Veranstaltung im Freizeitzentrum unter der Verantwortung anderer Erwachsener stattfindet. Die ersten Male wollen Sie vielleicht noch dableiben, aber schließlich werden Sie diese Zeit dazu nutzen, um sich auszuruhen, Besorgungen zu machen oder einfach nur in Ruhe eine Tasse Kaffee mit einer Freundin zu trinken.

Wenn Sie verheiratet sind, müssen Sie sich genug Zeit für Ihren Ehepartner nehmen. Sich um kleine Kinder zu kümmern kann einen hohen Tribut von Ihrem Familienleben fordern, vor allem, wenn es Sie unerwartet getroffen hat. Opfern Sie nicht Ihre Ehe, um Ihre Enkelkinder zu retten.

Bisher haben wir uns mit praktischen und emotionalen Aspekten beschäftigt, die wichtig werden, wenn Sie als Großeltern das Sorgerecht zugesprochen bekommen. Wie ich versucht habe zu betonen, ist dies normalerweise eine schwierige Situation, die fast immer das Ergebnis von einer oder mehreren Familientragödien ist. Leider ist dies nur ein kleiner Teil der Geschichte. Weitaus problematischer gestaltet sich die rechtliche und finanzielle Situation. Sie ist ein wahrer Irrgarten. Geldsachen sind nie leicht und machen diese besondere Situation noch anstrengender und erschöpfender. Da diese Themen außerordentlich komplex sind, kann ich sie hier nur anreißen. *Setzen Sie sich auf jeden Fall mit Rechts- und Finanzberatern zusammen oder besorgen Sie sich Informationen aus einer anderen zuverlässigen Quelle.*

Schutz und Zufluchtsmöglichkeiten

Es gibt nur wenige Situationen, die Großeltern in größere Verzweiflung stürzen können, als wenn sie vermuten, dass ein Elternteil ein Kind sexuell missbraucht, misshandelt oder psychisch unter Druck setzt. Dann wollen sie ihr Enkelkind beschützen, ohne ihren Sohn oder ihre Tochter in Schwierigkeiten zu bringen. In vielen Fällen sind sie sich vielleicht nicht ganz sicher, ob es tatsächlich stimmt, da sie nur indirekte Hinweise haben, etwa blaue Flecken oder andere Spuren von Gewaltanwendung. Oder die Großeltern müssen annehmen, dass ihr Sohn oder ihre Tochter Drogen nimmt oder anderen Aktivitäten nachgeht, die ihr Enkelkind gefährden.

Was Sie mit Sicherheit nicht tun dürfen, ist, die Situation zu ignorieren. Hier handelt es sich um die eine einzige Ausnahme von der Regel, dass Großeltern die wesentlichen Entscheidungen in der Kinderbetreuung den Eltern überlassen müssen! Wenn Sie eine Art von Misshandlung oder Missbrauch vermuten, fangen Sie damit an, die Ereignisse niederzuschreiben. Vielleicht brauchen Sie das später, um etwas zu beweisen. Die beste Lösung ist immer, wenn es Ihnen gelingt, die Eltern dazu zu bringen, sich Hilfe zu suchen und die Misshandlung zu unterlassen. Aber wenn sie das Problem bestreiten und nicht damit einverstanden sind, sich professionell beraten zu lassen oder anderweitig Unterstützung zu suchen, so haben Sie wahrscheinlich keine andere Wahl, als die Dinge selbst in die Hand zu nehmen und Hilfe zu beschaffen.

Geben Sie der Situation eine rechtliche Grundlage

Auch wenn Ihr Familiensinn Ihre Entscheidung, sich um Ihr Enkelkind zu kümmern, ganz selbstverständlich erscheinen lässt, stellt sich dies rechtlich gesehen deutlich komplexer dar. Wie in Kapitel 11 anlässlich von Scheidungen angedeutet, haben Großeltern verhältnismäßig wenige Rechte. Eine unmittelbare Konsequenz daraus ist, dass Ihnen keine andere Wahl bleibt, als sich gründlich mit dem Rechtssystem auseinander zu setzen, sowie Sie sich dazu entschlossen haben, sich um Ihr Enkelkind zu kümmern. Wenn Sie nie mit Gerichten zu tun hatten, machen Sie sich auf eine qualvolle Erfahrung gefasst. Und selbst wenn Sie schon einmal vor Gericht erscheinen mussten, sind Sie wahrscheinlich nicht darauf vorbereitet, was Großeltern, die um das Sorgerecht kämpfen, durchmachen müssen.

Pflegschaft und Vormundschaft

Ein erster Schritt, mehr Verantwortung für Ihr Enkelkind zu übernehmen, kann darin bestehen, eine Pflegschaft für es zu beantragen. In einem solchen Fall bleibt das Kind unter der elterlichen Sorge oder Vormundschaft und erhält lediglich für Angelegenheiten, »an deren Besorgung die Eltern oder der Vormund verhindert sind« (BGB § 1909), Sie als seinen Pfleger bestellt. Soll eine Pflegschaft beantragt werden, muss dies von den Eltern dem Vormundschaftsgericht unverzüglich angezeigt werden.

Neben der Pflegschaft gibt es die Möglichkeit, die Vormundschaft für Ihr Enkelkind zu beantragen. Als Vormund sind Sie laut Gesetz angehalten, für die Person und das Vermögen Ihres Mündels Sorge zu tragen, haben aber nicht das uneingeschränkte Sorgerecht. Wenn Sie sich um die Vormundschaft für Ihr Enkelkind bemühen, bitten Sie die Gerichte, die elterlichen Rechte zeitweilig zu Ihren Gunsten einzuschränken, damit Sie sich um Ihr Enkelkind kümmern können. Die Bestellung eines Vormunds läuft in der Regel nur mit dem Einverständnis der Eltern, sie haben ein sogenanntes Benennungsrecht. Doch unter gewissen Umständen liegt es beim Vormundschaftsgericht, nach Anhörung des Jugendamtes einen Vormund zu berufen. Dabei ist es angehalten, Verwandte und Verschwägerte des Mündels zunächst zu berücksichtigen, doch können die Eltern gegen diese Entscheidung Einspruch erheben. So erweist es sich meist als schwierig, gegen den Willen der Eltern die Vormundschaft für Ihr Enkelkind zu bekommen. Doch da wie bei Adoption und Pflegschaft zum Wohl des Kindes entschieden werden soll, kann das Vormundschaftsgericht auch entgegen dem Willen der Eltern handeln. Wenn das Wohl des Kindes gefährdet ist, muss alles unternommen werden, um Gefahr abzuwenden. Sind alle anderen Maßnahmen erfolglos geblieben, kann das Kind laut Gesetz von den Eltern getrennt werden.

Doch bis Sie die Vormundschaft tatsächlich übertragen bekommen sollten, ist es noch ein weiter Weg. Bevor Sie sich darum bemühen, sollten Sie sich umfassend über Ihre Chancen und Rechte informieren. Eine erste Orientierung bieten das Familienministerium, ein Anwalt für Familienrecht oder andere Beratungsstellen.

Adoption

Unter gewissen Umständen kann es am sinnvollsten sein, wenn Sie Ihr Enkelkind adoptieren. Nur so bekommen Sie das volle uneingeschränkte Sorgerecht für das Kind. Mit der Adoption übernehmen Sie alle Rechte und Pflichten der Eltern. Ganz anders als Vormundschaft löst die Adoption dauerhaft alle rechtlichen Bande zwischen Ihrem Enkelkind und deren Eltern und schafft eine neue Eltern-Kind-Einheit. Dann sind Sie nämlich nicht mehr Großeltern, sondern Eltern. Das heißt nicht, dass Ihr Enkelkind seine Eltern nie mehr wieder sehen wird, aber es bedeutet, dass Sie das Recht haben, zu entscheiden, wann und unter welchen Umständen dies geschieht. Aus diesem Grund ist die Adoption die sicherste Art des Sorgerechts. Sollte dies nun so klingen, als würde ich Adoption für viele oder die meisten Paare empfehlen, so lassen Sie mich ganz deutlich machen, dass dem nicht so ist. Wie bei den anderen Möglichkeiten, die wir oben besprochen haben, müssen Sie sich auch hier fragen, ob dies wirklich die beste Lösung für Ihr Enkelkind ist. Fragen zu Ihren emotionalen, finanziellen und physischen Fähigkeiten und Möglichkeiten, ein Kind bis zum Erwachsenenalter großzuziehen, sind in diesem Fall ausschlaggebend.

Mit der Adoption verhält es sich wie mit der Vormundschaft: Außer wenn Ihr Enkelkind Waise ist oder die Eltern mit der neuen Lösung einverstanden sind, müssen Sie vor Gericht beweisen, dass Ihre Kinder als Eltern ungeeignet sind. Anders als bei der Vormundschaft wollen Sie eine dauerhafte Lösung und keine zeitweilige Verfügung. Viele Menschen finden es sehr schwer, ihr erwachsenes Kind aufzugeben, selbst wenn sie wissen, dass es das Beste für ihr Enkelkind ist.

Die Rechnungen begleichen

Wie sehr Sie Ihre Enkel auch lieben und wie stark Sie sich Ihnen gegenüber verpflichtet fühlen, Sie sind nicht dafür verantwortlich, Sie finanziell zu unterstützen.

Unterhaltszahlungen gehören zu den elterlichen Pflichten. Wenn sie ihren Verpflichtungen nicht nachkommen können oder wollen, steht Ihren Enkelkindern staatliche Unterstützung zu. Bevor Sie sich darauf versteifen, dass Sie kein Geld vom Staat annehmen wollen, denken Sie daran, dass Ihre Enkel ein Recht auf diese Zahlungen haben. Sie sollten Ihnen nicht aus Stolz oder Unwissenheit die Rechte strittig machen, auf die sie einen Anspruch haben.

Wenn Sie sich um staatliche Unterstützung bemühen, müssen Sie sich durch ein Labyrinth der Willkür und des

Mangels an klaren Informationen hindurcharbeiten, das für viele Bürokratien charakteristisch ist. Bestimmt sind Sie oft genug drauf und dran, auf dem Absatz kehrtzumachen und die ganze Sache hinzuschmeißen. Tun Sie das nicht! Wenn Ihren Enkelkindern Unterstützung zusteht, dann haben sie sie verdient und Sie sollten keine Anstrengung scheuen, um sicherzustellen, dass sie sie auch bekommen.

Lassen Sie sich von Behörden und Beratungsstellen die neuesten Informationen geben. Vor allem Selbsthilfegruppen können Sie auf besondere Punkte aufmerksam machen, die Sie sonst vielleicht übersehen würden.

Es ist erst vorbei, wenn es vorbei ist

Außer wenn Sie Ihren Enkelsohn adoptiert haben oder beide Eltern verstorben sind, können Sie nie sicher sein, dass er dauerhaft bei Ihnen bleibt. Je weniger formell Ihre Sorgerechtsvereinbarungen sind, desto leichter wird es für seine Eltern sein, ihn wieder zu sich zurückzuholen. Wenn Sie das Sorgerecht haben, und mehr noch, wenn Sie Vormund des Kindes sind, ist es für die Eltern schwerer, ihr Kind zurückzubekommen, denn nun müssen diese beweisen, dass sie imstande sind, sich um ihr Kind zu kümmern. Aber das Rechtssystem favorisiert die Eltern und Sie haben keine Garantien. Darüber hinaus können Sie sich Ihres Besuchsrechtes nicht mehr sicher sein, sowie die Eltern das Sorgerecht wiederbekommen!

Im schlimmsten Fall versuchen die Eltern, Sie völlig aus dem Leben Ihres Enkelkindes auszuschließen. Wie bereits besprochen, können viele Schritte, die Sie unternommen haben, um Ihr Enkelkind zu beschützen und zu unterstützen – etwa wenn Sie sich um die Vormundschaft bemüht haben –, ihre Beziehungen mit dessen Vater oder Mutter sehr beeinträchtigt haben. Das passiert besonders häufig, wenn Sie vor Gericht gegangen sind, um den Eltern das Sorgerecht entziehen zu lassen, aber es kann genauso geschehen, wenn das Gericht und nicht die Großeltern die Initiative ergriffen hat.

Sollte Ihr Kind sein Leben wieder in die Hand genommen und die Probleme gelöst haben, die es dazu veranlasst hatten, sein Kind zu verlassen, werden Ihre Gefühle gemischt sein: einerseits Erleichterung, dass Ihr erwachsenes Kind wieder ein funktionierender, verantwortungsbewusster Elternteil geworden ist, und andererseits Traurigkeit, dass Sie ein Kind verlieren, das so sehr Teil Ihres Lebens geworden ist. Darüber hinaus die Sorgen und Ängste, ob Ihr Kind wirklich imstande sein wird, eine zuverlässige und geborgene häusliche Atmosphäre aufrechtzuerhalten.

Auch Ihr Enkelkind wird wahrscheinlich von Gefühlen der Unsicherheit geplagt. Selbst seine Freude über die Rückkehr zur Mutter wird die Erinnerung an vergangene Enttäuschungen, Misshandlungen und Verletzungen nicht verschwinden lassen. Einige Kinder weigern sich strikt, wieder zu ihren Eltern geschickt zu werden, und vielleicht sind Sie die Zielscheibe ihres Ärgers, obwohl Sie selbst damit nichts zu tun haben. Auf jeden Fall kann Ihr Status als Verlierer zu Verhaltensproblemen führen, die Sie an die ersten Tage mit Ihrem Enkelkind erinnern werden.

Wenn Sie im Voraus von der Veränderung erfahren, können Sie sich die Zeit nehmen, um sich und Ihr Enkelkind darauf vorzubereiten. Auch wenn Sie hoffen, dass alles gut geht, müssen Sie doch sicherstellen, dass Ihr Enkelkind weiß, wie es mit den Behörden in Kontakt treten kann, für den Fall, dass seine Eltern wieder zu ihrem gefährlichen Verhalten zurückkehren. Wenn die Eltern ihm erlauben, mit Ihnen in Kontakt zu bleiben, dann sollte es wissen, wie es Sie im Notfall erreichen kann.

Wenn Sie sich und Ihr Enkelkind auf die Veränderung vorbereitet haben, bleibt Ihnen nichts mehr weiter zu tun. Wenn Sie Ihr Enkelkind weiterhin sehen dürfen, werden Sie die Situation im Auge behalten und die Kontinuität wahren – jedenfalls wenn die Beziehung zu Ihrem erwachsenen Kind gut ist. Leider müssen Sie auch ein wachsames Auge auf Anzeichen haben, die auf gefährliches oder unverantwortliches Verhalten hindeuten.

Selbst wenn Sie die Zeit mit Ihrer Enkeltochter als physisch, emotional und finanziell belastend empfunden haben, werden Sie fast unweigerlich in ein Loch fallen, wenn sie Sie verlässt. Es ist ganz normal zu trauern. Wenden Sie sich an Ihre Freunde oder andere Familienmitglieder um Unterstützung. Nach einer Zeit der Trauer müssen Sie wieder in Ihr normales Leben zurückfinden. Das könnte eine Gelegenheit sein, die sozialen Aktivitäten wieder aufzunehmen, die Sie aufgeben mussten, als Sie die Verantwortung für ein kleines Kind oder einen Teenager übernahmen. Einige Großeltern haben sich mit den Angeboten für Pflegegroßeltern ihrer Kirchengemeinde getröstet, indem sie auf Kinder aus der Gegend aufpassten. Als so genannte »Leih-Omas« und -Opas kümmern sie sich um Kinder, die nicht ihre leiblichen Enkel sind. In Deutschland gibt es mittlerweile in jeder größeren Stadt solch einen Großelterndienst. Andere sind durch ihre Erfahrungen mit den Behörden oder dem Rechtssystem zu politischen Aktivisten geworden und unterstützen nun andere Großeltern und machen sich stark für ihre Rechte.

Denken Sie daran, dass es nicht vorbei ist, bis es vorbei ist. Kinder können zu ihren Eltern zurückgeschickt werden und schließlich wie ein Ping-Pong-Ball von den Launen der Eltern und der Gerichte hin- und hergeschubst werden. Sosehr Sie sie auch vermissen mögen, das Letzte, was Sie Ihren Großkindern sicher wünschen, ist, dass sie durch das Jugendamt wieder zu Ihnen zurückgebracht werden. Denn das bedeutet ja, dass Ihr erwachsenes Kind als Elternteil wiederum gescheitert und Ihr Enkelkind ein weiteres Mal von ihm misshandelt oder anderweitig verletzt worden ist.

Kleine Momente der Freude und Liebe

Im überwiegenden Teil dieses Kapitels habe ich über die täglichen Schwierigkeiten und Herausforderungen gesprochen, mit denen Sie sich konfrontiert sehen, wenn Sie das Sorgerecht für Ihre Enkel übernehmen. In Anbetracht der tragischen Umstände, die die meisten Großeltern dazu bringen, sich um ihre Enkelkinder zu kümmern, kann es nicht überraschen, dass sie sich fast ausnahmslos wünschen, dass ihre Situation anders wäre.

Aber das bedeutet nicht, dass die Situation nur aus Problemen besteht. Nach einer jüdischen Tradition wird jemand, der nur eine einzige Seele gerettet hat, so angesehen, als habe er eine ganze Welt gerettet. Viele Großeltern empfinden eine tiefe Befriedigung über die Möglichkeit, ihren Enkelkindern ein sicheres Heim bieten zu können. Obwohl sie oft müde sind, berichten Sie, dass sie sich verjüngt fühlen und froh sind, in ihren goldenen Jahren noch einmal einen neuen Lebenszweck gefunden zu haben.

Auch wenn es nicht das Leben ist, das Sie sich für sich selbst oder Ihre Enkelkinder gewünscht hätten, können doch die einfachen Worte: »Ich hab dich lieb, Großmama!«, am Ende eines langen Tages, wenn alle erschöpft sind und die Kinder endlich im Bett liegen, das Opfer wert erscheinen lassen.

13
Schatten ziehen vorüber

»Jahwe, was ist doch der Mensch, dass du dich seiner annimmst!
Das Menschenkind, dass du seiner gedenkest!
Es gleicht der Mensch dem Hauche der Luft,
wie Schatten gehn dahin seine Tage.«

Psalm 144: 3 und 4

Dies ist kein Buch über das Altwerden. Auch wenn ich das Thema hier und da angesprochen habe, steht es nicht im Mittelpunkt dieses Buches. Und doch wäre es mir unmöglich, diese Zeilen zu beenden, ohne ein paar Worte über das Alter, den Tod und Ihre Beziehung zu Ihren Enkelkindern zu verlieren.

Die Anthropologin der University of Southern California Barbara Myerhoff war vielleicht die Erste, die über die besondere Kultur älterer Menschen in Amerika angemessen berichtet hat. Aus ihrem Buch »Number our Days« über alte Juden und Jüdinnen im kalifornischen Venice geht hervor, dass die Autorin sehr viel von ihnen gelernt hat und es auch versteht, ihre Erfahrung an uns weiterzugeben. Unzählige Stellen aus diesem Buch haben mich tief bewegt – und dieses Buch war auch Grundlage für einen mit dem Oskar ausgezeichneten Dokumentarfilm –, dass es mir schwer fällt, etwas daraus auszuwählen. Doch die folgende Passage enthält viel von dem, was auch ich über das Älterwerden und die jüngeren Generationen zu sagen habe:

»Ich sehe alte Menschen inzwischen auf eine neue Art, als Teil meiner selbst, nicht als ›sie‹. Normalerweise identifizieren sich sensible Menschen mit Kindern. Sie erinnern sich daran, wie es war, ein Kind gewesen zu sein, und aus diesem Grund sehen sie Kinder – sind sich ihrer bewusst als Teil des Lebens, erkennen die ihnen eigenen Bedürfnisse an, ihre Rechte und Besonderheiten. In unserer Kultur gibt es heute jedoch keine entsprechende Aufmerksamkeit und kein solches Einfühlungsvermögen für die alten Menschen, auch weil sie nicht unter uns leben, und sie leben zweifellos deswegen nicht unter uns, weil wir die Unausweichlichkeit unseres eigenen künftigen Verfalls und unserer Abhängigkeit nicht wahrhaben wollen. So ist ein Teufelskreis entstanden – die Ignoranz, die auch auf dem Leugnen unserer Zukunft beruht, führt zu einer Angst vor den Älteren und zu ihrer Ablehnung, zugleich erzeugt sie ein Schuldgefühl, das sich oft als Vernachlässigung und in einer schlechten Behandlung äußert, woraus wiederum Schuldgefühle resultieren, Vermeidung, Unwissenheit. Wie im Rassismus läuft auch dieser Prozess, im Verlaufe dessen Vorbehalte gegen alte Leute entstehen, auf eine sich selbst bestätigende Art und Weise ab. ...

Was mich die Leute aus dem Seniorentreffpunkt gelehrt haben, ging weit über eine Kenntnis des Alters hinaus. Sie haben mir Beispiele einer alternativen Lebensweise geboten, deren Werte in vielerlei Hinsicht denen entgegengesetzt waren, die Amerikaner heute schätzen. Diese Lebensweise basierte auf der hohen Achtung ihrer jeweiligen religiösen und kulturellen Zugehörigkeit und war angefüllt mit Bedeutung, Intensität und Bewusstsein. ... Vor allem anderen war es ihre leidenschaftliche Suche nach Bedeutung, die mich so sehr angerührt hat.«

Als Barbara Myerhoff sich intensiv mit dem Alltag der alten Leute beschäftigte, hat sie sich angewöhnt, dicke Handschuhe und schwere Schuhe anzuziehen. Sie hat auch ihre Brille abgesetzt oder sich die Augen verbunden, um einen Sinn für die tägliche körperliche Erfahrung der alten Menschen zu bekommen. So ist es ihr gelungen, sie nicht mehr als die »anderen« zu sehen, sondern als Teil ihrer selbst wahrzunehmen. Ihre Aussage: »Eines Tages würde auch ich eine kleine alte jüdische Dame sein«, hat für uns einen traurigen Unterton, da sie in jungen Jahren gestorben ist.

Wahrscheinlich haben Ihre Enkelkinder nur sehr wenig Gelegenheit, andere Menschen Ihres Alters als Individuen tatsächlich richtig kennen zu lernen. Deswegen ist es besonders wichtig, dass Sie ihnen ein Beispiel geben – ein leuchtendes Beispiel all dessen, was einen älteren Menschen ausmachen kann. Trotz der Anstrengungen diverser Organisationen gehören die Vorurteile gegenüber Senioren immer noch zu den schädlichsten Formen der Diskriminierung in unserer heutigen Gesellschaft. Stereotypen über das Älterwerden und ältere Leute werden Tag für Tag in den Printmedien, im Fernsehen und in Filmen verbreitet. Es vergeht kaum ein Tag, ohne dass irgendein smarter Talkmaster sich auf Kosten der Senioren lustig zu machen versucht. Die Sexualität älterer Menschen wird ins Lächerliche gezogen, ihre physischen Schwierigkeiten werden karikiert und ihr Erinnerungsvermögen wird zur Zielscheibe eines grausamen Humors.

Unter diesen Umständen ist das gelebte Beispiel eines Vertreters der älteren Generation, das diesen uniformen Stereotypen widerspricht, eines der wertvollsten Geschenke, die wir unseren Enkelkindern machen können. Wir dienen als Erinnerung, dass ältere Menschen erfahren, intelligent und neugierig sein können. In den meisten Fällen werden sich Ihre Enkelkinder noch lange nach Ihrem Tode sehr gut daran erinnern und es wird ihre Beziehung zu älteren Menschen für den Rest ihres Lebens beeinflussen.

Ich kann mir gut vorstellen, dass die Einstellung gegenüber älteren Menschen etwas sein wird, was man in weiter Zukunft rückblickend auf das 20. Jahrhundert als rätselhaft und abschreckend empfinden wird. Vor allem wird man Schwierigkeiten haben zu verstehen, warum wir in einem Zeitalter des technologischen Fortschritts, das mit einer Reduzierung körperlicher Anstrengungen einhergeht – man denke an Autos, Telefone, Computer –, fast schematisch damit fortfahren, körperliche Stärke mit geistiger Potenz in Verbindung zu bringen. Man wird Probleme haben nachzuvollziehen, wie in einem Jahrhundert, das einen Physiker wie Stephen Hawking hervorgebracht hat, ältere Menschen mit weitaus weniger körperlicher Beeinträchtigung als er automatisch zum alten Eisen gezählt werden.

Was wir alle uns klarmachen und auch unseren Enkeln beibringen müssen, ist, dass das Abnehmen unserer körperlichen Möglichkeiten nicht mit einem Schwinden unserer Fähigkeiten einhergeht, Ratschläge zu erteilen, Unterstützung zu gewähren und zu lieben. Bezeichnenderweise spielt auch bei keinem der Typen von Großeltern, die ich in Kapitel 5 besprochen habe, ihre physische Stärke wirklich eine Rolle.

Damit will ich jedoch nicht den Tribut herunterspielen, den das Alter und die Krankheit natürlich auch von uns fordern. Ich möchte vielmehr nur dazu auffordern, dass wir uns nicht unserer Rechte als Großeltern berauben lassen sollten. Falls die Eltern Ihres Enkelkindes Druck machen, um ihm »etwas zu ersparen«, und von Ihnen verlangen, dass Sie weniger häufig zu Besuch kommen, wenn Sie sich nicht gut fühlen, ist es wichtig, sie freundlich, aber bestimmt zu korrigieren. Sie können Großmutter mit einer Gehhilfe sein, auf einem Schaukelstuhl und aus einem Bett heraus. Sollten Sie befürchten, mit Ihrem fünf Jahre alten Enkelsohn nicht mithalten zu können, könnten Sie unter Umständen ein größeres Schulmädchen engagieren, die Sie beim Babysitten unterstützt und alles unter Kontrolle behält, wenn Sie eine Verschnaufpause brauchen. Wenn es Ihnen so scheint, als sähen Sie Ihre Enkeltochter weniger, weil Ihnen das Reisen zu beschwerlich wird, schlagen Sie vor, dass sie Sie besuchen kommt, damit Sie mehr Ruhe haben. Wenn einer der beiden Großeltern nicht so gehandikapt ist wie der andere, versuchen Sie, ihre Besuche gemeinsam zu planen, damit sie Zeit mit ihren Großeltern bei unterschiedlichen Aktivitäten verbringen kann.

Dass man Krankheiten und anderen Beeinträchtigungen mit Würde und Mut entgegentreten kann, ist so wertvoll wie alles andere, was Sie Ihren Enkelkindern jemals beibringen können. Wenn Sie mit Ihrer Enkeltochter nicht mehr Basketball spielen oder mit Ihrem Enkelsohn nicht mehr wandern gehen können, so lassen Sie sie wissen, dass Sie diese Einschränkungen mit Humor statt mit Bitterkeit ertragen.

Ein Todesfall in der Familie

Wenn ich in einer anderen Situation gewesen wäre, hätte ich diesen Teil dieses Buches wahrscheinlich nie geschrieben. Die meisten Autoren, die sich mit Großeltern beschäftigen, haben nur wenig über das Sterben und den Tod zu sagen. Es ist einfach kein schönes Thema. Die Verantwortung, mit den Kindern über den Tod einer geliebten Person zu sprechen, liegt in erster Linie bei ihren Eltern. Und doch ist der Tod einer Großmutter oder eines Großvaters wahrscheinlich die erste Erfahrung Ihres Enkelkindes damit, dass jemand, dem es nahe steht, sterben kann – geliebte Haustiere wollen wir hier einmal außer Acht lassen. Wenn Ihr Ehepartner stirbt, werden Ihre Enkelkinder ganz selbstverständlich von Ihnen erwarten, dass Sie ihre Fragen beantworten und ihnen erklären, wie sie sich verhalten sollen. Dies wurde mir mit einer schmerzhaften Unmittelbarkeit bewusst, als mein Ehemann Fred im letzten Jahr verstorben ist.

Bis vor relativ kurzer Zeit war der Tod ein normaler Teil des Lebens (verzeihen Sie mir diese Ausdrucksweise). Eine hohe Säuglingssterblichkeit und eine geringe Lebenserwartung bewirkte noch vor einem Jahrhundert, dass Kinder mit dem Tod viel vertrauter waren als heute. Der Tod eines Bruders oder einer Schwester kam relativ häufig vor und viele Kinder verloren ein Elternteil, bevor sie selbst erwachsen waren. Erst seit kurzem ist es wahrscheinlich, dass jemand nicht nur das Erwachsenenalter erreicht, sondern sogar bis zur Mitte seines Lebens kommt, ohne den Tod eines nahen Familienmitglieds erleben zu müssen.

Ironischerweise ist die indirekte Erfahrung des Todes bei Kindern umgekehrt proportional zur direkten Erfahrung des Sterbens gestiegen. Aus Untersuchungen geht hervor, dass Kinder normalerweise Tausende von Toten im Fernsehen sehen, bis sie erwachsen sind, und Videospiele sind nicht nur voller Gewaltdarstellungen, sondern oftmals gibt es dort die Möglichkeit, »Leben« anzuhäufen oder zu verlieren. Doch spiegelt sich in diesen Todesfällen kaum eine Realität wieder. Sie sind meistens schnell und gewalttätig. Schmerzen, Tränen und wirkliche Trauer werden nur selten dargestellt. Reaktionen von Angehörigen auf den Tod eines geliebten Menschen finden sich hier noch seltener.

Die elektronischen Spielzeugtiere, die unter anderem Tamagotchis genannt werden, »sterben«, wenn man sie nicht angemessen versorgt. Doch weit davon entfernt, den Kindern etwas von der Realität des Todes zu vermitteln, können sie nur zu der eigenartigen Überzeugung gelangen, dass der Tod ein zeitlich begrenzter Zustand sein muss, der leicht durch einen Knopfdruck wieder behoben werden kann. Daher ist es nicht überraschend, dass die Eindrücke vom Tod, die die Kinder über die elektronischen Spielzeuge bekommen, sie kaum auf die tatsächliche Erfahrung vorbereiten.

Anlässlich des Todes eines Familienmitglieds oder im Verlauf ihrer eigenen Krankheit können Großeltern in den Familien oft ein positives Beispiel dafür geben, wie man sich würdevoll und besonnen auf das Sterben vorbereiten kann. Welche Botschaften Sie Ihren Enkelkindern vermitteln wollen, wird von Ihrem Glauben und Ihren Traditionen bestimmt. Doch ist es gut, über das Ende mit den Kindern zu sprechen, bevor es Realität geworden ist und die Angehörigen emotional schon stark in Mitleidenschaft gezogen worden sind. Viele Eltern sind unsicher, ob sie ihre Kinder mit der kranken Großmutter oder dem sterbenden Großvater zusammenbringen sollen. Die gängige Lehrmeinung geht dahin, dass die meisten Kinder ab dem Alter von fünf Jahren mit den starken Gefühlen umgehen können, die in ihnen aufsteigen, wenn sie sich von ihrer Großmutter oder ihrem Großvater verabschieden müssen. Sollten Ihre Kinder Ihnen erklären, dass sie doch nur ihre eigenen Kinder schützen wollen, und sie deswegen nicht zu Ihnen lassen, ist es gut, diese Lehrmeinung zu kennen. Lesen Sie einige der vielen Veröffentlichungen zum Thema.

In vielerlei Hinsicht ist die Verwirrung über das Gespräch mit Kindern über den Tod genauso groß wie in Bezug auf die Sexualerziehung. Ich wähle diesen Vergleich nicht nur, weil ich so viel Erfahrung mit dem Reden über Sexualität habe. Lehrer, die diese Themen mit ihren Schülern besprechen wollen, müssen mit dem Widerstand von Eltern und anderen Autoritäten rechnen, weil dies angeblich keine geeigneten Themen für Kinder sind. Das Sprechen über den Tod ist in unserer Kultur genau wie das

Sprechen über Sexualität voller Peinlichkeiten, Euphemismen und religiöser Tabus.

Nun ist es aber eine Tatsache, dass Kinder Sie normalerweise wissen lassen, wenn sie etwas über den Tod erfahren wollen – genau wie beim Thema Sexualität. In einem Todesfall haben Sie wahrscheinlich nicht immer die Möglichkeit, den besten Zeitpunkt und geeignete Umstände für ein Gespräch abzuwarten. Wenn Sie mit Ihrem Enkelkind über den Tod einer geliebten Person sprechen, sollten Sie so ehrlich wie möglich sein, Ihre Botschaft dem Alter des Kindes anpassen und Euphemismen vermeiden. Versichern Sie Ihrem Enkelkind, dass es geliebt wird und man sich um es kümmern wird, auch wenn seine Eltern oder andere Erwachsene noch so verstört sind. Bereiten Sie Ihr Enkelkind auf die Trauer und andere Gefühle vor sowie auf die geplanten Rituale.

Wenn jedoch Ihr Ehepartner, Ihr Sohn oder Ihre Tochter gestorben sind, sind Sie wahrscheinlich nicht dazu imstande, die emotionale Bürde der Sorge für Ihr Enkelkind auf sich zu nehmen. Niemand wird es Ihnen vorwerfen, wenn Sie einen anderen Erwachsenen bitten, diese Verantwortung an Ihrer Stelle zu übernehmen.

Glücklicherweise gibt es mehrere ausgezeichnete Bücher über das Gespräch mit Kindern und wie man ihnen dabei helfen kann, mit dem Tod fertig zu werden. Auch wenn viele von ihnen sich mehr mit dem Tod eines Elternteils beschäftigen, ist das Gesagte auf andere Fälle übertragbar.

Für das Gespräch über den Tod brauchen Sie Ehrlichkeit, Verständnis und Geduld. Von meinen Enkelkindern war nur Ari groß genug, um zu verstehen, was passierte, als Fred starb. Er stellte seiner Mutter – meiner Tochter Miriam – die meisten Fragen. Er war in gewisser Weise auch deswegen bereits vorbereitet, weil Fred schon ein Jahr vorher einen schweren Schlaganfall erlitten hatte, und als es dann noch einmal passierte, waren wir alle sehr verstört. Sein Großvater kam nicht wieder zu Bewusstsein und starb zehn Tage später. Ich glaube, das gab uns allen Zeit, uns auf seinen Tod vorzubereiten.

In einem etwas unbefangeneren Moment fragte Ari seine Mutter, ob ich wieder heiraten würde. Meine Antwort war »nicht sofort«!

Man muss rasch entscheiden, ob das Kind an der Beerdigung und den anderen Trauerritualen teilnehmen soll. Auch wenn viele Eltern und Großeltern es vorziehen, die Kinder vom Trauern auszuschließen, ist dies oft mehr eine Maßnahme des Selbstschutzes und nicht so sehr eine realistische Einschätzung der Bedürfnisse des Kindes. Wenn ein Kind von der Beerdigung ausgeschlossen wird, wird ihm das Recht zu trauern genommen und das Recht, seinen Kummer mit anderen zu teilen. Es kann sich dann durchaus so fühlen, als würde es genau in dem Moment zurückgewiesen werden, in dem es von einer geliebten Person verlassen worden ist. Während Sie das Kind vielleicht beschützen möchten, nehmen Kinder es oftmals übel, wenn ihnen die Chance versagt wird, sich von dem geliebten Menschen zu verabschieden.

Natürlich sollten Sie diese Entscheidung Ihrem Enkelkind überlassen. Ein Kind darf niemals dazu gezwungen werden, eine Beerdigung oder eine Gedenkfeier zu besuchen. Sie oder ein anderer Erwachsener, dem es sich nahe fühlt, sollte dem Kind klar und deutlich erklären, was beim Gedenkgottesdienst oder dem Begräbnis passieren wird. Erklären Sie dem Kind die Bedeutung und den Zweck der Zeremonien und sprechen Sie mit ihm darüber, falls Sie ein bestimmtes Verhalten von ihm erwarten. Versichern Sie dem Kind, dass es ganz normal ist, traurig oder verängstigt zu sein oder alle möglichen anderen schwer verständlichen Gefühle zu haben. Dann überlassen Sie es dem Kind, sich zu entscheiden. Denken Sie daran, dass jeder auf seine Art und Weise trauern muss und für diesen Prozess eine unterschiedlich lange Zeit braucht.

Ich möchte, dass meine Enkel über Fred sprechen. Leora ist zu jung und es ist traurig, dass weder sie noch Michal ihn kennen gelernt haben, aber sie werden von ihm hören. Ari ist acht und ein sehr sensibler kleiner Junge. Immer, wenn er irgendetwas über Fred sagt, gehe ich augenblicklich darauf ein.

Letzte Geschenke

Allen Geschenken wohnt eine Botschaft inne und auf nichts trifft das mehr zu als auf Ihr Vermächtnis. Wie und wann Sie Ihre Besitztümer aufteilen, ist Ihre endgültige Aussage über Ihre Wertvorstellungen und Sorgen.

Wie auch immer Ihre Wünsche aussehen mögen, es ist ratsam, diese Dinge im Voraus zu regeln, denn wenn Sie es nicht tun, treten die gesetzlichen Bestimmungen in Kraft, denen zufolge im Allgemeinen Ihre Kinder die Erbschaft zugesprochen bekommen. Eine gute Planung wird Sorge tragen, dass Ihre Erben das bekommen, was Sie für richtig halten, und mit ein wenig Vorausdenken können Sie auch versuchen, die Erbschaftssteuer niedrig zu halten.

Am besten lassen Sie Ihre Familie über Ihre Absichten nicht im Unklaren. Vielleicht werden nicht alle dazu bereit sein, aber ein solches Gespräch gibt Ihnen die Gelegenheit, Ihre Vorstellungen zu erläutern. Das ist besonders bei persönlichen Gegenständen wichtig, denn bei Schmuck, Bildern oder anderen Familienerbstücken kann der emotionale Wert den Geldwert weit übersteigen.

Auch wenn niemand glaubt, dass es in seiner Familie passieren kann, kennt jeder mindestens eine Familie, die durch Auseinandersetzungen oder Spannungen bei Erbschaftsangelegenheiten auseinander gerissen worden ist. Es gibt keine Patentrezepte, wie man solche Zerwürfnisse verhindern kann, aber je genauer Sie planen, desto sicherer können Sie sein, dass Ihre Wünsche klar verstanden und später auch umgesetzt werden.

So wie für mich die Wohltätigkeit, die zu Hause anfängt und sich an den Bedürfnissen der eigenen Familie orientiert, vor jeder anderen kommt, so ist eine letzte Spende an Ihre bevorzugte Einrichtung – eine Schule, eine Selbsthilfegruppe, Kirche oder Synagoge – auch eine Aussage über Ihr Leben und Ihre Wünsche. Mit solchen Gaben verhält es sich wie mit dem Rest Ihres Testaments: Klären Sie Ihre Familie im Voraus über Ihre Absichten auf. Das gibt Ihnen die Chance, Ihre Entscheidung zu erläutern, und könnte helfen, Verwirrung zu einem späteren Zeitpunkt zu vermeiden.

Nachwort

Vor etwas mehr als zehn Jahren habe ich meine Autobiographie »... und alles in einem Leben« geschrieben. Auf den letzten Seiten hatte ich mich dem Unerledigten zugewandt und eine kurze Wunschliste zusammengestellt. Sie lautete so: »Ich wünsche mir, dass Joel bald heiratet, und ich wünsche mir Enkelkinder. Ich möchte zumindest ein wissenschaftliches Buch schreiben. Ich bin immer noch keine ordentliche Professorin an der New Yorker Universität. Mir ist bewusst, dass ich dazu erst ein akademisches Buch veröffentlichen muss.«

Vielleicht hätte ich mir mehr wünschen sollen! Seitdem habe ich einige akademische Bücher geschrieben und ich bin auch ordentliche Professorin geworden. Joel ist glücklich verheiratet. Und ich habe nicht nur eins, sondern drei wunderbare Enkelkinder!

Natürlich ist nicht alles genauso gekommen, wie ich es mir erhofft hatte – vor allem Freds früher Tod steht dem entgegen. Aber wir hatten mehr als sechsunddreißig glückliche Jahre zusammen und dafür bin ich sehr dankbar.

Im Juni 1998 habe ich meinen siebzigsten Geburtstag gefeiert. Sechs Monate darauf waren es sechzig Jahre, dass ich meine Eltern und meine Großmutter das letzte Mal gesehen habe. Mit dem Verrinnen der Jahre ist mein Bewusstsein, wie viel ich in mir trage aus diesen ersten Jahren, die ich in Frankfurt und Wiesenfeld verbracht habe, nur noch gewachsen. Es ist nicht nur, dass ich zunehmend mehr Eigenschaften meiner Eltern und Großeltern an mir entdecke, sondern ich begreife die emotionale Grundlage, die sie mir hinterlassen haben, besser.

In den sechzig Jahren, seit ich meine Herkunftsfamilie das letzte Mal gesehen habe, ist es mir immer gelungen, die Schwierigkeiten, die mir begegnet sind, als Herausforderung zu sehen und mir eine ungemeine Lebensfreude zu bewahren. Ich weiß, dass vieles von dem, was ich erlebt habe, seit ich zehn Jahre alt geworden bin, mir das Gefühl hätte vermitteln können, die Welt sei ein gefährlicher und unsicherer Ort, in dem Vorsicht die beste Vorgehensweise ist, doch irgendwie habe ich immer mit einem unbegreiflichen Optimismus gelebt. Ich glaube, dass dies zum großen Teil dem außergewöhnlichen Glück und der großen Liebe, die ich in diesen wesentlichen ersten Jahren mit meinen Eltern und Großeltern erfahren habe, zu verdanken ist.

Auch wenn viele Aspekte der Welt, in der wir heute leben, meine Eltern und Großeltern zweifellos verwundern und in Verwirrung stürzen würden – Computer, E-Mail, Faxe, sogar das Fernsehen –, so haben sich doch die grundlegenden Werte nicht verändert, die sie mir sowohl durch Worte als auch Taten beigebracht haben. Vielleicht ohne es auch nur zu ahnen, haben Sie mir die bestmögliche Grundlage verschafft, um mich den Herausforderungen zu stellen, denen ich in den sechzig Jahren meines Lebens begegnen würde. Unter den wichtigsten Dingen, die sie mir beigebracht haben und die immer noch in mir verwurzelt sind, sind die Kraft bedingungsloser Liebe und die Bedeutung von Loyalität innerhalb der Familie. Ich hoffe, dass ich imstande gewesen bin, meinen Kindern und in der letzten Zeit auch meinen Enkelkindern dies weiterzugeben.

Da ich so viele Termine habe und unglaublich gern arbeite und reise, kann ich es nicht als gegeben annehmen, eine gute Großmutter zu sein. Doch seit aus Ruth Westheimer »Dr. Ruth« wurde, habe ich mich immer darum bemüht, dass ich mein Leben führe und nicht mein Leben mich! Wie prall gefüllt mein Terminkalender auch sein mag, immer stelle ich sicher, dass ich Zeit für die Dinge und vor allem für die Menschen habe, die mir wirklich wichtig sind. Noch etwas anderes habe ich nämlich bereits früh gelernt: Es gibt keine Zeit wie die Gegenwart. Vielleicht ist das einer der Gründe, warum ich so viel Energie zu haben scheine und es so sehr verabscheue, Zeit zu verschwenden. Als ich noch ein kleines Kind war, lernte ich bereits, dass die Zukunft keine Garantien bietet und dass jeder Moment bis zum Äußersten ausgekostet und genossen werden muss. Das ist ganz besonders wichtig, wenn Sie Zeit mit denen verbringen, die Sie lieben. Ich habe als Kind so viel verloren, dass ich seitdem treu an Menschen hänge – mich an ihnen erfreue, wann immer wir zusammen sind, und auch sichergehe, dass wir in Verbindung bleiben, wenn wir es einmal nicht sind.

Ich gehöre nicht zu den Leuten, die ihr Leben mit ganz vielen »ach hätte ich doch« bedauernd betrachten. Das liegt einfach nicht in meiner Natur. Und selbst wenn dem nicht so wäre – in jedem Fall habe ich mich bemüht, meine Beziehungen zu meinen Enkelkindern so zu pflegen, dass es in dieser Hinsicht absolut nichts zu bedauern gäbe – vielleicht hängt das auch mit meiner eigenen Kindheit zusammen. Nie verpasse ich eine Gelegenheit, Zeit mit ihnen zu verbringen. Ich genieße jeden Augenblick, in dem ich mit ihnen spielen kann, und jede Umarmung, die ich von ihnen bekomme. Mir scheint nur die Zeit mit ihnen zu schnell vorbeizufliegen. Meine Enkel gehen so rasch von einem Lebensabschnitt in den nächsten über und von einem Meilenstein der Entwicklung zum nächsten – alles eine Sache von Momenten.

Großmutter zu sein ist eines der letzten Abenteuer, die ich erlebe, und ich beabsichtige nicht, auch nur einen Moment davon zu verpassen. *Und das sollten auch Sie nicht tun!*

Danksagung

Erfreulicherweise wächst die Liste der Menschen, denen ich zu danken habe, mit jedem meiner Bücher – einzeln aufgeführt, würden sie mittlerweile ein ganzes Kapitel füllen. Euch allen ein herzliches Dankeschön!

Namentlich erwähnen möchte ich die folgenden Personen: Pierre Lehu, mein »Kommunikationsminister« und noch dazu der beste, den man sich nur wünschen kann – auf viele weitere Jahre guter Zusammenarbeit! Meinen Verwandten, Cousins und ihren Familien eine innige Umarmung! Und ich möchte den Folgenden dafür danken, dass sie mein Leben so unendlich bereichert haben: Ruth Bachrach, Bill Baker, Rabbi und Mrs. Stephen Berkowitz, Susan Brown, Carlita de Chavez, Hersh Cohen, Esther Coopersmith, Mary Cuadrado, Ph. D., Martin Englisher, Cynthia und Howard Epstein, Gabe und Susioe Eram, Steve Friedman, Ellen Goldberg, David Goslin, Ph. D., Vladimir Goussinsky, Michael Greenspan, Amos Grunebaum, M. D., David und Doreen Hermelin, Dennis und Brooke Holt, Elliot Horowitz, Fred Howard, John Jacobs, Richard Kandel, Alfred Kaplan, Helen Singer Kaplan, Michael und Ronnie Kassan, Bonnie Kaye, Richard und Barbara Kendall, Harold und Linda Koplewitz, Marga und Bill Kunreuther, Rabbi und Mrs. William LeBeau, Sasha Klein, Cantor und Mrs. Michael Kruk, Joanne Lehu, Esq., Lou Lieberman, Ph. D., John und Ginger Lollos, Sandy Lopater, Jonathan und Ruchy Mark, Dale Ordes, Marga und Michael Miller, Bobby und Vicky Nachamie, Michelle und Linden Nelson, Henry und Sydelle Ostberg, Robert Pinto, Fred und Ann Rosenberg, Colin Rosin, Cliff Rubin, Tim und Tami Satterfield, Simeon und Rose Schreiber, Gangadai (Cindy) Seepersaud, Romie und Blanche Shapiro, Amir Shaviv, John Silberman, John und Marianne Slade,

Richard Stein, Rudi Steinbach, Robert Stewart, Hannah Strauss, Malcom und Barbara Thomson, Gary Tinterow, Mike und Vicky Turek, Mildred Witkin, Ph. D., Greg Willenborg und Ben Yagoda.

Ein besonderes Lob und Dankeschön an die äußerst professionellen Mitarbeiter von Routledge: Colin Jones, Heidi Freund, Sarita Sahni, Shea Settimi, John McHalwe und Laura-Ann Robb – ich schließe mich Steves Lobeshymnen über sie an. Und was für einen großartigen Koautor ich habe! Vielen Dank!

R. W.

Das Thema und die Art, wie dieses Buch geschrieben ist, unterscheiden sich signifikant von meinen früheren Büchern oder Artikeln. Es konnte nicht fertig gestellt und publiziert werden ohne die Unterstützung zahlreicher Helfer. An erster Stelle und vor allem möchte ich Ruth K. Westheimer danken für ihre Freundschaft, Großzügigkeit und das Vertrauen, das sie in mich setzte, als sie mich als ihren Mitarbeiter bestimmte. Colin Jones, der Präsident von Routledge, hatte Vertrauen in das Projekt und gab ihm eine Chance, wo andere gezögert hätten. Heidi Freund, unsere Lektorin, stand uns mit Rat und Tat beiseite, als das Buch Gestalt anzunehmen begann, begleitete es durch die verschiedensten Korrekturen und half mit detaillierten Kommentaren, es in seine endgültige Form zu bringen. Sarita Sahni, Shea Settimi und Laura-Ann Robb steuerten eine ganze Reihe von technischen Angaben bei.

Das Harry S. Truman Research Institute der Hebrew University of Jerusalem stellte mir seine Infrastruktur und beste Arbeitsbedingungen zur Verfügung, wie Internet, E-Mail, Fax und einen Computeranschluss. Ich danke allen meinen dortigen Kollegen.

Meine Freunde David Satran, Mindy Milberg, Linda Aronson, Kay K. Shelemay, Hagar Salamon, Rafi Youngman, Rachel Melesa und Monica Devens haben mich die ganze Zeit über enthusiastisch unterstützt und mir häufig mit Einblicken in ihr Familienleben weitergeholfen.

Meine Mutter Ruth Kaplan hat mir das meiste, was ich über Familien weiß, beigebracht, sowohl in ihrer Rolle als Mutter als auch durch ihre Arbeiten über Familiensysteme. Meine Schwestern Eva und Judy haben nicht aufgehört, mich immer wieder daran zu erinnern, dass ich ihrer Unterstützung gewiss sein kann, was auch immer ich wo auch immer tue.

Während ich an diesem Buch arbeitete, wuchs mein Haushalt von drei Mitgliedern auf fünf und wir sind zu einer gemischt konfessionellen, gemischt ethnischen Familie zusammengewachsen. Dass ich in dieser Zeit der Veränderungen dieses Buch überhaupt schreiben konnte, ist der Geduld und dem Verständnis von Booshun, Yona, Egypt (Denise) und Albert zu verdanken.

S. K.

Nützliche Hinweise

www.drruth.com
www.parenttime.com
Websites der Autorin

www.grosseltern.ch
Website von Großeltern für Großeltern

BAGSO (Bundesarbeitsgemeinschaft der Senioren-Organisationen)
Schedestraße 13
53113 Bonn
Tel.: 0228/635391
KDA (Kuratorium Deutsche Altershilfe)
An der Paulskirche 3
50677 Köln
Tel.: 0221/931847-0; Fax: 0221/931847-6
Information, Beratung und Vermittlung zu verschiedenen Organisationen

Ausgewählte Bücher und Zeitschriften

Kundrus, Friederike: Unser Enkelkind. Ein Erinnerungsbuch für alle Großeltern, Düsseldorf 1995
Nitsch, Cornelia: Wenn die Enkel kommen. Spaß und Spiele für Großeltern und Kinder, Reinbek 1997
Pro Alter, Magazin des KDA, Heft 4, Dezember 1998 (zu beziehen beim KDA)
Schultz-Wild, Lore: Das Enkel-ABC. Das Lexikon für Großeltern von heute, München 1995

Adoption
Schütt-Baeschlin, Annemarie: Das Adoptivkind und seine Familie, hrsg. v. Herzka, Heinz S., Zürich 1990
Zinnecker, Marlene: Ich sehne mich nach einem Kind. Der lange Weg bis zur Adoption, Mainz 1995

Alleinerziehende
Münder, Johannes: Alleinerziehende im Recht. Ein Praxis-Ratgeber, Münster 1998
Schwarz, Giselinde und Rosemarie Mieder: Kursbuch für Alleinerziehende. Rat und Information für alle Lebensbereiche, München 1997

Kinder heute
Was für Kinder! Aufwachsen in Deutschland, hrsg. v. Deutsches Jugendinstitut, München 1993

Kinder und Gewalt
Wer hilft weiter? (Sexuelle) Gewalt gegen Kinder und Jugendliche, hrsg. v. Kindernetzwerk für behinderte Kinder und Jugendliche in der Gesellschaft e. V., Lübeck 1999

Scheidung und Kinder
Benedek, Elissa P., Brown, Catherine F.: Scheidung: Wie helfe ich unserem Kind ... während der Trennung und danach, Problemlösungen für Kinder aller Altersstufen, Traumatische Erfahrungen vermeiden, Stuttgart 1997
Gaier, Otto R.: Der Riss geht durch die Kinder. Trennung, Scheidung und wie man Kindern helfen kann, München 1991

Stiefkinder, Stiefeltern
Bopp, Annette und Sigrid Nolte-Schoenfold: StiefKinder – RabenEltern – RabenKinder – StiefEltern. Leben in einer Patchworkfamilie: Probleme erkennen, Perspektiven gewinnen, Reinbek 1999

Teenagerschwangerschaften
Gerber-Hess, Maja: Etwas lebt in mir. Siebzehn und schwanger, Gütersloh 1999

Umgang mit dem Tod
Specht-Tomman, Monika und Tropper, Doris: Wir nehmen jetzt Abschied. Kinder und Jugendliche begegnen Sterben und Tod, Düsseldorf 2000
Tränen, die nach innen fließen. Mit Kindern dem Tod begegnen. Erlebnisberichte betroffener Kinder und Eltern, hrsg. v. Schindler, Regine, Lahr 1993

Quellen

Adamac, Christine und W. Pierce: The Encyclopadia of Adoption, New York 1991
Adams, Jane: »Ich bin noch immer deine Mutter«. Wenn Kinder erwachsen werden, München 1996
Bennett, Paula und William H. Meredith: »The Modern Role of the Grandmother in China«, International Journal of Sociology of the Family 25,1 (1995). Seite 1–12
Bilofsky, Penny und Fredda Sacharow: In-Laws/Outlaws: How to Make Peace with His Family and Yours, New York 1991
Brodzinsky, David M. und Marshall D. Schechter (Hrsg.): The Psychology of Adoption, New York 1990
Carson, Lillian: The Essential Grandparent: A Guide to Making A Difference, Deerfield Beach, 1996
Cartier, Michel: »Nuclear Versus Quasi-Stem Families: The New Chinese Family Model«, The Journal of Family History 20,3 (1995), Seite 307–327
Cherlin, Andrew J. und Frank F. Furstenberg: The New American Grandparent: A Place in the Family, A Life Apart, New York 1975
Cohen, Lawrence: »Old Age: Cultural and Critical Perspectives«, Annual Review of Anthropology 23 (1994), Seite 137–158
Cole, Michael und Sheila R.: »The Development of Children«, 3. Aufl., New York 1996
Coontz, Stephanie: The Way We Never Were: American Families and The Nostalgia Trap, New York 1992
De Toledo, Sylvie und Deborah Edler Brown: Grandparents as Parents: A Survival Guide for Raising a Second Family, New York und London 1995
Duncan, Greg J. und Ken R. Smith: »The Rising Affluence of the Elderly: How Far, How Fair, and How Frail?« Annual Review of Sociology 15 (1989), Seite 261–289
Erikson, Erik, H.: Childhood and Society, New York 1963
Erikson, Erik H.: Youth and Crises, New York 1968
Grief, Geoffrey L.: The Daddy Track and the Single Father, Lexington, MA 1990
Hareven, Tamara K.: »Aging and Generational Relations: A Historical and Life Course Perspective«, Annual Review of Sociology 20 (1994), Seite 437–461
Heston, Charles: To Be a Man: Letters to My Grandson, New York 1997
Kitzinger, Sheila: Becoming a Grandmother: A Life Transition, New York 1996
Kornhaber, Arthur und Sondra Forsyth: Grandparents, Grandchildren: The Vital Connection, New York 1981
Dies.: Grand Power!, New York 1994
McDaniel, Antonio: »Historical Racial Differences in Living Arrangements of Children«, Journal of Family History 19,1 (1994), Seite 55–57
Myerhoff, Barbara: Number Our Days, New York 1980
Ruggles, Steven: »The Transformation of the American Family Structure«. American Historical Review, Februar 1994, Seite 103–128
Uhlenberg, Peter: »Population Aging and Social Policy«, Annual Review of Sociology 18 (1992), Seite 429–474
Westheimer, Ruth: ...und alles in einem Leben. Autobiografie, Bern 1989
Dies. und Steven Kaplan: Surviving Salvation: The Ethiopian Jewish Family in Transition, New York 1991
Dies. und Pierre Lehu: Dr. Ruth Talks about Grandparents: Advice for Kids on making the Most of a Special Relationship, New York 1997
Dies. und Ben Yagoda: The Value of Family: A Blueprint for the 21st Century, New York 1996